Clemmie Telford

**Aber waruuum?**

*Buch*

Die scheinbar endlosen »Aber waruuum?«-Frageschleifen, mit denen Eltern täglich konfrontiert werden, können schon im Kleinkindalter schwierig zu beantworten sein – und es wird sogar noch komplizierter, je älter die Kinder werden. Doch wie geht man mit der Sorge um, keine Antwort zu wissen oder nicht die richtigen Worte zu finden? Clemmie Telford liefert Antworten auf 30 typische Kinderfragen. Locker, leicht und unterhaltsam erklärt sie komplexe Themen wie Rassismus und Klimawandel, und auch wie das so ist mit Fragen nach dem Tod und der Liebe. Dabei zeigt sie, wie ein gutes Gespräch gelingen kann – auch wenn man die passende Antwort nicht sofort parat hat. Denn Kinder fragen nicht nach nüchternen Fakten oder der einen Lösung, sondern nach Ehrlichkeit und Zeit für gemeinsames Lernen, Entdecken und Staunen.

*Autorin*

Clemmie Telford ist eine britische Podcasterin, Bloggerin, Influencerin und Mutter von drei Kindern. Sie arbeitete 13 Jahre lang als Creative Director in verschiedenen Agenturen und zuletzt für Facebook. Da sie nirgends sonst einen ehrlichen Bericht über die Realität des Elternseins finden konnte, begann sie während ihrer Elternzeit, selbst einen Blog zu schreiben. Mit ihrem Podcast »Honestly« und ihrem Blog »Mother of all Lists« bietet sie Eltern eine Plattform für offene und ehrliche Gespräche über heikle Themen aller Art, die an manch anderer Stelle als Tabu gelten.

CLEMMIE TELFORD

# ABER WARUUUM?

**Wie man knifflige Kinderfragen beantwortet und dabei einiges über sich selbst lernt**

*Aus dem Englischen von Annika Tschöpe*

*Mit einem Vorwort von Anna Mathur*

GOLDMANN

Die englische Originalausgabe erschien 2021 unter dem Titel »But Why? How to answer tricky questions from kids and have an honest conversation with yourself« bei Headline Home, London.

Penguin Random House Verlagsgruppe FSC® N001967

1. Auflage
Deutsche Erstausgabe Dezember 2022

Umschlag: Uno Werbeagentur, München
Umschlagmotiv: FinePic®, München
Satz: Uhl + Massopust, Aalen
Druck und Bindung: GGP Media GmbH, Pößneck
Printed in Germany
ES · IH
ISBN 978-3-442-17968-8

*Für Bertie, Woody und Greta.*
*Meine drei liebsten neugierigen Köpfe.*
*Danke, dass ihr die Antwort auf die Fragen seid,*
*von denen ich gar nichts ahnte.*

# INHALT

# VORWORT

Als Psychotherapeutin begrüße ich es sehr, wenn meine Patientinnen und Patienten Fragen stellen, wenn mir aber meine Kinder Fragen stellen, habe ich oft Angst, etwas »falsch« zu machen. Das Buch *Aber waruuum?* legt mir ermutigend eine Hand auf die Schulter. Es gibt mir das Selbstvertrauen, mich den Fragen zu stellen, vor denen ich mich oft am liebsten drücken würde.

Vor ein paar Monaten war ich während einer Autofahrt als Beifahrerin gedankenverloren mit meinem Handy beschäftigt, als ich plötzlich aufschnappte, was mein Mann zu unserem Sohn auf dem Rücksitz sagte. Der Kontext war mir nicht ganz klar, weil ich das Gespräch nicht verfolgt hatte, aber ich hörte: »Du weißt schon, dass Mama und Papa dich gemacht haben?«

Ich riss den Kopf herum, starrte ihn mit weit aufgerissenen Augen an und erwartete viele Fragen. »Aber warum? Aber wie?«

Zur Ablenkung zerrte ich eine zerkratzte CD unter dem Sitz hervor, und die Fragen kamen nicht. Erleichtert atmete ich auf.

Allerdings gab mir das zu denken: Wir müssen jederzeit darauf eingestellt sein, dass die Fragen kommen. Und selbst wenn ich keine goldrichtige Antwort aus meinem mit Sandwichkrümeln gespickten Ärmel zaubern kann, muss ich mit solchen Fragen rechnen und offen damit umgehen, statt sie mit einem

Schulterzucken abzutun oder sie in eine bequemere Richtung umzulenken.

Ich versuche zumindest keine Angst vor den Fragen zu haben. In ihrem jetzigen Lebensabschnitt gebe ich meinen Kindern die Richtung vor. Sie wenden sich an mich, damit ich ihr Bedürfnis nach Sicherheit und andere Bedürfnisse erfülle, und vor allem, damit ich ihnen helfe, die Welt um sie herum zu verstehen.

Und damit sie diese Welt verstehen, muss man einräumen, dass es Ungewissheiten, Unbekanntes und Grauzonen gibt, dass es nicht immer ein eindeutiges Richtig oder Falsch gibt. Und dass es ihnen freisteht, sich eine Meinung zu bilden, die von meiner abweicht.

Was auch immer meine Kinder von mir wissen wollen, ich möchte ihre Fragen begrüßen, statt mich wegzuducken. Wenn die drei sehen, wie wir mit Stimmzetteln in der Hand zur Wahl gehen, oder wenn sie Leos zwei Mütter kennenlernen. Wenn sie auf dem Spielplatz ein Kind treffen, das sich nicht so bewegt wie sie selbst.

In meinem Beruf als Psychotherapeutin habe ich Tausende von Stunden damit verbracht, die Fragen anderer Menschen zu beantworten, während sie ihre Sicht auf die Welt erkunden und gestalten. Denn unser Weltbild ändert sich sowohl durch das, was wir bereits wissen, als auch durch neue Erkenntnisse. Manchmal hat sich das Leben meiner Patientinnen und Patienten durch Fragen verändert, die sie von meinem blauen Sofa aus an mich gerichtet oder auch sich selbst gestellt haben.

Warum empfinde ich es dann als schwierig, wenn meine Kinder meine Unterstützung suchen, wenn sie Orientierung brauchen, wenn sie Bekanntes und Unbekanntes erkunden? Wenn sie Ungewissheit ertragen müssen, sich über den Zustand des Planeten empören, mit Ablehnung zu kämpfen haben und die Grenzen in Frage stellen, die ich und die Gesellschaft für sie aufgestellt haben?

Ich glaube, das liegt an einer tief verwurzelten Angst davor, »etwas falsch zu machen«. Ich muss ständig dagegen ankämpfen. »Präsenz statt Perfektion« ist mein neues Mantra, und wie könnte ich mich dieser Herausforderung besser stellen als mit dem Wunsch, bei ihren Fragen präsent zu sein – so groß oder klein sie auch sein mögen und unabhängig davon, wie viel ich weiß oder nicht weiß.

Ich bin nicht allwissend; ich bin nicht perfekt. Ich bin ein paar Jahre älter als meine Kinder und habe natürlich etwas mehr Erfahrung, aber sie brauchen mich nicht als Wikipedia mit Pferdeschwanz, das knallharte Fakten ausspuckt; sie brauchen von mir keine exakten, einwandfreien Antworten. Sie brauchen keine Perfektion, sondern Präsenz. Sie brauchen es, dass ich mich mit ihnen zusammensetze, um über schwierige Fragen nachzugrübeln und die Schultern zu zucken, wenn auch ich keine Ahnung habe. Aber es ist wichtig für sie zu sehen, dass auch ich mich mit einigen dieser Fragen bereits auseinandergesetzt habe.

Ich habe immer bewundert, wie unerschrocken Clemmie Telford vorgeht. Sie stellt sich selbst die Fragen, ermöglicht und begrüßt Gespräche über heikle Themen und hat vor allen Dingen keine Scheu vor Herausforderungen oder Tabus. Dass es überhaupt Tabus gibt und dass man sehr berechtigten Fragen (vor allem von Kindern, die sich einen Reim auf die Welt machen wollen) nur zu gerne aus dem Weg geht, zeigt uns, dass wir uns für unser Nichtwissen schämen sollten. Tabus bringen uns zum Schweigen, sie unterbinden Nachfragen und schaffen »Sperrgebiete«. Wir lernen, uns an die Regeln zu halten, uns auf die ausgetretenen Pfade zu beschränken und letztlich vielleicht unsere eigenen Gedanken und Meinungen zu verleugnen.

Ich selbst musste jahrelang gegen den anerzogenen Drang ankämpfen, mich anzupassen, abzunicken und auszuweichen. Für meine Kinder wünsche ich mir etwas anderes. Sie sollen den Wert des Hinterfragens kennenlernen, weil sich die Welt öffnet, wenn man an Vorurteilen und festen Strukturen zweifelt. Weil die Synapsen im Gehirn übersprudeln und sich wandeln, wenn wir zulassen, dass die Erfahrungen und Geschichten anderer Menschen unsere Meinungen mitgestalten. Es bereichert das Leben, wenn wir Nachfragen und Unterschiede begrüßen und bereit sind, zu fordern und gefordert zu werden.

*Aber waruuum?* lädt zu alledem ein. Es unterstützt Eltern dabei, große Fragen, kleine Fragen und die damit verbundenen Gefühle zu erkunden. Es ist ein tröstendes und unterstützendes »Komm, das machen wir«, eine Hand auf der Schulter, wenn man hektisch nach einer CD sucht, um für Ablenkung zu sorgen. Es liefert eine breite Palette, ein ganzes Buffet an Anregungen, sodass Sie diese Gespräche, falls Sie möchten, beim gemeinsamen Essen mit Freunden testen können – damit Sie nicht an einem Dienstagmorgen davon überrumpelt werden, wenn Sie gerade das Pausenbrot in der Schultasche verstauen.

Vor allem aber bricht *Aber waruuum?* mit Tabus. Es reißt das Verbotsschild von bestimmten Gesprächsthemen, ermutigt zu

Nachfragen und Offenheit, zu liebevollem Lernen statt Abblocken. Besser eine unvollkommene, subjektive Antwort als eine gedrechselte, makellose. Denn in Wirklichkeit geht es um Präsenz statt Perfektion, um Verbundenheit statt Korrektur.

Vielen Dank, Clemmie. Dieses Buch wird mir dabei helfen, für meine Kinder das zu leisten, was mir im Beruf mit so viel Selbstvertrauen gelingt. Abenteuer warten jenseits unseres Wohlfühlbereichs, deshalb muss ich mich für meine Kinder und für mich selbst immer wieder daraus hervorwagen.

**Anna Mathur**

# EINFÜHRUNG

Um es kurz zu machen: Ich habe keine Antwort. Keine einzige.

Nun fragen Sie sich vermutlich, warum Sie dann dieses Buch überhaupt zur Hand genommen haben. Das ist an sich schon eine gute Frage. Vielleicht suchen Sie nach spiritueller oder moralischer Orientierungshilfe in Form von »Antworten auf große Fragen«.

Tut mir leid, dass ich Sie enttäusche. Ich möchte ehrlich sein. Legen wir die Karten auf den Tisch, damit wir wissen, woran wir sind, und ich Ihnen nichts vorgaukeln muss – was auf den nächsten über 350 Buchseiten nur schwer möglich wäre.

Zunächst einmal: Warum wage ich mich auf diese »Reise«? (Der Begriff ist furchtbar überstrapaziert, aber mir fällt kein besserer ein.) Als ich noch keine Kinder hatte, war ich naiv. Ich dachte, ich wüsste, dass das Elternsein das Leben sehr verändern würde. Von wegen. Ich dachte, ich hätte schon reichlich Erfahrungen gesammelt, bevor die Kinder kamen. Nächster Irrtum. Bei Berties Geburt war ich dreißig – und meine Güte, war ich unerfahren und unvorbereitet!

Ehe die Kinder auf die Welt kamen, stellte ich mir vor, dass meinem Mann Ben die Dinge leichtfallen würden, die am Kinderhaben Spaß machen: Höhlen bauen, der Superheld sein, alles, was mit Sport zu tun hat. Ich selbst dagegen, davon war ich *fest* überzeugt, würde ganz hervorragend »große Fragen beantworten«. Vielleicht deshalb, weil ich mich für weltgewandt und gut informiert hielt und (ehe die Babys mein Gehirn ruiniert haben) liebend gerne mit Ideen um mich geworfen und über das Warum und Weshalb des Lebens philosophiert habe. Ich hatte sogar ein intellektuelles (hust, hust) Studium der Theater-, Kultur- und Medienwissenschaften vorzuweisen. Folglich konnte ich es kaum erwarten, die kostbaren Hirne meiner (damals noch nicht existenten) Kinder mit meinem Wissen zu füllen.

*Ich habe mich geirrt.*

Wie immer in der Kindererziehung (und ehrlich gesagt auch im sonstigen Leben) sieht die Realität nicht so aus, wie man sie sich vorstellt.

Es ist Dienstagabend. Aber es fühlt sich an, als wäre mindestens schon Donnerstag. Ich habe Hummus auf dem Pulli. Ich muss eine Million E-Mails beantworten, und obwohl ich schon drei Kinder gebadet habe, muss ich mit zweien von ihnen noch über die Schlafenszeit verhandeln. Meine Periode bahnt sich an. Und ich habe Hunger.

Da meldet sich vom Sofa eine süße, unschuldige und neugierige Stimme: »Aber warum sterben Menschen, oder schlafen sie nur?«

*Im Ernst?*, denke ich. *Ausgerechnet jetzt?*

Nicht nur, dass ich mich vor einer der tückischsten Fragen des Lebens drücken möchte, weil das verlockende Szenario, in dem die Kinder im Bett liegen und ich in Ruhe meine Lieblingsquiche verspeise, zum Greifen nah erscheint – ich habe auch keine Ahnung, was ich sagen soll.

Könnte das der verhängnisvolle Moment sein, in dem meine gut gemeinte, aber leider oberflächliche Antwort meine (hin und wieder) süßen Kinder verhunzt und zur Folge hat, dass sie jahrelang therapiert werden müssen? Und wenn ja, wie um alles in der Welt kann ich das vermeiden?

Abgesehen davon, dass ich alles andere als gut darin bin, die »Aber warum?«-Fragen meiner Kinder zu beantworten, bin ich bei diesem Buch von ganz falschen Voraussetzungen ausgegangen.

Eigentlich war mein Plan ganz einfach: Ich wollte mir die größten, häufigsten und heikelsten Probleme herauspicken, ein paar Monate lang recherchieren, ihnen richtig auf den Grund gehen und dann solide Antworten liefern.

Es kam ganz anders.

Je mehr ich lernte und je weiter ich forschte, desto weniger wusste ich. Falls Wissen im Minusbereich liegen kann, dann hatte ich diesen Punkt erreicht. Außerdem fiel die Recherchephase genau in die Zeit, in der uns eine weltweite Pandemie heimsuchte. Anfang April 2020 fing ich mit dem Schreiben an – das ideale Projekt für den Lockdown, oder?

Falsch! (Fällt Ihnen auf, in welche Richtung es geht?)

Aus der Pandemie kann man vieles lernen, etwa, dass man, wenn man viele Monate mit seinen Kindern zu Hause hockt, Freunde und Angehörige nicht mehr umarmen darf und nicht ahnt, was einen noch erwartet, mit Sicherheit bald an allem zweifelt, was man zu wissen glaubte.

Stichwort Sinnkrise.

Und das ist wahrlich keine Übertreibung – in einem besonders schlimmen Moment versuchte ich mit einem Whiteboard, einer ganzen Packung Stifte, zu viel Kaffee und zu wenig Schlaf die Frage »Warum sind wir nicht immer glücklich?« zu »knacken«. Ja, ich habe tatsächlich geweint, während ich mich mit der Vorstellung von Glück befasst habe!

Aber ich schweife ab.

Je mehr ich lernte, desto weniger wusste ich. Und umso unerbittlicher wurde klar, dass Google die Antworten nicht liefern konnte und sollte.

Stattdessen wandte ich mich den Stoikern zu, die offenbar das eine oder andere über das Leben wissen. Sie brachten mich wieder in die richtige Spur, indem sie mir vor Augen führten, dass es in Ordnung ist, wenn man etwas nicht weiß. Vielleicht bin ich also doch auf dem Weg zur Erleuchtung. »Es ist unmöglich zu lernen, was man zu wissen glaubt«, sagte Epiktet. Das sollte man sich ins Gedächtnis rufen, damit man nicht unbedacht reagiert. Aber nur weil man etwas nicht weiß, kann man sich noch lange nicht vor einer Antwort drücken. Dieses »Unter-den-Teppich-Kehren« mag in früheren Generationen üblich gewesen sein – aber wir können es besser.

Trost fand ich auch in den Sorgen anderer, denn ich informierte mich bei anderen Eltern, wie sie mit kniffligen Fragen ihrer Kinder umgehen. Schnell wurde mir klar, dass nicht nur ich mich überfordert fühlte. Ist das gut oder schlecht? Keine Ahnung, aber 87 Prozent derjenigen, die ich für meine Recherchen (siehe unten) befragt habe, hatten die Sorge, nicht die richtige Antwort zu geben.

Viele freuten sich über die Neugier ihrer Kinder, fürchteten aber, sie könnten selbst nicht genug wissen, nicht die richtigen Worte finden, etwas Falsches sagen oder von anderen kritisiert werden, weil sie etwas Falsches sagen.

Oft hemmte sie die Sorge, die Antwort könne als unangemessen gelten, unbewusste Vorurteile zeigen oder bewirken, dass die Kinder keine eigene Meinung entwickeln, sondern die der Eltern übernehmen. Ja, ja, und nochmals ja.

Außerdem sagten viele, ihre Kinder hätten ein Händchen dafür, sie zu überrumpeln und genau im falschen Moment schwierige Fragen zu stellen.

Und dann ist da noch die Gratwanderung zwischen der Absicht, ihnen nichts zu verheimlichen, und der Sorge, sie zu überfordern; das Tauziehen zwischen dem Versuch, ihnen ihre Probleme abzunehmen, und dem Wunsch, sie eigene Lösungen finden zu lassen. Das »Aber warum?« bereitet uns also allen Kopfzerbrechen. Was machen wir jetzt?

In Panik geraten!

Dann kommen Sie bitte zu sich (und werden kurz ernst). Vieles von dem, was in diesem Buch steht, habe ich in den zahlreichen Gesprächen erfahren, die ich für meine Podcasts »Honestly« und »But Why?« führen durfte, aber auch von den über 300 Personen, die für meinen Blog »Mother of All Lists« tapfer Erfahrungen aus erster Hand geschildert haben.

Ganz zu schweigen von dem riesigen Netzwerk aus Menschen, die bereit sind, sich auf Instagram mitzuteilen, oft in einer erstaunlichen Art und Weise, die ich nur bewundern kann. Hin und wieder werde ich auf meine »Recherchen« verweisen – genau genommen handelt es sich dabei um »Umfragen« mithilfe von Instagram-Stories. Die Abstimmungsergebnisse und Beiträge gehen nur an mich und sind nicht öffentlich, sodass ich davon ausgehe, dass die Antworten sehr ehrlich sind (mit ehrlich meine ich »absolut ungefiltert«). Es gab verschiedene Umfragen zu verschiedenen Themen, daher schwankt die Anzahl der Antworten, lag aber im Großen und Ganzen zwischen 2000 und 5000.

Diese vielen Kanäle haben mir eine breite Palette an Informationen geliefert, auf die ich bei der Suche nach Antworten zurückgreifen konnte. Dazu kamen ein Berg an Studien und meine eigenen Erfahrungen als Mutter von drei Kindern.

So bin ich vorgegangen, aber ich habe auch eine bestimmte Hoffnung, wie *Sie* dieses Buch benutzen werden. Wissen Sie noch, dass man in Mathe stets nicht nur das Ergebnis, sondern auch den Rechenweg zeigen musste? So sollten Sie dieses Buch sehen.

Oder denken Sie ans Kochen. Ich halte mich dabei selten an ein einziges Rezept, sondern lese ein paar unterschiedliche Vorschläge und picke mir das heraus, was mir gefällt. Dabei kommt es darauf an, was ich im Kühlschrank habe und was mir schmeckt. Irgendwie lande ich dann bei einer Version, die zu mir passt. Und beim nächsten Mal probiere ich vielleicht etwas anderes aus.

Dieses Buch liefert Ihnen eine breite Palette an Anhaltspunkten und Sichtweisen, mit denen Sie Ihre eigenen Erfahrungen ergänzen können. Es gibt keine Vorschriften oder Allgemeingültigkeiten; Sie können sich einfach herauspicken, was Ihnen gefällt.

Zwischen den Antworten auf die vielen »Aber warum?«-Fragen finden Sie Passagen, die ich unwissenschaftlich als »Denkanstöße« bezeichne. Das sind die Hilfsmittel und Techniken, die ich nützlich fand, um knifflige Fragen zu beantworten. Man könnte sie als »Anleitung zur Selbsterkundung« betrachten – aber das klingt so fürchterlich, dass ich lieber bei »Denkanstöße« bleiben möchte.

Wenn Sie knifflige Fragen beantworten wollen, sollten Sie unbedingt zweierlei beachten: 1) Ihre Quellen und 2) die Prämissen, von denen Sie ausgehen. Diese Prämissen sind oft eine gefährliche Angelegenheit. Mit kognitiver Verhaltenstherapie (KVT) ist es mir gelungen, meine eigenen Denkmuster zu erkennen und sie rational zu erklären. Denn Gedanken sind keine Fakten.

Ich hoffe, dass Ihnen mit diesem Buch Ähnliches gelingt. Es liefert keine schnellen Antworten, sondern lädt zum Innehalten und Nachdenken ein. In ihrem Buch *Purpose*[1] weist Jessica Huie darauf hin, dass jeder Mensch anfangs ein unbeschriebenes Blatt ist, aber schon bald von seinen Eltern unbewusst geformt wird. Sie übertragen ihre Ängste, Meinungen und ihre Version der Wahrheit auf uns. Deshalb hat man oft den Eindruck, als würden sich Ansichten gar nicht weiterentwickeln. Wenn ein Freund eine rückständige Bemerkung über Homosexuelle macht, ist das ein Schock, aber oft hören wir dann gar nicht seine eigene Stimme, sondern den Nachhall früherer Generationen.

Huie vergleicht das mit einem Auto: Wenn wir erwachsen sind, ist der Kofferraum so beladen, dass der Wagen kaum noch in die Gänge kommt. Jeder kennt die Familienkutschen, die für den Sommerurlaub bis in die letzte Ritze vollgestopft werden wie beim Tetris-Spielen.

Als Erwachsene haben wir die Aufgabe, diese vielen Dinge unter die Lupe zu nehmen und uns zu fragen, ob wir sie wirklich behalten müssen oder wollen. Es ist leichter gesagt als getan, den Ballast abzuwerfen und unsere eigenen Sichtweisen im Interesse des persönlichen Wachstums in Frage zu stellen. Deshalb verzichten viele darauf, klappen lieber den Kofferraum zu und fahren weiter.

Aber ob wir es wollen oder nicht, wir werden unsere Kinder formen – das zeigt uns Philippa Perry in *Das Buch, von dem du dir wünschst, deine Eltern hätten es gelesen*[2]. Ich finde, dabei sollten wir kein Gepäck mit uns herumschleppen, das wir vielleicht gar nicht brauchen.

Bei der Arbeit an diesem Buch habe ich mich außerdem von der Vorstellung leiten lassen, dass man versuchen sollte, seinem Kind so genannte »emotionale Privilegien« zu verschaffen, und dass es sich dabei um den Nektar der Liebe handelt. Diese Privilegien können unterschiedliche Formen annehmen, zum Beispiel, dass wir unsere Kinder von unseren eigenen Ängsten schützen und in ihre Fantasiewelt eintauchen. Und dazu gehört auch, dass wir ehrlich zu ihnen sind.

Meiner Ansicht nach ist es für unsere Kinder sehr gut, wenn sie wissen, dass wir nicht immer eine Antwort haben. Wir sollten nicht sagen: »Ich weiß es nicht, und das macht mir Sorgen«, denn sie sollen sich geborgen und sicher fühlen. Sie sollten hören: »Ich weiß es nicht, aber ich werde es herausfinden.« Wir müssen nicht »allwissend« sein, sondern unablässig lernen.

Meine Oma war schon fast blind, als sie ihren ersten Computer bekam. Es war ihr nicht peinlich, dass ihre E-Mails mit Fehlern gespickt waren, weil die Spracherkennung oft nicht richtig verstand, was sie meinte. Ganz und gar nicht. Ein gelegentlicher Fehler war für sie ein kleiner Preis für das Gefühl der Verbundenheit, das durch die E-Mails entstand.

Eines jedoch tat weder Oma noch sonst jemand aus ihrer Generation: Wenn sie eine Antwort brauchte, suchte sie nicht online, weder bei Google noch bei Personen, denen sie im Internet folgte. (Ein absurder Gedanke!)

Wir müssen also in Kauf nehmen, dass wir uns irren, und zugeben, wenn unser Wissen an seine Grenzen stößt, gleichzeitig jedoch eine einigermaßen vernünftige Antwort geben, wenn unser Kind uns schon wieder mit Fragen bombardiert. Aber wie gelingt das, wenn es zum unmöglichen Zeitpunkt etwas Unmögliches wissen will?

Mein wichtigster Ratschlag lautet, bei der Beantwortung einer Frage auf Zeit zu spielen. Und zwar aus folgenden Gründen: Erstens sind die Fragen sehr oft nur eine Taktik, die von dem ablenken soll, das eigentlich ansteht. Oft (aber nicht immer) kommen sie zur Schlafenszeit, beim Schuheanziehen oder wenn es etwas Gesundes zu essen gibt, das Sie mit viel Liebe gekocht haben.

Zweitens ist eine Antwort selten optimal, wenn sie auf die Schnelle und unüberlegt gegeben wird. Oder wenn Sie müde/

gestresst/hungrig/überrumpelt sind. Auf Zeit spielen bedeutet jedoch nicht, dass Sie die Frage nie wieder ansprechen sollten.

Oh, und die Fragen an sich? Diejenigen, die Sie in diesem Buch finden, stammen aus unterschiedlichsten Quellen: viele von meinen Kindern, viele aus Gesprächen mit Eltern und Erziehungsberechtigten, die ich sowohl online als auch im echten Leben geführt habe. Nicht zu vergessen meine WhatsApp-Gruppe mit meinen besten Studienfreundinnen: Einst machten wir die Straßen von Bristol unsicher und haben zusammen gefeiert – jetzt mühen wir uns damit ab, der Elternrolle gerecht zu werden, ohne unseren Partnern an die Gurgel zu gehen und uns selbst völlig zu verlieren.

Eine Frau verriet mir, ihr kleiner Sohn habe sie zur Seite genommen und gefragt: »Was ist ein Swingerclub?« Ja, kann sein, dass ich ziemlich kichern musste, als ich das las. Und in diesem Fall überlasse ich es Ihnen, darauf eine Antwort zu finden. Sorry.

Die Fragen in den folgenden Kapiteln sind als Ausgangspunkt für die Beschäftigung mit wichtigen Themen gedacht. Weder umfassend noch abschließend. Ich habe sie grob in Kategorien unterteilt – doch Sie werden sehen, dass sie alle miteinander verknüpft sind, denn man kann nicht über den Tod sprechen, ohne auf die Liebe einzugehen, und nicht über Geld, ohne das Geschlecht zu erwähnen. Die Frage nach dem Sinn des Lebens habe ich nicht behandelt, obwohl es mir am Ende des Buches fast so vorkam.

Und vielleicht liegt der Sinn des Lebens auch darin, dass wir versuchen, die nächste Generation auf Erfahrungen vorzubereiten, die sich nicht mit unseren decken. Oder zumindest erkennen, wann eine Frage auf einen aufgeweckten Geist zurückzuführen ist und wann sie nur das Zubettgehen herauszögern soll.

Apropos Zubettgehen: Erinnern Sie sich noch an damals, als Sie jung waren und bis zum Sonnenaufgang aufbleiben konnten, um mit anderen zu reden und die Welt zu verbessern? Ich habe es immer geliebt, jemandem zuzuhören, alles in mich aufzusaugen und meine eigenen Angelegenheiten durch diese Linse zu betrachten.

Heutzutage ist es mir ziemlich wichtig, um 22:30 Uhr im Bett zu liegen. Aber auch wenn ich den Sonnenaufgang nicht mehr bei einer Packung Marlboro Lights erlebe, sammle ich immer noch gerne Anekdoten sowie umfassendere Erkenntnisse. Bei der Arbeit an diesem Buch bat ich die verschiedensten Leute, den folgenden Satz zu ergänzen: »Als Kind hätte ich gerne gewusst, dass …«

Die Antworten sind zwischen den Kapiteln eingestreut wie kleine Fundstücke: eine Münze hinter dem Sofa oder eine uralte, aber noch genießbare Süßigkeit, die man in der Handtasche findet, wenn man Hunger hat, weil das Frühstück ausfallen musste. Okay, das war geschwindelt, bei mir ist das Frühstück noch nie ausgefallen. Aber ich finde gerne alte Süßigkeiten. Und ich liebe diese süßen Einblicke in die Gedanken wundervoller Menschen.

**Als Kind hätte ich gerne gewusst, dass …**
es andere Arten des Lernens gibt, dass jeder Mensch Informationen anders aufnimmt und behält, dass emotionale Intelligenz für den Erfolg genauso wichtig und notwendig ist wie der IQ. Finde heraus, wie du gerne lernst, und richte deine Ausbildung danach aus. Ich liebe das folgende Zitat, das Einstein zugeschrieben wird: »Jeder ist ein Genie. Aber wenn ein Fisch danach beurteilt wird, wie gut er auf einen Baum klettern kann, wird er sich ein Leben lang für dumm halten.«

**Nina Malone** @dopeblackmums

# 1

# FRAGEN ÜBER DIE GROSSE WEITE WELT

Das ist nun nicht gerade ein sanfter Einstieg, aber das ist meine Art. Je mehr Angst ich vor etwas habe, desto dringender will ich es hinter mich bringen. Deshalb passte es mir überhaupt nicht, dass alle meine Kinder überfällig waren – Bertie wurde nach 41 Wochen + 6 Tagen geboren, Greta und Woody nach 41 + 1. Das lässt sich nur mit dem Gefühl vergleichen, dass man einen Marathon vor der Brust hat, aber nicht loslaufen darf (um eines klarzustellen: Ich bin noch nie einen Marathon gelaufen. Ha! Aber Sie verstehen hoffentlich, was ich meine). Ich neige dazu, einfach loszulegen und unterwegs die richtige Lösung zu finden. Bei diesen Fragen ist das allerdings der denkbar schlechteste Ansatz, deshalb vergessen Sie das lieber wieder.

Wenn ich an die große weite Welt denke, fällt mir das wundervolle Kinderbuch *Hier sind wir* von Oliver Jeffers[3] ein. »Oh, hallo. Willkommen auf diesem Planeten. Wir nennen ihn Erde. Die Erde ist diese große Kugel, die im All schwebt und auf der wir leben. … Auf der Erde gibt es viel zu entdecken, darum fangen wir mit einem kleinen Rundgang an …«

## ABER WARUM MACHEN DIE MENSCHEN DIE ERDE KAPUTT?

Ein UNO-Bericht aus dem Jahr 2019 kommt zu dem Schluss: »Durch menschliches Handeln sind heutzutage mehr Arten vom weltweiten Aussterben bedroht als jemals zuvor.« Das ist eine gewichtige Aussage, die man erst einmal sacken lassen muss.

Wir müssen realistisch sehen, welche Schäden die Maschinen anrichten können, die wir gebaut haben. Die wahre Antwort auf die Frage, warum der Mensch die Erde kaputtmacht, liegt im Handeln und darin, was wir dagegen tun werden.

Die junge Aktivistin Greta Thunberg hat dazu aufgerufen, man solle angesichts der Klimakrise in Panik geraten. Unsere Kinder und deren Kinder werden dafür bezahlen müssen. Greta sagte auch, niemand sei zu klein, um etwas zu bewirken.

Es gibt Hoffnung – aber nicht Regierungen oder Unternehmen machen Hoffnung, sondern Menschen.

»Menschen, die nicht Bescheid wussten, wachen jetzt langsam auf, und wenn wir Bescheid wissen, ändern wir uns«, so Greta. »Wir können uns ändern, und die Menschen sind zur Veränderung bereit. Das ist die Hoffnung, denn bei uns gibt es Demokratie.«

Wenn Sie mit Kindern über dieses Thema sprechen, sollten

Sie keine Horrorszenarien schildern. Schlagen Sie einen Bogen zu Ihrem Kind. Erzählen Sie ihm von Greta. Helfen Sie ihm, kleine, aber wirkungsvolle Veränderungen vorzunehmen.

Ich habe mich an Frida Berry Eklund gewandt, die Gründerin des Klima-Elternnetzwerks Our Kids' Climate und Autorin des Buches *Talk to Children about Climate Change: A Handbook for Parents* (Wie man mit Kindern über den Klimawandel spricht: Ein Handbuch für Eltern). Frida ist eine wahre Fundgrube für Informationen und hat mir wichtige Tipps gegeben, wie man mit Kindern altersgerecht über die »planetarische Krise« (wie sie es nennt) sprechen sollte:

- **Kinder im Vorschulalter** können noch nicht verstehen, dass ein Waldbrand in Australien weit weg von ihrem Zuhause ist. Globale Probleme und Wetterkatastrophen können große Angst auslösen. Bei Kindern im Vorschulalter rate ich deshalb dazu, dafür zu sorgen, dass sie sich der Natur und unseren Ökosystemen verbunden fühlen und diese verstehen. Und natürlich darauf zu achten, dass Fürsorge für den Planeten zum Alltag gehört.
- **Schulkindern** (ab etwa sieben Jahren) können wir einfache Erklärungen zu globalen Problemen liefern. Wir können darüber sprechen, dass die Hülle um die Erde immer dicker wird, sodass sie sich erwärmt, welche Ursachen das hat und was man dagegen tun kann. Die Erde hat gerade Fieber, aber wir alle können dabei helfen, sie wieder abzukühlen. Es ist sinnvoll, über nationale oder auch regionale Folgen und Lösungsansätze zu sprechen, um das Thema greifbarer zu

machen. Und darüber zu reden, was wir selbst tun können. In diesem Alter kann man Kinder gut dazu anregen, sich die Welt, die sie als Erwachsene erleben möchten, vorzustellen/zu zeichnen/zu gestalten.

- **Für Jugendliche** müssen wir gesprächsbereit sein, wenn *sie* es wollen. Man kann sie gut fragen, was sie über die Klimakrise wissen oder was es mit Greta Thunberg auf sich hat. Mit solchen Fragen lässt sich herausfinden, welche Gefühle dieses Thema weckt. Fühlen sie sich angesichts der Zukunft hilf- und hoffnungslos? Wir sollten sie dabei unterstützen, gemeinsam mit anderen Handlungsmöglichkeiten zu finden.

Ganz allgemein riet Frida dazu, ehrlich zu sein und keine falschen Versprechungen zu machen. Sie sagt nämlich: »Wir wissen das nicht [ob alles gut wird]; das wird davon abhängen, was wir in den nächsten Jahren tun.« Wir sollten unseren Kindern versichern, dass wir Erwachsene dafür verantwortlich sind, dieses Problem zu lösen (schluck!), und ihnen gleichzeitig deutlich machen, dass wir alle dazu beitragen können – niemand ist zu klein, um sich zu engagieren.

Ich halte nicht viel davon, Kinder »in Watte zu packen«. Ich möchte sie lieber auf die große weite Welt vorbereiten, als sie davor zu behüten. Außerdem habe ich mich immer gefragt: Wenn man beschließt, sie vor der Realität zu schützen, wann will man dann die sinnbildliche Watte abnehmen? »Alles Gute zum 18. Geburtstag und willkommen in der Welt der Erwachsenen! Hier ist die bittere Wahrheit, die wir dir bis jetzt verheimlicht haben.« Ha!

Die Auseinandersetzung mit gewichtigen Themen löst oft starke Gefühle aus. Das ist in Ordnung, versichert Frida. »Traurigkeit, Ärger und Frust sind gesunde Reaktionen auf den Zustand der Welt.« Hier ein paar Tipps, was ratsam ist und welche Fallstricke man vermeiden sollte:

1. Betonen Sie, dass es wichtig ist, das Unbehagen in Handlungen umzusetzen. Zum Beispiel, indem man eine Umweltorganisation unterstützt, sich für Veränderungen in der eigenen Gemeinde einsetzt oder in der Schule eine Klimagruppe ins Leben ruft.

2. Drängen Sie Ihrem Kind das Thema nicht auf, wenn es nicht darüber sprechen möchte. Das könnte bewirken, dass es gar nichts mehr davon wissen will. Handeln Sie stattdessen weiter klimabewusst und zeigen Sie ihm, dass Sie Teil der Lösung sind. Taten sagen mehr als Worte!

3. Machen Sie sich klar, dass Nachrichten, die mit dem Klima zusammenhängen, etwa über extreme Wetterphänomene, manchmal zu beängstigend sind. Suchen Sie gezielt nach positiven Berichten über Menschen, die etwas Gutes für den Planeten tun.

4. Es bringt nichts, wenn man nur redet, aber nicht handelt. Wir müssen unseren Kindern zeigen, dass uns dieses Thema sehr am Herzen liegt und dass wir bereit sind, unseren Beitrag zu leisten.

5. Behaupten Sie nicht, dass alles gut werden wird. Es lässt sich nämlich gar nicht abschätzen, wie sich die Lage entwickeln wird, wenn wir so weitermachen wie bisher.

## So können Sie und Ihre Familie bessere Konsumgewohnheiten entwickeln

Sophie von @trashplastic, die sich auch bei Extinction Rebellion engagiert, hat mir ebenfalls aufschlussreiche Infos zu diesem Thema geliefert.

Sophie und ich haben uns über Instagram kennengelernt; in höflichen, aber leidenschaftlichen Nachrichten hat sie mir klargemacht, dass das, was ich in Sachen Klima für »ausreichend« gehalten habe, bei Weitem nicht reicht. Es war nicht schön, mir das einzugestehen, es hat jedoch bewirkt, dass ich fest entschlossen bin, mich zu bessern.

Ehe wir auf praktische Tipps für den Alltag eingegangen sind, vertraute Sophie mir an, dass sie fürchte, niemand würde gerne lesen, was sie über den Klimawandel zu sagen hat. Solche Bedenken sind Musik in meinen Ohren: Das Unangenehme ist meist besonders wertvoll. Also los!

Sophie meint, man solle es mit Maya Angelou halten, die gesagt hat: »Mach es so gut, wie du kannst, bist du es besser weißt«, und vor allem: »Wenn du es besser weißt, mach es besser.«

Früher war Sophie nicht engagierter als die meisten anderen, doch vor ein paar Jahren änderte sich das. Der Dokumentarfilm *Unser blauer Planet* (mehr über die Bedeutung von David Attenborough später) in Kombination mit der Prognose, dass 2050 im Meer mehr Plastik schwimmen wird als Fische, bewegte sie zum Handeln.

»Wenn du es besser weißt, mach es besser.« Sophie nahm sich vor, ihren Plastikverbrauch um 80 Prozent zu reduzieren. Aber wie? Zunächst wollte sie ein Gefühl dafür bekommen, wie groß das Plastikproblem in ihrer Familie war. Deshalb sammelte sie eine Woche lang jedes Stückchen benutztes Plastik. Sie machte es sauber und schüttete es dann nach einer Woche auf einen großen Haufen. Beim Anblick der Menge kamen ihr die Tränen! Ich frage mich, ob ich mich trauen würde, das auch bei uns zu tun. Würden Sie es wagen?

Und dann? Hier ein guter Rat: »Wenn man weiß, wo die größte Menge Plastik anfällt, kann man diesen Bereich als Erstes angehen und so am meisten bewirken. Mit einem Deo, das man nur alle paar Monate kauft, muss man nicht viel Aufwand betreiben, solange zu jedem Wocheneinkauf plastikverpackte Bananen gehören.« Relativ einfach ist es, Milch in Pfandflaschen oder Katzenfutter in Blechdosen statt in Plastikverpackung zu kaufen.

Von da an, so Sophie, hat sie ihre Einkaufsgewohnheiten rigoros auf den Prüfstand gestellt, um Verhaltensmuster aufzubrechen, die – das gibt sie selbst zu – meist automatisch abliefen und nicht auf bewussten Entscheidungen beruhten. »Der Mensch ist zwar ein Gewohnheitstier«, sagt sie, »aber wir können unsere Gewohnheiten auch ändern.«

Die unbequeme Wahrheit lautet, dass dahinter unser unablässiges Streben nach »mehr« steckt, so Sophie. »Ausnahmslos alle Datenmodellierungen zeigen, dass es so nicht weitergeht. Wenn die Weltwirtschaft weiterhin 3 Prozent Wachstum erreichen will, dann erreichen wir eine Erderwärmung von 3 Grad mehr – und zwar schnell. Und das ist der Stoff, aus dem Albträume sind.«

Einstein sagte: »Probleme kann man niemals mit derselben Denkweise lösen, durch die sie entstanden sind.«

Sophie schlägt vor, man solle erst den Plastikverbrauch und dann die eigene $CO_2$-Bilanz unter die Lupe nehmen. Es liegt nahe, dabei an Energieversorgung und Reisen zu denken, aber alles, was wir kaufen, essen und tun, wirkt sich auf den ökologischen Fußabdruck aus.

Jeder von uns hat ein $CO_2$-Budget, das sich nach den Emissionszielen des Pariser Klimaabkommens richtet. Auf der Webseite des WWF gibt es einen guten Fußabdruck-Rechner, den Sie zusammen mit Ihrem Kind benutzen können: Beantworten Sie die Fragen gemeinsam und schauen Sie sich die Ergebnisse an. Vermutlich werden Sie staunen, was alles dazugehört. Haben Sie im letzten Jahr neue Möbel gekauft? Was geben Sie für Café- und Restaurantbesuche aus? Wie oft kaufen Sie neue Kleidung?

Für Sophie war das ein ähnlicher Wendepunkt wie das Plastiksammeln: Ihr wurde klar, dass sie etwas ändern kann, indem sie einfach weniger kauft. Sie selbst drückt das so aus: »Weniger #yolo, weniger #fomo, weniger #ootd, weniger #bestesleben, weniger #neuesoutfit. Weniger Habenwollen, weniger Vergleichen, weniger Konsum, weniger Kaufen. Weniger Fast Fashion, weniger Einwegartikel. Weniger Fleisch, weniger Milchprodukte, weniger Plastik, weniger Abfall. Weniger Flüge, weniger Autofahrten, weniger Zeug. Denn das Verrückte ist, dass massenhaft wissenschaftliche Beweise belegen, dass wir glücklicher sind, wenn wir auf ›weniger‹ setzen. Wenn wir zu schätzen wissen, was wir schon haben, weniger Zeug anhäufen, es langsamer angehen lassen, achtsamer sind, sorgfältiger auswählen, Freude an kleinen Dingen und echten zwischenmenschlichen Beziehungen haben, fühlen wir uns erfüllter. Weniger Krempel = mehr Zufriedenheit.«

Dann fügt sie hinzu: »Ich spüre den Drang, auf unseren Planeten zu achten, aber ich empfinde es auch als große Erleichterung, dass ich nicht mehr unablässig den Kardashians nacheifern muss. ... Nur wer völlig hinter dem Mond lebt, hat die kraftvollen Reden von Greta Thunberg nicht mitbekommen. Sie hat Millionen anderer junger Leute dazu veranlasst, aufzustehen und für ihre Zukunft zu kämpfen. Und was sie sagt, ist glasklar. ›Ihr sollt handeln, als stünde das Haus in Flammen. Denn es brennt wirklich.‹«

All das lässt sich gar nicht richtig erfassen, oder?

Die einfache Antwort auf die Frage »Aber warum machen die Menschen die Erde kaputt?« lautet, dass wir zu sehr darauf geachtet haben, was wir wollen, und nicht darauf, was die Erde braucht.

Ganz so einfach ist es jedoch nicht. Ich möchte darauf hinweisen, dass von den 3000 Menschen, die ich auf Instagram befragt habe, immerhin 9 Prozent angaben, Umweltschutz sei ihnen nicht wichtig. Eine Person meinte schlicht: »Ich kann mich nicht um alles kümmern«, die meisten nannten finanzielle Gründe. Geld und Zeit sind die größten Hürden: »Umweltfreundliches Verhalten muss man sich leisten können«; »Ich würde gerne nachhaltiger einkaufen, aber manchmal ist das finanziell nicht möglich«; »Kleine Veränderungen im Privaten sind sinnlos, wenn 100 Unternehmen für 70 Prozent der Emissionen verantwortlich sind«; »Die beste Wahl ist oft die teuerste«; »Die Industrie gibt sich keine Mühe, warum sollten wir Privatpersonen das tun?«; »Ich komme kaum über die Runden; ich gebe mein Bestes, aber mehr kann ich nicht leisten.«

Meiner Ansicht nach gibt es ein Mittelding zwischen dem Zitat von Maya Angelou und Ihrer persönlichen Situation. Machen Sie es, so gut Sie können, bis Sie es besser wissen – und damit so gut, wie es Ihnen gerade möglich ist.

Ich persönlich möchte dafür sorgen, dass die Welt, die wir der nächsten Generation hinterlassen, nicht in einem weitaus schlechteren Zustand ist als die Welt, die wir selbst vorgefunden haben. Oft verliere ich das Problem aus den Augen – sei es, weil SO viel anderes zu bewältigen ist (das geht an dich, Covid-19), oder weil es sehr abstrakt wirken kann. Aber es gibt jemanden, der es auf den Punkt bringt und selbst ein Mythos und eine Legende ist: Sir David Attenborough mit seiner Serie *Extinction: The Facts*.

Es ist beängstigend und bewegend zugleich, dass Sir David, der so viel von der Natur gesehen (und anderen nahegebracht) hat wie kaum jemand anderes, nach seiner geradezu legendären Karriere nun eindringlich darauf hinweist, dass Millionen Arten vom Aussterben bedroht sind und dass der Verlust der biologischen Vielfalt schlimme Folgen für uns alle hat, da er die Nahrungs- und Wassersicherheit bedroht, das Klima außer Kontrolle geraten lässt und sogar das Risiko für pandemische Krankheiten erhöht. Wenn die berühmte Stimme sagt: »Was als Nächstes geschieht, hängt von uns allen ab«, dann macht das wirklich Eindruck.

## ABER WARUM GIBT ES HAARE/AUGEN/HAUT IN VERSCHIEDENEN FARBEN?

Später wird es darum gehen, dass Kinder sehr darauf bedacht sind, »so wie alle anderen« zu sein. Aber was ist mit den Unterschieden? Warum gibt es sie, und was haben sie zur Folge?

Wussten Sie, dass nicht eine Schneeflocke der anderen gleicht? Das gilt auch für Menschen. Selbst bei eineiigen Zwillingen, die sich zum Verwechseln ähnlich sehen, sind winzige Unterschiede zu entdecken, wenn man genau hinschaut.

Die Haarstruktur richtet sich nach der Form der Follikel. Glattes Haar entsteht aus runden Follikeln, lockiges aus ovalen. Je flacher das Oval, desto lockiger das Haar. Mit zunehmendem Alter, bei Stress oder durch Medikamente kann sich die Haarstruktur verändern.

Die Haarfarbe ist schon bei der Empfängnis festgelegt. Die genetischen Abläufe, die die Haarfarbe bestimmen, sind sehr komplex und noch nicht umfassend entschlüsselt, deshalb muss ich mich mit meinem sehr unwissenschaftlichen Verstand darauf beschränken, Ihnen (und meinen Kindern) nur die Grundlagen zu vermitteln. Im Grunde richtet sich die Haarfarbe nach den Genen und dem Verhältnis der beiden Melaninarten Eumelanin und Phäomelanin.

In Bezug auf die Augenfarbe bin ich auf eine Menge faszinierender Fakten gestoßen. Auch hier kann es ratsam sein, eine Kinderfrage mit wissenschaftlichen Erkenntnissen zu beantworten. Man geht davon aus, dass noch vor etwa 10 000 Jahren alle Menschen braune Augen hatten. Dann sorgte eine Mutation dafür, dass bei manchen die Vorderseite der Iris nicht mehr pigmentiert wurde.

Ein Baby, das mit braunen Augen geboren wird, behält die braune Augenfarbe. Blaue Augen dagegen können sich verändern, denn Sonnenlicht regt die Melaninproduktion an. Deshalb ändert sich die Farbe im ersten Jahr und in manchen Fällen sogar noch im Erwachsenenalter (unglaublich, oder?).

Nur etwa 2 Prozent der Weltbevölkerung haben grüne Augen (dazu gehöre auch ich). Das liegt an den Genen, die bestimmen, welche Menge des Pigments Melanin produziert wird. Je mehr wir produzieren, desto dunkler die Augenfarbe. Melanin wirkt sich auch auf die Hautfarbe aus, die von Mensch zu Mensch unterschiedlich ist.

Vielleicht möchten Sie es dabei belassen. Allerdings könnten Sie die Gelegenheit auch zu einem weiterführenden Gespräch über das schwierigere Thema Rassismus nutzen.

Viele scheuen sich davor, über Rassismus zu reden. Bei meinen Recherchen äußerten manche, es sei nicht nötig, mit Kindern über dieses Thema zu sprechen, und das könne Probleme schaffen, wo es gar keine gibt.

Allerdings sollten Sie einige Aspekte bedenken:

1. Ob Sie es wollen oder nicht, Ihr Kind wird höchstwahrscheinlich mit Nachrichten und Gesprächen über Rassismus konfrontiert. Vielleicht sehen Sie das anders, aber mir persönlich ist es lieber, wenn meine Kinder so viel wie möglich von mir lernen und nicht von irgendwelchen x-beliebigen Leuten.
2. Wer von Rassismus betroffen ist, hat nicht den Luxus, auf ein solches Gespräch zu verzichten.
3. Von den 3000 Personen, die auf meine Umfrage geantwortet haben, räumten 40 Prozent ein, dass sie sich bei diesem Thema unsicher sind. Wird es darum gemieden?

Caryn Park, Professorin an der Antioch University in Seattle, untersuchte das Bewusstsein für Race und ethnische Zugehörigkeit bei Kindern und kam zu dem Schluss, dass sie bereits mit drei Jahren die Hautfarbe zur Kenntnis nehmen. Bei uns zu Hause wurde die Hautfarbe erstmals thematisiert, als mein zweiter Sohn Woody etwa ein Jahr alt war. Woody hat meinen dunkleren Teint geerbt, während Bertie von Ben viel hellere Haut mitbekommen hat. Bertie fragte, warum er und sein Bruder so unterschiedlich aussehen. Darüber sprechen wir noch heute hin und wieder, zumal Greta ebenfalls einen dunkleren Teint hat. Solche Momente sind eine gute Gelegenheit, um tiefer in das Thema einzusteigen.

Es ist nie zu früh, über Race zu sprechen, aber auch nie zu spät. Mehr dazu erläutere ich gleich im Zusammenhang mit dem imaginären »Großonkel John«.

## Race, Rassismus, Diskriminierung und Ungleichheit

Schon die Worte allein wirken gewaltig. Das ganze Thema ist sehr bedeutsam, vielschichtig, emotional und wichtig. Deshalb sollte man versuchen, damit richtig umzugehen. Und deshalb muss ich mich direkt entschuldigen und einräumen, dass mir das wahrscheinlich nicht gelingen wird. Aber ich kann versichern, dass ich die besten Absichten habe. Ich finde es besser, einen Versuch zu starten – auf die Gefahr hin, dass man sich eines Besseren belehren lassen muss –, als den Kopf in den Sand zu stecken und zu schweigen.

Ein Gespräch über das Thema Rassismus wird in jeder Familie anders ablaufen, doch einige Grundprinzipien werden vermutlich gleich sein.

Ein guter Ausgangspunkt ist das berühmte Zitat von Martin Luther King: »Ich habe einen Traum, dass meine vier kleinen Kinder eines Tages in einer Nation leben werden, in der sie nicht nach ihrer Hautfarbe, sondern nach ihrem Charakter beurteilt werden.«

Versteht sich von selbst, oder?

Rassismus ist widerwärtig.

Niemand, absolut niemand, sollte durch sein Verhalten in irgendeiner Weise zum Ausdruck bringen, dass Weiße anderen Menschen überlegen sein könnten. Das darf nicht geschehen. Wie jedoch kommen wir vom jetzigen Status dorthin, wo wir hinwollen, zu mehr Gleichbehandlung? Für mich gelten folgende Grundlagen:

## Was sollte jedes Kind zum Thema Rassismus wissen?

- Es gibt unter den Menschen nicht verschiedene Races, sondern nur verschiedene Kulturen und Identitäten.
- Für manche Menschen ist das Leben aufgrund ihrer Hautfarbe anders, und das ist falsch – innerlich sehen wir alle gleich aus.
- Jedes Kind sollte die einfache Regel beherrschen, dass man zu anderen Menschen freundlich ist, auch wenn sie anders aussehen als man selbst.
- Im Laufe der Geschichte hat man mittels Rassismus versucht, angebliche Unterschiede zwischen Menschen ausfindig zu machen. Die Welt ist immer noch nicht gerecht; wir müssen unseren Beitrag dazu leisten, dass sie gerechter wird.
- Wir sind gleichzeitig unterschiedlich und gleich, und auf dieser Grundlage können wir gegen Rassismus angehen.
- Manche Menschen sind Idioten, deshalb müssen wir uns für die einsetzen, die nicht für sich selbst einstehen können.
- Heutzutage herrscht mehr Gleichberechtigung als früher, aber wir sind noch lange nicht am Ziel. Es gilt, weiterhin Fragen zu stellen und sich zu informieren.

Außerdem sollten Sie Ihrem Kind helfen, bestimmte Begriffe zu verstehen, die es hören könnte.

**Race** ist die Vorstellung, dass sich die menschliche Spezies (also wir!) in verschiedene Gruppen einteilen lässt, die angeblich bestimmte vererbte Körpermerkmale gemeinsam haben.

**Rassismus** bedeutet, dass nicht alle Menschen gleich behandelt werden. Rassismus sollte es nicht geben, aber es gibt ihn, und es muss sich noch vieles ändern, damit jeder nach seinem Charakter und nicht nach seiner Hautfarbe beurteilt wird.

**Diskriminierung** bedeutet, dass jemand ungerecht oder anders behandelt wird. Dafür kann es verschiedene Gründe geben, aber in diesem Fall geht es um Diskriminierung aufgrund der Hautfarbe.

Auch der Begriff **weiße Privilegien** ist gelegentlich zu hören. Damit ist gemeint, dass weiße Menschen, die mit ihren Kindern dort leben, wo die überwiegende Mehrheit der Bevölkerung weiß ist, bestimmte Vorteile genießen, die all jene, die nicht weiß sind, nicht haben. Ja, man mag durch andere Faktoren eingeschränkt sein, aber Race gehört nicht dazu. Man muss nicht in einer von Rassismus geprägten Gesellschaft leben. Mir gefällt eine Äußerung der Autorin Sophie Williams von @officialmillennialblack zu diesem Thema: »Privilegiert sein bedeutet nicht, dass man ein leichtes Leben hatte, es bedeutet nur, dass man bestimmte Kämpfe, die andere betreffen, nicht ausfechten musste.«

## Stellen Sie den Fairness-Gedanken in den Vordergrund

Rassismus ist das Gegenteil von Fairness.

Im Alter von fünf und sieben Jahren haben meine Jungs bereits ein Bewusstsein für Ungerechtigkeit entwickelt – durch das äußerst wichtige Medium »Streukäse«. Wenn sie in der richtigen Stimmung sind, achten sie peinlich genau darauf, dass jeder die gleiche Menge Käse auf sein Essen bekommt (das bedeutet »beide bekommen mehr«), und protestieren, wenn sie finden, dass einer zu kurz gekommen ist.

Aufgrund dieser emotionalen Intelligenz und ihres natürlichen Instinkts, Ungerechtigkeit nicht stillschweigend hinzunehmen, sind sie zu Recht empört, wenn man ihnen erklärt, dass manche Menschen in manchen Situationen wegen ihrer Hautfarbe nicht gleichbehandelt werden.

Carina vom digitalen Kollektiv Dope Black Mums sagt, es sei oft wenig hilfreich, Kinder dazu anzuhalten, »keine Hautfarbe zu sehen«. »Wie sollen sie Empathie zeigen, wenn sie die systematische Unterdrückung aufgrund einer anderen Hautfarbe gar nicht sehen? Wo kommt ihre Wertschätzung ins Spiel, wenn sie keine rassistischen Vorurteile erkennen können?«[4]

So weit als Einführung in das Problem des systemischen Rassismus. Damit stellt sich die Frage: Was tun?

## Was können wir tun?

In diesem Buch geht es darum, Fragen zu beantworten. Ich empfehle Ihnen daher zu recherchieren und zu reflektieren. (Anders ausgedrückt: Stellen Sie Ihre Überzeugungen auf den Prüfstand.)

Dass man sich informiert und anschließend wertvolle Gespräche führt, ist jedoch nur eine Seite der Medaille. Kinder lernen zu 80 Prozent durch unser Verhalten.

Dr. Beverly Daniel Tatum, die Autorin von *Can We Talk About Race?*[5], bezeichnet Rassismus als »Smog«. Wir (sowohl wir Erwachsenen als auch unsere Kinder) atmen ihn zwangsläufig ein, sodass Rassismus irgendwann »überraschend zum Vorschein kommt, selbst wenn Gleichberechtigung in unserer Familie ein unumstößlicher Wert war«.

Vor diesem Hintergrund gilt, dass wir Fairness nur vorleben können, wenn wir sie im Alltag zeigen. Es geht um das, was unsere Kinder auf dem Schulweg, im Supermarkt oder bei einem Familientreffen erleben.

Konkret könnten gute, »umsetzbare« Ausgangspunkte so aussehen:

- Machen Sie sich bewusst, welchen Medien und gesellschaftlichen Einflüssen Sie und Ihre Kinder ausgesetzt sind.
- Achten Sie darauf, mit wem Sie sich umgeben.
- Prüfen Sie, was auf Sie (und damit auch auf Ihre Kinder) einwirkt. Welche Filme schauen Sie? Welche Hautfarbe haben die Figuren? Wer wird wie dargestellt? Gleiches gilt für die Bücher, die Sie selbst lesen und den Kindern vorlesen. Welche Hautfarbe haben Spielfiguren? Wem folgen Sie in den sozialen Medien?

Es geht darum, den Horizont zu erweitern. Dahinter steckt der Gedanke, dass Kontakt die Inklusion fördert. Unicef erklärt, es sei wichtig, Kinder mit »verschiedenen Kulturen und Menschen unterschiedlicher Races und Ethnien« in Berührung zu bringen, da »eine solche positive Interaktion schon früh dazu beiträgt,

Vorurteile abzubauen und gruppenübergreifende Freundschaften zu fördern«.

Welche Lieblingssongs gibt es in Ihrer Familie? Musik ist eine gute Möglichkeit, andere Kulturen kennenzulernen. Mit fertigen Playlists ist das auf Spotify kinderleicht, also hören Sie rein.

Ein weiterer toller Vorschlag von Dope Black Mums besteht darin, Speisen aus anderen Kulturen auszuprobieren. Kontakt kann auch das umfassen, was wir uns in den Mund stecken, und diese Art von Bildung spricht mich sehr an.

Wie könnte man besser etwas über westafrikanische Kultur lernen als bei Jollof-Reis, Hühnchen und gebratenen Kochbananen? (Übrigens, meine Damen, ich habe nicht vergessen, dass ich zum jamaikanischen Sonntagsessen eingeladen wurde – sobald Covid sich verzieht, stehe ich auf der Matte!)

Achten Sie darauf, mit wem Sie sich umgeben.

Unsere Kinder lernen von uns, aber beachten Sie, dass sie auch von entfernteren Verwandten oder unserem Freundeskreis beeinflusst werden. Zum Beispiel von Großonkel John (der nur ausgedacht ist, der Anschaulichkeit halber). Großonkel John sagt etwas, das nicht zu Ihren eigenen Überzeugungen passt. Wenn Sie die rassistische (oder sexistische oder homophobe) Äußerung von Großonkel John bewusst überhören, um das Weihnachtsessen nicht zu ruinieren, sind Sie zwar nicht rassistisch, riskieren jedoch, dass Ihre Kinder rassistische Kommentare für akzeptabel halten, obwohl sie es nicht sind.

Ein schwieriges, aber notwendiges Gespräch über das Thema Race bedeutet also wahrscheinlich auch, dass man sich mit John unterhalten muss. Bemühen Sie sich dabei um Mitgefühl und Freundlichkeit. Sie müssen Großonkel John nicht abschreiben; versuchen Sie vielmehr, ihn vom Unwissen zur Sensibilisierung zu bringen.

Auch auf den englischen Begriff **Allyship** könnten Sie oder Ihre Kinder stoßen. Ein »Ally« ist ein Verbündeter, und das bedeutet in diesem Zusammenhang, dass man sich am Kampf gegen Unterdrückung beteiligt. Vereinfacht (und kindgerecht) ausgedrückt bedeutet Allyship, ein Bewusstsein zu entwickeln und daran mitzuwirken, etwas zu verändern.

Hier gilt ebenfalls, dass das zwar gut klingt, das Problem aber nicht im Handumdrehen lösen kann. Forschungsergebnisse der Carnegie Corporation[6] deuten darauf hin, dass die meisten von uns im Umgang mit Menschen, die wir als kulturell anders wahrnehmen, nicht so kompetent sind, wie wir sein müssten, und dass selbst Menschen mit guten Absichten manchmal das Falsche tun. Außerdem werden Vorurteile und Diskriminierung durch die Gesellschaft beeinflusst.

Leider gibt es keine Impfung gegen Vorurteile, deshalb müssen wir unablässig für Gerechtigkeit kämpfen und aktiv auf mehr Gleichberechtigung hinarbeiten. Und das wird höchstwahrscheinlich nicht ganz reibungslos ablaufen.

Zurück zur Ausgangsfrage: Warum gibt es Haare/Augen/Haut in unterschiedlichen Farben?

Kurze Antwort: Follikel, Gene und Melanin.

Längere Antwort: Die Pigmentierung kann sich darauf auswirken, wie ein Mensch behandelt wird.

In einer perfekten Welt wäre das nicht der Fall, deshalb sollten wir dafür sorgen, dass die nächste Generation es besser macht als der imaginäre »Großonkel John« – oder auch besser als wir selbst.

In den bereits erwähnten Carnegie-Forschungsergebnissen heißt es, dass »bei Bemühungen um eine Verbesserung der Beziehungen zwischen den Gruppen häufig zu viel Augenmerk auf die Unterschiede zwischen und innerhalb von Races und ethnischen Gruppen gelegt wird, während Überzeugungen und Werte, die alle Races und Ethnien gemeinsam haben, außer Acht bleiben … [Das] hat zur Folge, dass gemeinsame menschliche Eigenschaften unterbewertet werden und der Einfluss, den Geschlecht, Sprache und soziale Klasse auf zwischenmenschliche Beziehungen haben, keine Beachtung findet.« Kurz gesagt, es ist wichtig, deutlich zu machen, dass es zwar Unterschiede zwischen ethnischen Gruppen geben mag, doch dass oft auch viele Gemeinsamkeiten existieren.

Auf den Kontext kommt es an, und die »Kluft«, von der hier die Rede ist, betrifft die Art und Weise, wie sich Race auf unser Leben auswirken kann, und die Ungleichheit, die durch Rassismus entsteht. Um noch einmal auf den Anfang zurückzukommen: Was sich *nicht* unterscheidet, was uns allen gemeinsam sein sollte, ist das universelle Bestreben, die Kluft zwischen Martin Luther Kings Traum und der heutigen Realität zu schließen.

Nutzen Sie Fragen wie die in diesem Kapitel, um offene, kritische Gespräche anzustoßen und fortzusetzen. Arbeiten Sie weiter daran, gute Menschen großzuziehen, die wissen, wie man Vorurteile hinterfragt, und dafür eintreten, dass alle Menschen fair und respektvoll behandelt werden. Dazu müssen wir diese Grundsätze selbst vorleben und uns vor allem ehrlich eingestehen, ob auch wir etwas besser machen könnten.

## ABER WARUM DARF ICH NICHT INS INTERNET?*

Von den 4000 Eltern, die ich für diese Frage konsultiert habe, sahen stolze 83 Prozent die Bildschirmzeit ihrer Kinder sehr kritisch. Einige hatten das Internet generell verboten und erlaubten es nur zu besonderen Anlässen. Andere räumten ein, dass sie sogar mehr als fünf Stunden täglich gestatteten, wenn sie als Eltern viel zu tun hatten. Ich persönlich musste feststellen, dass die Bildschirmzeit bei jedem Kind länger wurde – Greta (meine Jüngste) hatte natürlich schon viel früher ein Tablet in der Hand als ihre Geschwister, weil sie es sich immer schnell schnappte, wenn einer der Jungs kurz aufs Klo ging.

Laut meiner Umfrage bekamen viele Kinder mit etwa drei Jahren das erste Tablet. Andere Eltern warteten bis zum Schulbeginn, wieder andere so lange wie möglich. Meine Kinder haben Zugriff auf mehrere Tablets, doch dabei handelt es sich um »Familien-Tablets«, die alle gemeinsam nutzen und nicht allein ihnen gehören.

Die meisten Eltern aus meiner Umfrage sagten, ihr Kind habe mit dem Wechsel auf die weiterführende Schule das erste

---

* Statt ums Internet kann es auch ums Tablet, um YouTube, ein bestimmtes Spiel oder auch Ihr eigenes Handy gehen.

Mobiltelefon bekommen, meist jedoch nur ein einfaches; mit einem Smartphone wurde so lange wie möglich gewartet.

**Fragen, die ich mir zur Bildschirmzeit meiner Kinder stelle**

- Wie und warum benutzen sie ein Gerät? Oder vielmehr: Wie und warum lasse ich sie ein Bildschirmgerät nutzen?
- Ist das sinnvoll, unterhaltsam oder notwendig?

Es wäre falsch, Bildschirmzeit pauschal als schlecht abzustempeln. Ich finde es toll, dass meine Jungs liebend gern Zeichentutorials schauen, bei *Minecraft* interagieren sie mit anderen, und auf einer langen Autofahrt ist ein Spielfilm der reinste Segen.

Außerdem müssen sich Eltern manchmal um Dinge kümmern, die nicht warten können (zum Beispiel in den ersten Wochen mit einem Neugeborenen). Wenn ein Bildschirm das ermöglicht, ist das vollkommen in Ordnung.

Aber seien Sie ganz ehrlich: Nutzen Sie technische Geräte, damit Sie Ruhe um der Ruhe willen haben? Wenn ja, wie oft und wie lange? Wenn Sie jetzt ein etwas schlechtes Gewissen bekommen, ist das durchaus berechtigt. Widerstehen Sie der Versuchung.

Beobachten Sie Ihre Kinder und deuten Sie ihre Stimmung. Vielleicht geht es Ihnen wie mir – ich spüre an mir selbst, wann mir das Scrollen zu viel wird. Verspannter Kiefer, schlechte

Laune, oft sogar ziemlich gereizt. Und das sehe ich auch bei den Kindern – sobald sie ihre Geschwister anrempeln oder den Bildschirm angiften, wird das Gerät einkassiert.

Es ist verlockend einfach, bei jedem »Ich weiß nicht, was ich machen soll« mit einem Bildschirm Abhilfe zu schaffen. Aber ich bin fest davon überzeugt, dass ein bisschen Langeweile guttut. Wenn ich die Nerven habe, das anfängliche Gejammer zu ignorieren, sind das meist die Situationen, in denen sie sich etwas einfallen lassen und auf kreative Ideen kommen.

Sorgen Sie dafür, dass die Bildschirme nicht in Sichtweite sind. Das klingt logisch. Aber meine Kinder denken oft, dass sie an ein Gerät wollen, weil es da ist. Wenn es weggepackt wird, entsteht dieser reflexartige Wunsch gar nicht.

Für mich selbst habe ich die Regel »Kein Handy nach 21 Uhr«, weil ich weiß, dass ich dann besser schlafe. Bei den Kindern kommt es manchmal vor, dass die Bildschirmzeit so kurz vor dem Schlafengehen endet, dass sie nur schwer zur Ruhe finden (und plötzlich eine Million »Aber warum?«-Fragen durch ihre aufgewühlten Köpfe schwirren).

Laut internetmatters.org können Art und Dauer der Gerätenutzung bei Kindern unter fünf gar nicht früh genug eingeschränkt werden. Schützen Sie Ihre Geräte mit Passwörtern. Sorgen Sie dafür, dass der Startbildschirm kinderfreundlich gestaltet ist.

Im Grundschulalter (bis etwa zum elften Lebensjahr) sollte der Schwerpunkt darauf liegen, positive Verhaltensweisen einzuführen und Ihrem Kind beizubringen, wie es sich schützt.

Zudem empfiehlt die Organisation, Grenzen nicht vorzugeben, sondern mit dem Kind zu vereinbaren. Und wenn Sie wissen wollen, wie Ihr Kind das Internet nutzt, tun Sie das am besten gemeinsam: Wenn Sie ihm fünf Minuten über die Schulter schauen, erkennen Sie ganz genau, wie gut es mit Geräten und in Apps zurechtkommt. Ich selbst war beispielsweise viel zu naiv und habe geglaubt, meine Kinder könnten nicht viel anstellen, weil sie das, wonach sie suchten, nicht schreiben konnten – bis ich festgestellt habe, dass sie einfach Siri benutzten. Natürlich! Außerdem gilt für alle Spiele, Apps und sozialen Netzwerke eine Altersbeschränkung – achten Sie darauf.

Der amerikanische Sozialpsychologe Jonathan Haidt empfahl in dem Dokumentarfilm *The Social Dilemma* drei großartige Regeln für Kinder (vor allem, wenn sie sich dem Teenageralter nähern):

- Keine Handys im Schlafzimmer.
- Keine öffentlichen sozialen Medien vor dem sechzehnten Geburtstag.
- Festlegung eines »Zeitbudgets« für die Gerätenutzung.

Wir alle sollten versuchen, das Internet achtsam und maßvoll zu nutzen. Technische Geräte sind nützlich und verschaffen Freiheiten, können sich aber rasch in alle Aspekte unseres Lebens und damit auch in das Leben unserer Kinder einschleichen. Wir müssen dafür sorgen, dass unsere Kinder aktiv an der realen Welt jenseits ihrer Bildschirme teilhaben.

## Drehen Sie den Spieß um, und lenken Sie Ihre Kinder mit Internet-Fakten ab

Die folgenden Informationen könnten Ihren Nachwuchs vielleicht (kurz) vom Bildschirm aufblicken lassen. Allerdings möchte ich darauf hinweisen, dass es sich dabei um zufällige Internetfunde handelt – ob Sie ihnen Glauben schenken, bleibt Ihnen überlassen.

- 51,8 Prozent des gesamten Internetverkehrs entsteht durch Bots, 48,2 Prozent durch Menschen.
- Pro Minute werden 300 Stunden an YouTube-Videos hochgeladen.
- Im Schnitt ist ein Mensch heute fast zehn Stunden pro Tag online – wir verbringen mehr Zeit im Internet als im Bett!
- Google verarbeitet 5 Milliarden Suchanfragen pro Tag.

Dies ist eine völlig neue, unfassbare Welt, und wir müssen in Windeseile lernen, sowohl unseren eigenen Internetkonsum als auch den unserer Kinder zu steuern. Unsere Eltern hielten MTV für die schlimmste Erfindung aller Zeiten. Ihre Eltern wiederum fanden das Fernsehen besorgniserregend. Doch das Internet wird bleiben, und während wir lernen und unsere Leben daran anpassen, müssen wir akzeptieren, dass es keine verlässlichen, schnellen Regeln gibt. Seien Sie also achtsam. Wir wissen, wie es süchtig machen und das Bewusstsein verändern kann, aber auch, dass es vieles erleichtern, Wissen vermitteln und Kontakte fördern kann. Der Schlüssel liegt meiner Meinung nach darin, dass man immer wieder kritisch nachfragt und sich selbst auf den Prüfstand stellt.

Die Grundregel für die Bildschirmnutzung lautet dabei: keine leeren Drohungen. Wenn ich jedes Mal einen Euro bekommen würde, wenn ich »Heute keine Geräte mehr« sage und nach 20 Minuten Gequengel doch klein beigebe, wäre ich bald steinreich. Aber natürlich schade ich damit dem Respekt vor meinen Grenzen und meiner Autorität ganz gewaltig.

Abschließend möchte ich noch einmal auf meine Recherchen zurückkommen. Ich habe meine Follower auch gefragt, auf welche Regeln oder Strategien sie bei ihren Kindern setzen, und außerordentlich hilfreiche Antworten bekommen. Hier eine Auswahl:

- Die Kinder können sich jeweils zehn Minuten Bildschirmzeit verdienen, indem sie bestimmte Haushaltspflichten erledigen (In einer Familie hieß das »Wenn-dann-Strategie«).
- Eine andere Familie erlaubt »einmal Aufladen« pro Woche.
- Nutzen Sie die Stoppuhr auf dem jeweiligen Gerät oder eine Eieruhr.
- Geräte gibt es nur nach sportlicher Aktivität.
- Die Bildschirmzeit sollte möglichst lehrreich sein.
- Nutzen Sie Kontroll-Apps für Eltern.
- Nur am Wochenende.
- Niemals am Essenstisch.
- Legen Sie von klein auf Zeitlimits fest, damit diese ganz normal sind. Das ist viel leichter, als zu versuchen, den Konsum später einzudämmen. (Für solche Zeitlimits gab es viele ver-

schiedene Varianten, zum Beispiel »nie mehr als 30 Minuten am Stück« oder »nie nach 18 Uhr«).

- Auf langen Autofahrten Playlists statt Bildschirme.
- Verteufeln Sie elektronische Geräte nicht, sondern reden Sie offen über Nutzung und Gefahren.
- Sorgen Sie für »bildschirmfreie Tage«.

So viele gute Ratschläge. So gut sogar, dass ich mich frage, ob wir Erwachsenen vielleicht ebenfalls einige davon beherzigen sollten. Schließlich lässt sich ein gesunder Umgang mit Bildschirmgeräten schwerlich durchsetzen, wenn wir nicht zumindest versuchen, ebenfalls vernünftig zu sein.

**Als Kind hätte ich gerne gewusst, dass …**
ich kein schlechter Mensch bin, nur weil jemand nicht nett zu mir ist.

**Anna Mathur** @annamathur

## DENKANSTOSS:

### Nach Ruhe suchen

*Je leiser man wird, desto besser kann man hören.*

Rumi

Der norwegische Forscher Erling Kagge, der fünfzig Tage lang zu Fuß durch die Antarktis lief, hat mich schwer beeindruckt. Als wäre das allein nicht schon verrückt genug, beschloss er in letzter Minute, auch die Batterien für sein Funkgerät im Flugzeug zu lassen. Und warum? Ihn reizte nicht nur die körperliche Herausforderung, sondern auch die Vorstellung, fünfzig Tage Stille zu erleben.

*Fünfzig Tage Stille.*

Für mich wäre das unvorstellbar.

Und es macht mir Angst.

Wie würde es mir ergehen, wenn ich mich so lange Zeit nur mit meinen eigenen Gedanken beschäftigen müsste? Ich bin mir wirklich nicht sicher, ob ich das überstehen würde.

Aber auch abseits dieser Extremerfahrung betont Kagge die Bedeutung der Stille, denn Stille gibt uns Zeit zum Nachdenken, zum Grübeln und Besinnen. Überlegen Sie nur: Wann haben Sie zuletzt wirkliche Stille erlebt? Oder zumindest Ruhe? Und nein, schlafen zählt nicht.

Glauben Sie mir, als Mutter von drei Kindern, die in der Londoner Innenstadt wohnt, weiß ich, wie selten so etwas ist.

Ich lebe mit einem unablässigen, dichten Geräuschteppich: Power Rangers – Sportkommentare – Hundegebell – Kleinkind-Gequengel – Sirenengeheul – die Müllabfuhr, und so weiter und so fort. Der Gegensatz zwischen meinem Leben und dem schneebedeckten »Nichts« könnte nicht größer sein.

Allerdings (und das ist ein relativ großes Allerdings) ist mir aufgefallen: Wenn ich doch einmal Ruhe finde, fülle ich sie mit Lärm. Ob im Zug oder im Auto, beim Friseur oder in der Warteschlange vor dem Postschalter, in allen Freiräumen, in denen ich meinen Gedanken nachhängen könnte, greife ich jetzt unwillkürlich zum Handy. Dann wird geistesabwesend gescrollt oder nach einer irrelevanten, aber plötzlich dringend notwendigen Information gesucht, etwa »Seit wann gibt es Viennetta-Eis?« (1982, falls es Sie interessiert).

Ich ertappe mich dabei, wie ich ruhiges Nachdenken vermeide – zum Teil aus Gewohnheit, zum Teil, weil es mir fremd geworden ist. Das leise Surren meiner eigenen Gedanken kann unangenehm sein, selbst auf der zehnminütigen Zugfahrt durch die Stadt, ganz zu schweigen von fünfzig Tagen am Stück. Aber ich glaube wirklich, dass uns etwas entgeht und dass wir den Moment der Ruhe würdigen müssen, so kurz er auch sein mag.

Ich weiß nicht, ob es Ihnen genauso geht, aber manchmal habe ich das Gefühl, dass mir alles über den Kopf wächst.

Im turbulenten Jahr 2020 habe ich mir mehrfach gesagt: »Ich weiß gar nicht mehr, was ich denken soll.«

Dieses Gefühl machte mir Angst. Ich fühlte mich hilflos und ein bisschen verloren. Und auch ein bisschen dumm. Aber dass ich nicht wusste, was ich denken sollte, lag daran, dass ich mich in diesem Moment des Nichtwissens an den Vorstellungen Unbekannter orientierte. Natürlich bin ich dafür offen, aber nicht auf Kosten meiner eigenen Gedanken. Mir fehlten schlichtweg Zeit und Raum, um herauszufinden, was ich empfand.

Und das geht nicht nur mir so.

Etwa 85 Prozent der 3000 Menschen, die ich auf Instagram befragt habe, fühlen sich ebenfalls überfordert. Uns bleibt meist keine Zeit zum Nachdenken, weil unsere To-do-Listen uns so in Beschlag nehmen und wir das, was wir vermeintlich erledigen »müssen«, als solche Last empfinden.

Stellen Sie sich das bildlich vor: Als würden sich alle Leute, denen Sie auf der Straße begegnen, mit Einkaufstauschen abschleppen. Verstehen Sie mich nicht falsch, auch ich hänge mir viele Tüten an die Arme, damit ich nicht mehrfach zwischen Auto und Wohnung hin und her laufen muss. Aber so kann es nicht ewig weitergehen.

Oder versuchen Sie einmal, sich selbst zu beschreiben.

Das bin ich: Mutter, Ehefrau, Freundin, Schwester, Podcasterin, Bloggerin, Instagrammerin, Tochter, Kundin, Beraterin, Planerin, Köchin, Kuschlerin, persönliche Assistentin, Krankenschwester, Betreuerin, Vorbild, Taxi, kritische Stimme, vermutlich sogar Geliebte und nette Gesellschaft!

*Das klingt nach viel, weil es viel ist.*

Wir werden keine Zeit zum Nachdenken finden, wenn wir a) weiterhin versuchen, für alle Menschen alles zu sein, und b) glauben, dass wir irgendwie all das schaffen können, was wir uns vornehmen.

Wir können unmöglich alles schaffen. Und ja, es gibt einen Zusammenhang zwischen Handynutzung und Überforderung.

Verstecken Sie eine Stunde lang Ihr Handy, dann werden Sie unter Garantie weitaus produktiver sein.

Aber diese psychische Belastung – oder das Tickerband, wie meine Freundin Steph Douglas (Gründerin von dontbuyherflowers.com) es nennt – wird kein Ende nehmen. Folglich müssen wir uns klarmachen, dass Pausen nicht nur eine nette Idee, sondern dringend nötig sind.

Um noch einmal auf die Analogie mit den Einkaufstüten zurückzukommen: Wenn Sie eine Minute lang eine (oder noch besser alle) Tüten abstellen, kommen Sie sofort wieder zu Atem und können Ihre Gedanken sammeln.

Vielleicht entdecken Sie in dieser Pause jemanden, der Ihnen eine Tüte abnehmen könnte. Vielleicht fällt Ihnen ein, dass Sie eine der Tüten bis zum nächsten Mal im Auto lassen können. Wenn Sie nur damit beschäftigt sind, mit allen Tüten von A nach B zu eilen, und dabei inständig hoffen, dass unterwegs kein Henkel reißt, dann werden Ihnen alle Gelegenheiten entgehen, in denen Sie sich etwas Erleichterung verschaffen könnten.

Die Antwort auf die Frage »Wie soll ich das alles schaffen?« lautet: indem Sie sich Zeit zum Nichtstun nehmen.

Was das mit diesem Buch zu tun hat? Nun, wie soll es uns

gelingen, uns ganz auf unsere Kinder und ihre Neugier einzulassen, wenn wir psychisch so belastet sind? Das Leben ist laut und hektisch, das ist mir klar. Aber endlich begreife ich, dass wir uns dagegen wehren können. Es liegt in unserer Hand.

Um die großen Fragen zu beantworten, die unsere Kinder und wir selbst haben, müssen wir zunächst etwas Raum schaffen.

Kleine Fenster der Stille. Was als Ding der Unmöglichkeit erscheint, wenn man überfordert ist.

Aber die Sache ist die: Die To-do-Liste lässt sich niemals abarbeiten. Folglich müssen wir »Zeit zum Nachdenken« als Punkt auf die To-do-Liste setzen.

Es ist wichtig, Momente der Stille zu schaffen. Aber wie?

- Aktivieren Sie den Abschaltmodus auf Ihrem Handy. Meines schaltet sich zwischen 21 Uhr und 7 Uhr morgens aus. Wenn Ihnen das nicht möglich ist, versuchen Sie wenigstens, das Telefon nicht mit ins Schlafzimmer zu nehmen.
- Meditieren Sie. Lange Zeit konnte ich mich damit nicht anfreunden. Zwar habe ich ab und an einen Versuch gestartet, doch das Meditieren ist mir nie richtig gelungen – anstatt erfolgreich abzuschalten, beschäftigte ich mich mit der Tatsache, dass ich nicht erfolgreich abschalten konnte. Also ließ ich es bald wieder sein. Allerdings versicherten mir im Laufe der Zeit viele Leute, vor denen ich große Achtung habe, die offenbar Zeit für die Selbstanalyse finden und einen unruhigen Geist bewältigen müssen, Meditieren habe ihr Leben verändert. Deshalb buchte ich schließlich den Drei-Wochen-Kurs von Deepak Chopra, und jetzt, nach sechs Monaten,

meditiere ich tatsächlich (fast) täglich. Leider habe ich noch keine magische Erleuchtung erlebt. Aber ich empfinde jeden Tag Erleichterung, wenn ich zehn Minuten lang nichts tue. Verrückt, dass mir das als Luxus erscheint.

- Nehmen Sie ein Bad.
- Gehen Sie spazieren.

Tun Sie Dinge, bei denen Sie abschalten können. Lassen Sie Ihre Gedanken schweifen. Vielleicht fallen Ihnen dann ein paar wichtige Antworten ein, oder Sie stellen – so wie ich – fest, dass Sie gar nicht unbedingt für das Abendessen einkaufen müssen, weil Sie noch etwas im Gefrierschrank haben. Und damit hat diese Stille, diese Pause, auch »Abendessen besorgen« von der To-do-Liste gestrichen.

Nebenbei bemerkt … Vielleicht haben Kinder so viele Fragen, weil sie Zeit zum Nachdenken haben? Und wir können nur dann angemessen antworten, wenn wir uns den Raum (und gelegentlich sogar die Stille) geben, um über unsere Antworten nachzudenken.

In meinem Lieblingspodcast »Fortunately« sprechen Fi und Jane davon, wie man »nachgibt«, wenn im Haus und im Kopf Chaos herrscht. Der Versuch, dagegen anzukämpfen, macht manchmal alles nur noch schlimmer.

In der japanischen Kultur schätzt man das Nichtstun so sehr, dass es dafür eine bestimmte Bezeichnung gibt: *boketto*. Das heißt übersetzt so viel wie »mit leerem Blick ins Weite blicken, ohne an etwas Bestimmtes zu denken«.

Bitte mehr davon! Ich bezweifele zwar, dass mir fünfzig Tage Stille guttun würden. Aber trotzdem würde ich gerne lernen, ab und zu im übertragenen Sinne die Batterien herauszunehmen.

Eine wichtige Erkenntnis verdanke ich Zoe Blaskey (@motherkind_zoe), die auf »Mother of All Lists« erläutert hat, warum uns manchmal die Normen zum Verhängnis werden, die wir uns selbst gesetzt haben. Konkret bedeutet das: Wir verlangen von uns, immer alles zu schaffen, und das hindert uns daran, klar zu denken. Folglich erscheint es uns schier unmöglich, die Fragen unserer Kinder zu beantworten. Hier ein Auszug aus ihrem Beitrag:[7]

- Ich habe gelernt, dass es oft nicht so leicht ist, nett zu sich selbst zu sein.
- Manchmal ist nichts schwieriger, als mich an mein Versprechen zu halten, in jedem Fall nett zu mir selbst zu sein.
- Nicht von Schuldgefühlen auffressen lassen.
- Ausruhen ohne belastende Gedanken an das, was ich tun »sollte«.
- »Nein« sagen, obwohl das der Ja-Sagerin in mir furchtbar widerstrebt.
- Schluss mit Kontrolle, Perfektion und der Vorstellung davon, wie etwas sein »sollte«.
- Meine Gedanken über mich selbst ständig hinterfragen.
- Das mache ich ausnahmslos jeden Tag.
- Vor allem jetzt, da ich Kinder habe, denn ich kann besser für sie sorgen, wenn ich nett zu mir bin.

- Ich muss immer noch daran arbeiten, Grenzen zu setzen und aufrechtzuerhalten.
- Aber ich weiß, dass ich heute mein Bestes gebe.
- Mittlerweile bin ich nicht nur nett zu mir, sondern glaube sogar, dass ich mich *liebe* (es kommt mir komisch vor, das niederzuschreiben).
- Ich erlebe so viele Mütter, die nicht nett zu sich sind.
- Die mechanisch ihre Pflichten abarbeiten, immer unter Druck, immer mit schlechtem Gewissen, ohne Selbstwertgefühl, voller Angst, gestresst und überfordert.
- Wenn ich könnte, würde ich jeder Mutter auf der Welt die Fähigkeit verschaffen, sich eine Pause zu gönnen, damit sie erkennt, dass wir alle vollkommen unvollkommen sind und alle nur unser Bestes geben.
- Wenn ich Ihnen eines mitgeben könnte, dann wäre es der Ratschlag, innere Arbeit zu leisten. Das ist schwer, aber glauben Sie mir, es ist unbezahlbar. Finden Sie Ihr wahres Ich, treffen Sie schwierige Entscheidungen, lieben Sie Ihr wahres Ich, vergöttern Sie es und seien Sie vor allen Dingen nett zu ihm.

**Als Kind hätte ich gerne gewusst, dass …**
es schwer ist, als Erwachsene noch Zeit zum Lesen, für einen Sprung ins Meer und zum Bäumeklettern zu finden, deshalb tu das jetzt so oft wie möglich! Romantische Liebe erfordert tägliche Arbeit, und es wird kein Märchenprinz am Horizont auftauchen. Die vielen Kleinigkeiten, die du an dir selbst lustig findest, sind schön, einzigartig und liebenswert.

**Melissa Hemsley** @melissa.hemsley

# 2

# FRAGEN ÜBER DEN KÖRPER

Zu meinem Körper habe ich ein eher schwieriges Verhältnis, wie Sie noch erfahren werden.

Es hat mich viel Mühe gekostet, ihn richtig lieben zu lernen, und so ganz gelingt mir das ehrlich gesagt immer noch nicht. Mittlerweile kann ich ihn respektieren und weiß, wozu er in der Lage ist; außerdem hat die Pandemie mir deutlich gemacht, wie kostbar unsere Gesundheit ist – zweifellos das Wichtigste überhaupt.

Mehr als in allen anderen sehe ich in diesem Teil meine Aufgabe darin, die biologischen Fakten darzulegen – die wissenschaftlichen Gründe, warum der Körper dieses oder jenes tut – und dann einfühlsam zu erläutern, wie sich das »anfühlen« kann. Pubertät, Periode oder Gesundheit gehören allesamt zum Menschsein dazu, und dennoch gehen sie oft mit emotionalem Ballast einher. Wow! Ein harter Satz! Aber es stimmt, dass Alltägliches schwierig sein kann. Dabei hoffen die meisten von uns sicher, dass ihre Kinder sich in ihrer Haut wohl fühlen – so wohl, wie im Kleinkindalter. Versuchen wir, ihnen das zu ermöglichen, auch wenn sie irgendwann Teenager und letztlich sogar erwachsen werden (igitt).

## ABER WARUM KANN ICH NICHT SO AUSSEHEN WIE ALLE ANDEREN?

Das hat mich etwas umgehauen. Vielleicht geht es Ihnen genauso: Wenn ich meine Kinder anschaue, finde ich sie perfekt. Allerdings ist das keine Antwort auf die Frage. Genauso wenig wie die reflexartige Entgegnung: »Du bist toll, so wie du bist.« Mit einem rationalen Erwachsenenhirn lässt sich diese Auffassung gut vertreten, aber denken Sie nur an Ihre Schulzeit zurück und überlegen Sie, was Sie damals empfanden.

Von den rund 3000 Menschen, die ich befragt habe, sagten 90 Prozent, sie seien in ihrer Jugend mit ihrem Äußeren nicht glücklich gewesen.

Das ist eine unfassbar hohe Zahl.

Auf meine Nachfrage wurden mir die verschiedensten vermeintlichen Probleme aufgezählt: »Alles, aber vor allem meine blasse Haut, meine Ohren, der dicke Bauch bei kleinen Brüsten, die schiefen Zähne, die Sommersprossen und die roten Haare«; »mein ganzer Körper, meine Nase, die Haare an den Armen«; »zu groß«; »ich wollte nicht so klein sein«; »alles – sogar meine Fingerknöchel«; »Akne und dicke Beine«; »generell mein Gewicht«; »dicke Lippen«; »Ich hasste es, mich anzuschauen«; »Mit dreizehn habe ich mir gewünscht, nicht wie eine Frau auszusehen«.

Die Liste ließe sich endlos fortsetzen.

Manche berichteten auch von anderen Erfahrungen mit andersartigem Aussehen. Zum Beispiel von Adoptivkindern, die ihrer Familie nicht ähnlich sehen, Menschen, die das Gefühl haben, in einem Körper zu stecken, der nicht zu ihrem Geschlecht passt, die rassistische Diskriminierung oder Behindertenfeindlichkeit erleben (darauf gehen wir noch ein).

Auch wenn dieses Thema »oberflächlich« wirkt, kann es eine tiefe Bedeutung haben. Wenn so viele von uns so große Schwierigkeiten mit unserem Aussehen hatten, was erschien uns dann an anderen so begehrenswert? Vielleicht kann das ein wenig Aufschluss darüber geben, was unsere Kinder meinen, wenn sie »wie alle anderen aussehen« wollen.

Auch hier waren die Antworten sehr vielfältig, doch es ließ sich ein bestimmtes Muster erkennen: Auf jede, die sich »größere Brüste« wünschte, kommt eine, die gerne kleinere gehabt hätte. Gleiches gilt für dunklere Haut und helle Haut. Blaue, grüne oder braune Augen (je nachdem, was man selbst nicht hatte!). Mehr Rundungen, weniger Rundungen. Einige machten sehr exakte Angaben: »Wadenmuskeln, damit ich Schlabber-Socken tragen konnte wie die coolen Mädchen.« Manche wollten geradezu widersprüchliche Dinge: »Spindeldürr sein, aber mit Waschbrettbauch« (typisch Neunziger!).

Auffällig war, dass sich die meisten etwas gewünscht haben, was offenbar erstrebenswerter ist als alles andere (Trommelwirbel, bitte): »Normal sein.« Jawohl.

Das ist der springende Punkt, oder? Alle wollen unbedingt normal sein.

Aber normal gibt es nicht.

Und das Absurde daran ist, dass wir alle wie jemand anderes aussehen wollen, der wiederum ebenfalls unbedingt wie jemand anderes aussehen will. Deshalb sollten wir unseren Kindern so schnell wie möglich deutlich machen, dass uns gerade das so toll macht, was uns voneinander unterscheidet.

Als Mutter weiß ich leider, dass es in diesem Fall keine einfache Lösung gibt. Einer Theorie zufolge rührt ein großer Teil unserer Überzeugungen daher, wie unsere Eltern über unser und ihr eigenes Aussehen gesprochen haben.

Andererseits gibt es auch Eltern, die niemals ein Wort über den Körper verlieren, und das erscheint mir ebenfalls weltfremd. Warum sollte man unter den Tisch kehren, dass man als einziges Kind in der Klasse eine Brille trägt oder rote Haare hat?

Auch äußere Einflüsse spielen bei all dem eine Rolle. Die sozialen Medien bekommen viel schlechte Presse, und obwohl sie unbestritten randvoll von Filtern und cleveren Posen sind, die den Hintern betonen und die Taille schrumpfen lassen, bieten sie auch die Chance, unterschiedliche Körpertypen zu sehen. Als ich zur Grundschule ging, war ich eine Zeitlang eines von nur drei Mädchen in der ganzen Schule! In vielerlei Hinsicht war das wunderbar, aber so bekam ich keine Vorstellung von der Vielfalt an Formen und Größen, die der menschliche Körper haben kann. Sogar die Barbie-Hersteller haben dazugelernt – die Produktpalette ist mit dem Angebot aus den 1980er-Jahren glücklicherweise nicht mehr zu vergleichen.

Candy Cohen, die zwei kleine Töchter hat und seit acht Jahren an *Alopecia universalis* leidet, sagt: »Ich sage den Mädchen immer wieder, dass wir alle etwas Besonderes und einzigartig sind und dass man jeden Menschen so lieben und akzeptieren muss, wie er ist. Es wäre doch langweilig, wenn wir alle gleich wären.« Dass sie keine Haare hat, ist einfach ein Merkmal, das zu ihr gehört, es hat aber keine Auswirkung auf ihren Charakter.

Welchen Rat würden Sie Ihrem jüngeren Ich geben? Die folgenden weisen Worte stammen aus den Antworten meiner Follower: »Bleib locker, Baby, Körper sind nur Körper«; »Sei selbstbewusst – das ist das Attraktivste (ach ja, und zupf dir nicht zu extrem die Augenbrauen)«; »Das ist doch alles Quatsch, niemand sieht so aus wie in Zeitschriften oder im Fernsehen«; »Das, was dich anders macht, macht dich perfekt«; »Du ahnst ja nicht, wie jung und schön du bist und wer du einmal sein wirst«; »Dein Wert hat nicht das Geringste mit deinem Gewicht zu tun«, »Es wird einfacher«, »Du wirst es nicht glauben, aber alle anderen sind genauso unzufrieden. Mach dich nicht verrückt und vergleich dich nicht ständig«; »Du bist wunderbar, so wie du bist (auch wenn du es nicht glauben würdest).«

Als Erwachsene erkennen wir allmählich, dass das, weshalb wir uns früher anders gefühlt haben, in Wirklichkeit ein Vorteil ist. Wir sollen gar nicht gleich aussehen. Woran man sich erinnern wird, ist der Charakter. Nehmen Sie Ihr Kind ernst – es darf ruhig sagen, dass es befürchtet, anders zu sein. Deshalb tun Sie es nicht mit »Sei nicht albern« ab, wenn Ihr Kind sich zu dünn oder zu dick findet. Diese Sorge ist ihm sehr ernst. Leider können wir unsere Erwachsenenweisheit nicht an Teenager (oder noch jüngere Kinder) weitergeben. Aber wir können konsequent darauf achten, wie wir über Äußerlichkeiten sprechen.

Und die Welt an sich wird besser, wenn wir alle unsere Unterschiede akzeptieren können.

Das ist leicht gesagt, aber weitaus schwieriger in der Praxis umzusetzen. Die Schlüssel sind offenbar Vertrauen, Akzeptanz, Zeit und Freundlichkeit, und all das braucht, äh, Zeit.

Noch zwei Perlen der Weisheit – ich wollte sie eigentlich irgendwo einflechten, doch das ist mir nicht so recht gelungen, deshalb also hier: »Kommentiere am Aussehen eines anderen nur das, was dieser innerhalb von zehn Minuten selbst ändern kann.«

Die zweite ist ein Auszug aus einem meiner Lieblingseinträge in »Mother of All Lists«. Diese Liste von Nichola Garde, die Achondroplasie (Zwergwuchs) hat, ist einfach wunderbar; es lohnt sich auf jeden Fall, sie ganz zu lesen.[8] Ich will nur so viel sagen: Sie hat meine Vorstellungen davon, was »anders sein« bedeutet, gründlich auf den Kopf gestellt und mir wunderbaren Optimismus vermittelt. Nicholas Ehemann hat ebenfalls Achondroplasie, und bei der Geburt ihrer ersten Tochter waren sie »glücklich, dass sie die Krankheit geerbt hatte. [Wir] wussten, wie schön das Leben für sie sein könnte und dass sie trotz einiger Stolpersteine ihren Platz in der Welt finden würde. Acht Jahre später beweist sie das jeden Tag aufs Neue.« Nach drei Jahren war Nichola erneut schwanger – dieses Mal mit einem Baby von »durchschnittlicher Größe« (also ohne genetisch bedingten Kleinwuchs). In diesem Auszug zeigt sie, wie sie ihrer jüngsten Tochter diesen Unterschied beschrieben hat:

- Es ist wichtig, unsere Kinder auf all das hinzuweisen, was bei uns gleich ist.
- Bei uns und unserer Tochter ist nur ein einziges Gen unterschiedlich. So viele andere Gene haben wir gemeinsam.
- Von klein auf habe ich mit meiner Tochter unbefangen darüber gesprochen, dass Mami eine kleine Mami ist und dass sie später größer sein würde als ich. Dabei war ihr klar, dass sie mir aufgrund der vielen anderen Gene auch ähnlich sehen würde; wir haben beide braunes Haar und braune Augen. Und sie ist Linkshänderin wie ihr Vater.
- Damals hatte ich den Eindruck, dass diese Gespräche eher mir guttaten als ihr; sie hatte mehr Interesse am Spielen als an meinen Erklärungen.
- Im letzten September wurde sie eingeschult, und wie alle Eltern war ich sehr aufgeregt und hoffte, dass sie mit den Kompetenzen, die wir gefördert hatten, zum Beispiel Freundlichkeit, Einfühlungsvermögen und Stärke, ihren Weg machen würde.
- Sie lebte sich gut ein, ging morgens fröhlich zur Schule und kam nachmittags genauso fröhlich nach Hause.
- Eines Tages fragte auf dem Heimweg ein neuer Freund: »Warum ist deine Mama so klein?« Meine Tochter blieb stehen, und ich war gespannt auf die Antwort.
- »Meine Mama, mein Papa und meine Schwester sind klein, weil sie so geboren wurden. Ich wurde mit langen Beinen geboren, deshalb werde ich größer, aber ich habe braune Haare und braune Augen genau wie meine Mama«, erwiderte sie mit einem Lächeln.

- Der Junge lächelte zurück und forderte sie dann zu einem Rollerwettrennen auf.
- So hatte meine Tochter ihn unwissentlich sensibilisiert und gezeigt, dass sie genau wie ihre Schwester hier ist, um etwas zu verändern.

Wow, das haut mich jedes Mal um.

Kinder sind klug, nicht wahr? Daran müssen wir denken, wenn wir mit ihnen sprechen. Sie verstehen vielleicht nicht immer alle wichtigen Dinge, aber oft verstehen sie das Wesentliche und kommen später darauf zurück, um ihr Wissen zu vertiefen.

Da ich mit einem unermüdlichen Denkvermögen gesegnet (oder gestraft) bin, sage ich anderen oft: »Ich habe darüber nachgedacht, was du gesagt hast …« (und rolle die Diskussion dann ganz neu auf). Und ich bin stolz darauf, dass mein Ältester es neuerdings genauso macht! Er schlägt mich sozusagen mit meinen eigenen Waffen, aber ich liebe es! Das Thema »Aussehen« wird in unterschiedlichen Varianten erneut zur Sprache kommen und kann auf verschiedenste Weise erkundet werden.

## ABER WARUM HABEN ERWACHSENE HAARE UNTER DEN ARMEN?

Pubertääääät! Die zehnjährige Tochter einer Freundin kam kürzlich hereingestürmt, weil sie einen Pickel am Kinn bekommen hatte, und verkündete stolz: »Mami, ich glaube, ich habe die Pubertät!« Unglaublich!

Was soll ich sagen? Ich würde die Pubertät jedenfalls nicht noch einmal durchmachen wollen. Nicht einmal für eine hübsche Summe Geld.

Normalerweise geht zwar nichts über Ehrlichkeit, aber hier gilt das eindeutig nicht. »Pubertät? Ja, das ist die hormonelle, körperliche und emotionale Horrorshow, die man als Teenager erlebt. Also schnall dich an, Liebes, denn dir steht ein wilder Ritt bevor.« Das will vermutlich niemand hören.

Ich hörte damals Alanis Morissette, trug Kickers-Schuhe und sprühte mich mit Impulse-Deo ein – ansonsten erinnere ich mich hauptsächlich daran, dass die Pubertät verwirrend war. Sehr, sehr verwirrend. Deshalb kann es helfen, wenn Erwachsene diesen oft sehr komplexen Lebensabschnitt normaler erscheinen lassen, indem sie klare Informationen liefern.

Kurz nachdem ich die erste Fassung dieses Buches abgegeben hatte, ergab es sich, dass ich mit meinem Sohn Bertie darüber sprach. Ich erläuterte ihm das Konzept, das ihm gefiel – Schwein gehabt! Allerdings meinte er, es sei eigentlich überflüssig, weil er die meisten Antworten wahrscheinlich schon wüsste. Typisch. Also habe ich ihn mit ein paar Beispielfragen »getestet«, unter anderem: »Was ist die Pubertät?«

»Ganz einfach. Das ist, wenn aus Kindern Erwachsene werden.«

Volltreffer!

Weitere Nachfragen brachten zutage, dass er zwar das Grundprinzip verstanden hatte, aber keine Einzelheiten durchschaute. Und das ist in Ordnung: Nach den Tipps, die ich gelesen habe, ist es sinnvoll, sich bei unter Sechsjährigen auf einfache Erklärungen zu beschränken und später darauf aufzubauen. Es empfiehlt sich, Kinder im Vorfeld darauf vorzubereiten, was ihnen bevorsteht, damit sie nicht schockiert sind, wenn sie bei sich – oder Klassenkameraden – Veränderungen entdecken.

Ein Beispiel: Die meisten Mädchen bekommen ihre erste Periode mit zwölf oder dreizehn Jahren. Die Pubertät setzt zwei oder zweieinhalb Jahre vorher ein. Manche Mädchen bekommen ihre Periode sogar schon mit acht Jahren. Jungen erreichen den Meilenstein der Pubertät später – etwa mit zehn oder elf Jahren –; dazu gehört auch der erste Samenerguss. (Ich weiß, das sollte mich nicht ekeln, aber ich kann nicht anders; den Gestank in der Jungen-Umkleidekabine habe ich noch gut in Erinnerung, und so ähnlich wird es dann auch in ihren Zimmern riechen, oder?!)

Akne, Stimmungsschwankungen, Wachstumsschübe, Körperform, Brüste, die ach so wichtige Schambehaarung und hormonelle Veränderungen – all das gehört zum Erwachsenwerden dazu und betrifft ausnahmslos jeden.

Trotzdem hilft es zu wissen, dass jeder diesen Prozess in seinem eigenen Tempo und zu einem für ihn richtigen Zeitpunkt durchmacht (auch wenn es sich anders anfühlen mag, wenn man selbst betroffen ist). Nicht nur die äußere Erscheinung verändert sich. Statistiken zufolge wandelt sich bei einer erschreckend hohen Zahl von Mädchen in der Pubertät die gesamte Einstellung – 49 Prozent fühlten sich in dieser Zeit durch Versagensängste gelähmt, und 47 Prozent äußerten die Ansicht, dass die Gesellschaft alle Mädchen, die versagen, rundheraus ablehnt.

Laut Nora Gelperin, Leiterin der Abteilung für Sexualerziehung und Ausbildung bei Advocates for Youth, sollte man jungen Menschen in einem Gespräch über die Pubertät vor allen Dingen Mut machen. Die Pubertät bringt so viele Veränderungen mit sich, dass Kinder leicht verunsichert sind und sich allein fühlen. Eltern müssen daher Trost spenden und ihnen mit Rat und Tat zur Seite stehen. Wenn Sie selbst unsicher sind, denken Sie daran zurück, wie Sie in diesem Alter gern behandelt worden wären. Versuchen Sie, die Veränderungen altersgerecht zu erklären, und zwar so, dass Sie zwar anerkennen, welch enorme Veränderungen Ihr Kind durchmacht, aber auch vermitteln, dass diese Veränderungen normal und verkraftbar sind. Kein Problem, oder?!

## ABER WARUM IST BLUT IM KLO?

Mein Mann hatte das Vergnügen, mit unserem damals vierjährigen Sohn das erste Gespräch über die Periode zu führen. Ich war früh aufgestanden, um ins Fitnessstudio zu gehen, und hatte versehentlich nicht gespült, nachdem ich meine Menstruationstasse entleert hatte. Bei diesem Gespräch wäre ich gerne dabei gewesen. Offensichtlich hielt sich Ben an die »grundlegenden Fakten«. Sehr clever. »Mama blutet einmal im Monat, wenn ihr Körper nicht benötigte Eier abstößt.« Nicht schlecht.

Blut bedeutet für Kinder oft Verletzung oder »etwas Schlimmes«. Erklären Sie, dass das hier nicht der Fall ist; es ist sogar völlig normal. Jeden Tag sind davon 800 Millionen Frauen und Mädchen betroffen. Eine irre Vorstellung.

Das Blut ist eine Regelblutung oder Periode. Oder, um den Fachbegriff zu verwenden, »Menstruation«. Ich habe lange nach einer einfachen, prägnanten Erklärung gesucht, aber die lässt sich nicht so leicht finden. Folgendes habe ich mir zusammengebastelt:

Während der Menstruation kann der Körper schwanger werden und startet den Menstruationszyklus. Ungefähr einmal im Monat geben die Eierstöcke eine Eizelle ab (Eisprung). Die Gebärmutter bereitet sich auf die Schwangerschaft vor, indem sie eine dicke Zellschicht bildet. Wird die Eizelle nicht befruchtet, stößt der Körper die neu gebildete Gebärmutterschleimhaut ab, und sie wird als Monatsblutung durch die Scheide ausgeschieden. Dann beginnt der ganze Ablauf von vorn.

Sie könnten überlegen, ein paar weitere Fakten zu ergänzen. Die Blutung dauert normalerweise drei bis acht Tage. Bei den meisten Frauen läuft die Menstruation einigermaßen regelmäßig und berechenbar ab. Zwischen dem ersten Tag einer Periode und dem ersten Tag der nächsten Periode liegen meist 21 bis 35 Tage.

Das mag etwas kompliziert wirken, aber Kindern gelingt es gut, sich nur so viele Informationen zu merken, wie sie gerade brauchen. Laut Bodyform, einem Hersteller von Hygieneprodukten, finden viele Mädchen, dass sie zu spät und zu schlecht informiert wurden. Mit den meisten wurde erst über die Periode gesprochen, als Blut in ihrem Slip entdeckt wurde.

Angesichts dessen empfiehlt es sich, möglichst früh darüber zu reden. Da manche Mädchen die erste Periode schon mit acht Jahren erleben, sollte man das Thema ab dem sechsten oder siebten Lebensjahr ganz normal ansprechen.

Eine Teilnehmerin der Bodyform-Umfrage sagte: »Redet mit uns über die Periode genauso wie über Hautpflege – damit wir verstehen, was im Körper vor sich geht und was wir tun müssen.« Ein guter Rat.

### Die wichtigsten Punkte sind:

- Die Regelblutung ist nichts, wofür man sich schämen muss.
- Sprechen Sie so früh wie möglich ganz normal darüber.
- Vermeiden Sie beschönigende Umschreibungen, denn diese stiften oft nur Verwirrung.
- Die Periode ist mehr als nur die Blutung.
- Ermutigen Sie zu Fragen, insbesondere zu den Gerüchten oder Mythen, die Ihre Kinder vielleicht aufschnappen.

Aus Maisie Hills brillantem Buch *Superpower Periode* ist mir folgendes Zitat im Gedächtnis geblieben: »Forschungsergebnisse zeigen, dass eine positive Körperwahrnehmung entsteht und gesunde Verhaltensweisen wie der Besuch beim Gynäkologen gefördert werden, wenn die erste Periode eines Mädchens positiv aufgenommen oder als Initiationsritus angesehen und nicht ignoriert oder als negativ abgestempelt wird.«[9]

Falls Sie eine Frau sind, könnten Sie überlegen, wie Sie Ihre erste Periode in Erinnerung haben.

Ich weiß noch, dass ich sie eindeutig als Initiationsritus empfand (genau wie meinen ersten BH). Allerdings lernte ich schnell, dass man Binden im Badezimmer gut verstecken und in der Schule geschickt im Ärmel verstauen sollte. Die Menstruation galt als peinlich und war ein Thema, über das man nicht sprach. (Die Ausnahme war ein Mädchen in meiner Grundschule, das behauptete, als allererste die Periode bekommen zu haben, und andere mit auf die Toilette nahm, damit sie die Binde begutachten konnten. Später stellte sich heraus, dass sie die Binden in Wirklichkeit mit einem Filzstift angemalt hatte! Wie entsetzlich! Und auch ziemlich absonderlich).

Ich schweife ab. Da ich ja bereits sagte, man solle mit dem Thema so umgehen wie mit dem Händewaschen und dem Hinternabwischen, gibt es keinen Grund, Hygieneartikel zu verstecken. Erlauben Sie den Kindern, Tampons/Becher/Binden anzuschauen. Erklären Sie, dass sie das Blut auffangen, damit es nicht in die Unterwäsche kommt.

Bei der Periode geht es um weit mehr als nur um das Blut. Sie hat Einfluss auf Appetit, psychische Verfassung, Schlaf, ob man mit anderen zusammen sein möchte. Bei manchen Frauen führt sie zu Krämpfen, Schwindelgefühlen oder schlechter Haut. In den ersten 35 Jahren meines Lebens hatte ich davon nicht die geringste Ahnung.

Die Auswirkungen des Zyklus sind sehr unterschiedlich, und ich kann nachvollziehen, dass manche sich nicht ausführlich darüber auslassen möchten. Einige Freundinnen diskutieren gerne bis ins kleinste Detail über ihre Periode und finden es äußerst sinnvoll, ihren Zyklus zu kontrollieren, anderen ist das nicht weiter wichtig. Sie selbst können das (selbstverständlich) so handhaben, wie es Ihnen gefällt, aber achten Sie darauf, dass das Thema nicht als peinlich gilt und nicht ausschließlich »unter Frauen« besprochen wird. Für jeden Mann, der mit einer Frau zusammenlebt oder arbeitet, ist es sicherlich von Vorteil, wenn er weiß, was die Periode bedeutet.

Das alles ist Welten entfernt von meiner Aufklärung, die in erster Linie durch das Buch *Bist du da, Gott? Ich bin's, Margaret* von Judy Blume erfolgte – die Beschreibung dicker Damenbinden, die mit Haken am Gürtel befestigt werden, verfolgt mich noch immer! Die Periode ist ein Teil des Lebens. Nichts, das man verstecken oder zum großen Geheimnis machen müsste.

Ungeachtet dessen: Ist es wirklich zu viel verlangt, dass ich während meiner Periode allein auf die Toilette gehen möchte? Offenheit ist schön und gut, aber wenn man gerade dabei ist, sich die Menstruationstasse einzuführen, kann man auf die Kommentare eines Kleinkinds gut verzichten!

## ABER WARUM KÖNNEN MANCHE LEUTE NICHT LAUFEN?

Diese Frage kann ins Unendliche führen. Es gibt die verschiedensten Gründe, warum jemand nicht laufen kann. Vielleicht liegt es an einer Verletzung, an einer Krankheit oder an einer Behinderung.

Und wenn man den jeweiligen Menschen nicht kennt, kann man natürlich unmöglich die richtige Antwort geben. Das versteht sich eigentlich von selbst, aber alle, mit denen ich gesprochen habe, haben sehr betont, dass man auf gar keinen Fall Vermutungen anstellen sollte!

Selbst wenn man sagt, etwas sei eine Behinderung, steckt darin bereits eine Vermutung. Vielleicht handelt es sich um eine Verletzung. Wer weiß das schon? Warum jemand nicht laufen kann, kann endlos viele Gründe haben!

Allerdings bietet sich hier die Möglichkeit, ein umfassenderes Gespräch über Behinderung zu führen.

Kinder setzen »behindert« oft fälschlicherweise mit »im Rollstuhl« gleich. Das ist nicht richtig. Jeder siebte Mensch auf der Welt hat eine Behinderung, und viele davon sieht man nicht.

Bei meiner Suche nach einer einfachen Erklärung fand ich den Beitrag in *Kids Britannica*[10] sehr hilfreich. Dort heißt es, dass eine Behinderung eine »körperliche oder psychische« Beeinträchtigung sein kann, die es einem Menschen »schwierig oder unmöglich« macht, bestimmte notwendige oder wichtige Dinge zu tun. Außerdem wird erläutert, dass manche Behinderungen vorübergehend sind, andere dagegen »für immer« bleiben. Manche Menschen werden mit einer Behinderung geboren, bei anderen entsteht sie später.

Zu diesem Thema habe ich mehrere Personen konsultiert, denen ich tolle Erkenntnisse und Ratschläge verdanke. Sally Darby hat Multiple Sklerose und eine schwere Sehbehinderung. Sie hat Mums Like Us gegründet, ein Netzwerk für behinderte Mütter, das auf Facebook, auf Instagram @mums_like_us und unter www.mumslikeus.org zu finden ist. Julie Seal ist eine behinderte und chronisch kranke Mutter. Julie und ich haben bei Facebook gemeinsam in der Kreativstrategie gearbeitet; man findet sie unter @the_chronicoptimist. Priya Kaur Smith ist die Gründerin von loveDIS (@lvdisldn), einer Webseite, die Vielfalt und Behinderung feiert. Ben Tansley ist seit einem Motorradunfall querschnittsgelähmt. Martine Monksfield hat mir über ihre Erfahrungen mit der Gehörlosigkeit geschrieben. Sie alle haben Kinder. Sie alle haben ihre eigenen Erfahrungen mit Behinderungen gemacht.

Angesichts der Ausgangsfrage sagte Sally freimütig: »Wer eine sichtbare Behinderung hat, kann die unterschiedlichen Reaktionen von Fremden schwerlich ignorieren. Man hört unerwünschte Bemerkungen, persönliche Fragen und wird angestarrt. Weniger kränkend, aber trotzdem unerfreulich sind verstohlene Blicke, mitfühlendes Nicken oder gezieltes Wegschauen. Diese Reaktionen gibt es deshalb, weil wir alle in einer

Welt aufgewachsen sind, in der eine Behinderung als sonderbar und ›peinlich‹ gilt, als etwas, über das man einfach nicht spricht.«

Vielen mag es unangenehm sein, das zu lesen (allerdings ist es weitaus unangenehmer, wenn man selbst von solchen Reaktionen betroffen ist!). Allerdings zeigt es auch, dass eine Behinderung nichts zwangsläufig negativ sein muss. »Tatsache ist«, meint Julie, »dass niemand Mitleid mit behinderten Kindern oder Erwachsenen haben muss; viele behinderte Menschen wünschen sich gar nicht, ihre Behinderung loszuwerden. Es geht ihnen gut damit! Und viele Behinderte sind ohnehin glücklicher als Nichtbehinderte, weil sie Toleranz gelernt haben. Die Welt ist nämlich oft schwieriger, wenn man behindert ist.«

Die Gehörlose Martine Monksfield sagte: »Wenn man mir eine Pille anbieten würde, mit der ich morgen als Hörende aufwachen könnte, würde ich diese Pille zerstampfen und die Krümel in den Wind schleudern. Sicher gibt es Gehörlose, die diese Pille gerne nehmen würden (vor allem solche, die erst später im Leben taub geworden sind) – ich jedoch nicht. Ich bin eine stolze gehörlose Mutter, die das Leben anders erlebt. Das hat mir viele Möglichkeiten eröffnet, die ich als Hörende nicht gehabt hätte.«

Auf der Instagram-Seite von @loveDIS habe ich ein Zitat von Shani Dhanda entdeckt: »Behindert bin ich nur, wenn ich auf Barrieren oder Vorurteile stoße.« Ansonsten ist ein Mensch einfach ein Mensch; wir alle haben Schwierigkeiten und Erfolge, Höhen und Tiefen.

Was die Barrieren betrifft: Heutzutage wird oft gefordert, sich von dem überholten Narrativ zu verabschieden, dass »Behinderte alles können«. Theoretisch mag das stimmen, doch dabei wird vergessen, dass einer uneingeschränkten Teilhabe leider immer noch Hürden im Weg stehen.

Stattdessen sollte man es so sehen, sagt Julie. »Anders sein ist irgendwie cool. Klar, ein behindertes Kind sitzt vielleicht im Rollstuhl oder sieht anders aus oder kann nicht genau das Gleiche machen … aber wer will schon genauso sein wie alle anderen? Gleichsein ist ein bisschen langweilig; anders ist interessanter, einzigartig und oft ziemlich cool. (Außerdem haben viele behinderte Kinder coole Sachen wie Rollstühle, und Rollstuhlfahren macht wirklich viel Spaß!)«

Weiter sagt sie, dass »behinderte Kinder auch ziemlich normal sind. Ein behindertes Kind mag taub oder blind sein, aber es mag wahrscheinlich dieselbe Fernsehsendung wie du … oder die gleiche Fußballmannschaft oder Zeichentrickfiguren oder Spiele. Wahrscheinlich seid ihr euch ähnlicher, als dir klar ist. Deshalb hab keine Angst vor Unterschieden, sondern achte auf die Gemeinsamkeiten. Behinderte Menschen sollten nicht als Inbegriff von Inspiration gelten. Sicher, manche leisten Erstaunliches, aber erstaunlich sind sie als Mensch – nicht als ›Behinderte‹.«

Sally weist auch darauf hin, dass es vielen Eltern nach wie vor peinlich und unangenehm ist, mit ihren Kindern über Behinderungen zu sprechen.

## Was ist die Lösung?

Für Sally ist klar: »Kleine Kinder sind wissbegierig. Ihre Gedanken und ihre Wahrnehmung sind formbar. Wir wissen nur zu gut, wie wir sie mit unseren Verhaltensweisen und Meinungen beeinflussen können. Wenn wir uns abwenden, um Blickkontakt mit einem behinderten Menschen zu vermeiden, werden unsere Kinder das gleiche Verhalten zeigen und ihrerseits weitergeben.« (Allerdings betont sie, dass dies nur ihre eigene Erfahrung ist und sie daher nicht für alle behinderten Menschen sprechen kann. Außerdem war sie selbst bis 2008, als sich die ersten Symptome der Multiplen Sklerose zeigten, nicht behindert und kennt daher beide Sichtweisen auf dieses Thema.)

»Wir müssen ehrlich zu unseren Kindern sein«, meint Sally weiter. »Man darf ihnen nicht den Mund verbieten. Sagen Sie nicht, es sei unhöflich, andere anzustarren oder auf sie zu zeigen. Sagen Sie nicht, Sie würden später darüber sprechen, um das Thema dann unter den Teppich zu kehren. Sprechen Sie mit Ihren Kindern, offen und ehrlich.

Sagen Sie ihnen, dass alle Körper unterschiedlich sind.

Sagen Sie ihnen, dass manche Körper sehr klein sind, andere dagegen sehr groß.

Sagen Sie ihnen, dass manche Menschen anders lernen als sie und andere sich anders bewegen.

Sagen Sie ihnen, dass jeder Körper einzigartig und auf seine eigene Weise wunderbar ist.

Vermitteln Sie ihnen, dass man sich von einer Behinderung

weder ängstigen noch verunsichern lassen muss und dass man nicht darüber lacht oder spottet.

Vermitteln Sie ihnen, dass jeder Mensch unseren Respekt und unsere Freundlichkeit verdient und dass jedem Menschen Würde zusteht. ›Behindert‹ ist ein wertfreies Wort, wie ›blond‹ oder ›groß‹. Wenn ein Kind das gelernt hat, wird es niemanden anstarren oder nicht mit dem Finger auf jemanden zeigen, weil es durch Ihr Vorbild und Ihre Worte weiß, dass es sich einfach um einen Menschen handelt, der sein Leben lebt.«

In diesem Buch finden sich viele Fragen, bei denen Eltern fürchten, etwas Falsches oder Verletzendes zu antworten. Sally kann das gut verstehen. »Ich würde viel lieber hören, wenn Eltern ihrem Kind sagen: ›Ich weiß nicht, warum sie am Stock geht, aber wir müssen das auch nicht wissen. Jeder Mensch ist anders, ist das nicht wunderbar?‹, und nicht: ›Pssst, sei nicht unhöflich‹«, sagte sie und erzählte dann folgende Geschichte.

»Die Tochter einer Freundin hat mich kürzlich gefragt: ›Warum gehst du so, Sally?‹ Wie erfrischend offen! Ich erklärte ihr, dass ich an Multipler Sklerose erkrankt bin, dass sich das auf meine Bewegungen auswirkt und dazu führt, dass ich nicht sehr gut sehen kann. Für die Siebenjährige waren das mehr als genug Informationen; sie hüpfte davon und sagte ihrer Mutter: ›Wusstest du, dass Sally ein multiples Etwas hat?‹«

Um noch einmal auf den eingangs erwähnten Punkt zurückzukommen: Wir dürfen auf keinen Fall falsche Informationen liefern.

Verzichten Sie auf Spekulationen oder Vermutungen über die Ursache einer Behinderung. Sagen Sie einfach: »Das spielt keine Rolle.« Wenn Sie es nicht wissen, müssen Sie sich nichts ausdenken. Als Sally mir das sagte, musste ich beinahe lachen, so absurd war mir die Vorstellung, eine erfundene Erklärung aus dem Hut zu zaubern. Allerdings ist es leider so, dass man unter Druck schnell in Panik gerät und dann die seltsamsten Dinge sagt oder tut.

Sally rät: »Seien Sie ehrlich. Sagen Sie Ihrem Kind, dass Sie das nicht wissen, genau wie wir nicht wissen, warum du große Füße hast oder ich braune Augen oder warum unser Nachbar eine Narbe am Ellbogen hat. Wir müssen nicht alles wissen.« Ja, ja, und nochmals ja.

Achten Sie auf Ihre Wortwahl. Julie meint: »Das Wort ›behindert‹ ist absolut in Ordnung, aber jeder hat seine eigenen Ausdrücke. Ich kenne beispielsweise eine Frau, die ihre Muskeln nicht kontrollieren kann, und sich als ›wackelig‹ bezeichnet, nicht als behindert. Bei befreundeten Menschen ist es oft am besten, wenn man fragt, wie man das, worum es geht, nennen soll.«

Und Julie gibt noch einen wichtigen Hinweis: Vermeiden Sie negative Begriffe, zum Beispiel »mit diesem Menschen stimmt etwas nicht« oder »bei ihr ist etwas nicht in Ordnung«. Das ist genauso schädlich wie die Vorstellung, dass Behinderung etwas »Fremdartiges« ist.

Die Frage, um die es hier geht, betrifft sichtbare Behinderungen. Allerdings gibt es sehr viele Menschen, die durch unsichtbare oder »chronische« (also langfristige) Krankheiten eingeschränkt sind. Julie, die selbst von einer chronischen Krankheit betroffen ist, sagt: »Diese Menschen sehen oft ganz ›normal‹

aus, können aber nicht so gut herumlaufen, spielen oder ausgelassene Dinge tun. Das liegt nicht daran, dass sie nicht spielen wollen, sondern daran, dass ihr Körper nicht genauso funktioniert; oft produzieren ihre Zellen nicht genug Energie oder sie haben starke Schmerzen. Deshalb kann es ihnen schwerfallen, ›normale‹ Dinge zu tun. Wir dürfen dabei aber nicht vergessen, dass sie ruhigere Aktivitäten genießen können, vielleicht etwas, das wir gemeinsam tun können, wie Filme schauen, lesen oder künstlerische Betätigung. Deshalb sollte man Verständnis für Erwachsene oder Kinder zeigen, die sich lieber mit ruhigeren Dingen beschäftigen, weil sie zu ›energiegeladenen‹ nicht in der Lage sind. Wir sollten verhindern, dass sie sich schlecht fühlen, weil sie nicht mitmachen können, und sie in die ruhigen Aktivitäten einbeziehen.«

Auch Ben Tansley, der seit einem Motorradunfall querschnittsgelähmt ist, geht auf unsichtbare Behinderungen ein und sagt, dass das, was andere als Problem wahrnehmen, im Vergleich zu den Kämpfen im Verborgenen oft unbedeutend ist. Er betont: »Wir sind deshalb nicht anders. Ich habe mich zwar körperlich verändert, aber ich bin immer noch ich selbst und so glücklich wie eh und je. Ich glaube, manchmal kommen andere zu schnell zu dem Schluss, dass man eigentlich deprimiert sein müsste.« Das ist ungeheuer wichtig. Niemals herablassend sein. Niemals Vermutungen anstellen. Bedenken Sie, dass keine Behinderung wie die andere ist. Sehen Sie den Menschen immer als Individuum.

Und noch eine letzte wichtige Erkenntnis von Sally. Sie meint, dass unsere Kinder, wenn sie etwas älter sind, von Vorurteilen und Diskriminierung gegenüber Menschen mit Behinderungen erfahren sollten, damit sie wissen, dass »das wirklich schlimm ist, aber dass es auch Fortschritte gibt und dass sie Anteil daran haben. Wenn sie unvoreingenommen sind und für Inklusion eintreten, werden sie in Führungsgremien und Organisationen Seite an Seite mit Menschen mit Behinderungen arbeiten. In dieser Zukunft werden Menschen mit Behinderungen ihren nicht behinderten Kollegen gleichgestellt sein und eine Welt gestalten können, die ihren Bedürfnissen und Anforderungen entspricht. Darauf warten wir schon lange, und sie haben es selbst in der Hand.«

Somit gibt es zwar keine allgemeingültige Antwort, und jeder Mensch macht seine eigenen Erfahrungen (alles andere wäre gruselig), doch die Hindernisse, mit denen behinderte Menschen zu kämpfen haben, können sich sehr ähneln. Bedauern Sie also nicht, dass jemand nicht laufen kann, sondern dass die U-Bahn nicht rollstuhlfreundlich ist.

Behinderte Menschen haben nicht die Aufgabe, dafür zu sorgen, dass Nichtbehinderte sich nicht an der Behinderung stören. Wir alle sind dafür verantwortlich, die Welt zugänglicher und inklusiver zu gestalten.

## ABER WARUM TRAGEN JUNGEN KEINE KLEIDER?

Kurze Antwort: Jungen tragen durchaus Kleider.

Lange Antwort: Ein paar Fakten für Sie. Im viktorianischen England war es üblich, dass Jungen und Mädchen bis zum siebten Lebensjahr Kleider trugen. Außerhalb des westlichen Kulturkreises sind Röcke und Rock-ähnliche Kleidungsstücke bei Männern weit verbreitet.

Jeder kennt zum Beispiel Schottenröcke. In Myanmar tragen die Männer einen Paso, der 2 Meter lang und 0,8 Meter breit ist – klingt nicht so praktisch! Das arabische Wort *thawb* bedeutet »Kleidungsstück« und bezeichnet eigentlich das lange Männergewand. Dann gibt es noch den Sulu, ein Kilt-ähnliches Kleidungsstück, das seit dem 19. Jahrhundert von Männern und Frauen auf den Fidschi-Inseln getragen wird. Die offiziellen Uniform-Sulus für Militär und Polizei reichen bis unters Knie und haben einen charakteristischen Zickzack-Saum.

Während Jungen und Männer im Westen üblicherweise Hosen tragen, gilt für mich persönlich: »Jeder kann alles anziehen.«

Folgendes passt zwar nicht hundertprozentig zum Thema, aber ich bitte um Nachsicht. Ich erinnere mich nämlich lebhaft an einen Südfrankreichurlaub in meiner Teenagerzeit, als mein Bruder zum Abendessen Dr. Martens tragen durfte, ich aber nicht. Ich wollte sie zu einem weiten Patchwork-Kleid anziehen, genau wie Blossom aus der gleichnamigen Fernsehserie, nur ohne den verrückten Hut. Dass mir dieses vermeintlich perfekte Outfit verwehrt wurde, machte mich todunglücklich; außerdem fand ich es extrem ungerecht, dass für uns unterschiedliche Regeln galten. Natürlich wollte ich die Boots deshalb umso dringender tragen.

Erst mit Mitte dreißig habe ich begriffen, dass ich bei formellen Anlässen (damals war ich noch in der Werbung tätig, wo Preisverleihungen an der Tagesordnung sind) nicht unbedingt im Kleid erscheinen muss! Als ich das erste Mal in einem Anzug auftauchte, fühlte ich mich unbeschreiblich: warm und bequem und wohl in meiner Haut. Manchmal ging ich auch gerne im Kleid, weil Kleider ebenfalls ihre Vorteile haben. Aber die Erkenntnis, dass Kleidervorschriften eigentlich nur Hirngespinste sind, war erstaunlich befreiend.

Weitere Tipps bei Fragen zum Thema Kleidung:

- Tragen Sie Kleidung, in der Sie sich nicht »verkleidet« vorkommen.
- Besser noch: Tragen Sie die Sachen, in denen Sie sich am wohlsten fühlen.
- Machen Sie Schluss mit der Jagd nach dem »Neue-Klamotten-Gefühl«. Wir müssen uns von der Vorstellung verabschieden, dass wir Neues um des Neuen willen brauchen.
- Kaufen Sie Kleidung, die Sie lieben, zum höchsten Preis, den Sie sich leisten können. Tragen Sie sie immer wieder.
- Kinder finden erstaunlich leicht Sachen, die sie mögen und

ständig anziehen wollen. Daraus können wir viel lernen, und es ist viel besser für die Umwelt.

- Kleidung kann Spaß machen.
- Jeder kann alles tragen, doch idealerweise sollte es praktisch sein.
- Solange Sie den jeweiligen Anlass respektieren – gehen Sie zum Beispiel nicht im Fußballtrikot zu einer Hochzeit –, haben Sie freie Wahl.

Wenn Sie mit Ihren Kindern über Kleidung sprechen, fragen Sie sich vielleicht, ob Sie in diesem Rahmen auch auf das umfassendere Thema der Geschlechtsidentität eingehen sollten. Für mich fängt das damit an, den Unterschied zwischen »biologischem Geschlecht« und »Gender« zu verstehen und erklären zu können.

Mit dem biologischen Geschlecht ist die sexuelle Anatomie eines Menschen gemeint, also Chromosomen, Hormone sowie innere und äußere Geschlechtsorgane. Das Geschlecht wird oft mit den Begriffen »männlich« und »weiblich« bezeichnet.

»Gender« dagegen bezieht sich auf Verhaltensweisen und Eigenschaften, die in der Gesellschaft tendenziell eher mit Männern und Frauen in Verbindung gebracht werden oder die als »männlich« oder »weiblich« gelten. Zwar gibt es dafür keine verbindlichen Definitionen, doch die folgenden sind weit verbreitet (und auch im Unicef-Blog »Voices of Youth« zu finden)[11].

Wesenszüge, die als »männlich« gelten:

- dominant
- stark

- unabhängig
- entschlossen
- durchsetzungsfähig
- mutig
- logisch

Wesenszüge, die als »weiblich« gelten:

- kooperativ
- emotional
- fürsorglich
- flexibel
- verletzlich
- hilfsbereit
- intuitiv

Wenn Sie tiefer in das Thema eintauchen möchten, könnten Sie unter anderem Folgendes ansprechen:

**Geschlechtliche Identität** bedeutet, wie sich jemand innerlich fühlt. Das kann »wie ein Junge« oder »wie ein Mädchen« oder auch »beides« oder »keins von beidem« sein. Mir zum Beispiel fällt es schwer zu sagen, welchem Geschlecht ich mich innerlich zugehörig fühle; ich fühle mich wie ich und habe nichts, womit ich das vergleichen könnte.

**Geschlechtsausdruck** ist die Art und Weise, wie jemand der Welt sein Geschlecht zeigt (das Rüschenkleid, die Macho-Pose, das lange Prinzessinnenhaar, die Krawatte). Denken Sie an Harry Styles, der auf dem Titelblatt der *Vogue* eine Mischung aus Smoking und Kleid trug. Die feministische Illustratorin Florence Given schwärmt davon, wie sehr sie die breite Facette des Geschlechtsausdrucks durch Make-up und Kleidung genießt.

Manchmal decken sich biologisches Geschlecht, Gender und Geschlechtsidentität, doch manche Menschen haben das Gefühl, dass diese Teile nicht zu ihnen passen. Dabei gibt es verschiedene Varianten.

**Intersexualität:** Susannah Temko, eine ehemalige Kollegin bei Facebook, berichtete in einem erstaunlichen TED-Vortrag über ihre Erfahrungen als intersexuelle Frau.[12] Als ich für den Podcast »Honestly« mit ihr darüber sprach, erklärte sie: »Intersexuelle sind Menschen, die mit Abweichungen in ihren Geschlechtsmerkmalen geboren werden. Hormone, Chromosomen, Genitalien – die Fortpflanzungsorgane passen nicht in die typisch binäre Definition von männlich und weiblich.« Wir haben gelernt, es gebe »nur zwei Arten von Menschen, männlich und weiblich, und diese Vorstellung ist fest verwurzelt. Aber das stimmt nicht.« Zwar liegen keine genauen Zahlen vor, doch Susie sagt, nach Auffassung der UNO seien 1,7 Prozent der Bevölkerung intersexuell; das entspricht in etwa dem Prozentsatz der Menschen, die von Natur aus rotes Haar haben.

**Transgender:** Das bedeutet, dass ein Mensch sich nicht mit dem Geschlecht identifiziert, das ihm bei der Geburt zugewiesen wurde. Trans-Aktivist Charlie Craggs erklärt: »Manche Jungen fühlen sich als Junge nicht wohl – sie haben innerlich das Gefühl, dass sie im falschen Körper geboren wurden und eigentlich ein Mädchen hätten sein sollen (und umgekehrt). So ging es mir, als ich klein war, und ich sagte meiner Mutter, dass ich gerne ein Mädchen wäre. Begriffe wie »Junge« und »Mädchen« sind nur Etiketten, und wir sollten zu allen Menschen nett sein, ob Junge oder Mädchen, Junge, der sich wie ein Mädchen fühlt, oder Mädchen, das sich wie ein Junge fühlt. Es spielt keine Rolle, was sich zwischen unseren Beinen befindet. Es kommt darauf an, was in unseren Herzen ist. Seid nett zu allen, auch wenn sie anders sind als ihr.«

Die Diskussion über Transsexualität und darüber, ob, wann und wie die Medizin eingreifen sollte, wenn ein Kind sein Geschlecht als problematisch empfindet, ist sehr komplex (und kann in diesem Buch nicht angemessen behandelt werden). Ein Arzt an einer bekannten Klinik sagte mir, die wichtigste Ressource für jedes Kind und seine Familie seien Zeit und Unterstützung – nicht unbedingt, um sie von lebensverändernden Entscheidungen abzuhalten, sondern um dafür zu sorgen, dass diese wohlüberlegt getroffen werden.

Nach meinen Recherchen sind sich Fachleute einig, dass transsexuelle und geschlechtlich nicht-konforme Kinder konsequent, beharrlich und ausdauernd sind. Sie schwanken nicht, sondern identifizieren sich eindeutig mit einer bestimmten Geschlechtsidentität, und zwar über einen längeren Zeitraum.[13] Das ist ein hilfreicher Anhaltspunkt.

Zu der Anfangsfrage, ob Jungen Kleider tragen können, hatte Charlie den gleichen Rat wie ich: Jungen und Mädchen können alles tragen, was ihnen gefällt; Kleidung ist nur Stoff, aber manchmal stellen dumme Erwachsene Kleiderregeln auf, weil sie gemein sind und nichts Besseres zu tun haben. Trag die

Sachen, in denen du dich wohl fühlst – wenn du ein Junge bist, der gerne Kleider trägt, ist das okay, und wenn du ein Mädchen bist, das gerne Hosen trägt, ist das auch okay.

Und was die allgemeine Diskussion über die Geschlechterfrage betrifft: Sie ist in stetigem Wandel.

Die Zeitschrift *National Geographic* meint dazu: »Die Diskussion geht weiter, und damit ändert sich auch die Vorstellung davon, was man unter Frau oder Mann versteht, unter transgender, cisgender, geschlechtlich nicht konform, genderqueer, agender oder einem der über fünfzig Begriffe, die Facebook seinen Usern für ihre Profile anbietet. Gleichzeitig zeigen neue wissenschaftliche Erkenntnisse, wie komplex das Geschlecht in biologischer Hinsicht ist.«[14]

Gemeinhin sind Kinder sehr viel offener als Erwachsene. Sie sind neue Erfahrungen und unbekannte Situationen gewöhnt, sodass sich die Haltung zu solchen Lebensbereichen mit jeder Generation verschiebt. Außerdem ist zu beachten, dass nichts von dem, was hier erörtert wurde, gegen Kinder spricht, die eher traditionelle geschlechtsspezifische Merkmale aufweisen. Alle sind willkommen: jungenhafte Jungen, mädchenhafte Mädchen, mädchenhafte Jungen, jungenhafte Mädchen und alle Varianten, die wir vielleicht nicht einmal angemessen in Worte fassen können. (Hatte ich die Sache mit dem Blumenkleid zu Docs erwähnt? Ach ja, stimmt … ich hoffe, ich komme bald darüber hinweg.)

Bleiben Sie neutral. Bleiben Sie gesprächsbereit. Und zerbrechen Sie sich nicht den Kopf über Kleider für Jungs – die große Frage ist doch vielmehr: Warum um alles in der

Welt bestehen Kleinkinder am heißesten Tag des Jahres auf Gummistiefeln, wollen aber unbedingt in Sandalen in den Schnee??

**Als Kind hätte ich gerne gewusst, dass ...**
es in Ordnung ist, sich anders zu fühlen als die anderen Jungs. Es gibt Mädchen wie mich, die im falschen Körper geboren wurden, und eines Tages werde ich das Mädchen sein, das ich als Kind nie sein durfte.

**Charlie Craggs** @charlie_craggs

## *DENKANSTOSS:*

### *Die Kunst der Gesprächsführung (und des Zuhörens)*

> *Wenn man spricht, wiederholt man nur, was man schon weiß. Aber wenn man zuhört, kann man etwas Neues lernen.*
>
> Dalai Lama

Im Podcast »This American Life« gab es eine tolle Anekdote, die mir in Erinnerung geblieben ist. Ein Vater hatte einen stressigen Job, für den er oft auch zu Hause noch arbeiten musste. Gleichzeitig entwickelte seine neunjährige Tochter plötzlich einen Hang zu komplizierten Fragen. Das ist bei Kindern nicht ungewöhnlich, doch sie war wirklich extrem und überschüttete ihn bei jeder Gelegenheit mit einer Flut an Fragen.

Um sich etwas Ruhe zu verschaffen, bat der Vater das Mädchen, alles aufzuschreiben, was sie wissen wollte. Rosie (die Tochter) legte ihm daraufhin eine umfangreiche Sammlung mit den grundlegendsten Fragen der Menschheit vor – rund fünfzig an der Zahl. Jahre später ist er immer noch dabei, sie alle abzuarbeiten. (Vielleicht sollte er daraus ein Buch machen!)

Ganz ähnlich geht es in den sozialen Medien zu. Alle wollen gehört werden, aber niemand will zuhören.

Es ist von unschätzbarem Wert, wenn wir einem anderen Menschen Zeit und Aufmerksamkeit schenken und ihm das Gefühl geben, dass er gehört wird. Ja, bei Ihrem Kind ist das Reden manchmal eine Verzögerungstaktik, weil es nicht ins Bett will. Führen Sie sich jedoch vor Augen, dass das Zuhören oft genauso wichtig ist wie das, was Sie sagen. Es zeigt dem Kind, dass Sie seine Ansichten respektieren.

Der Philosoph und Autor Alain de Botton weist auch darauf hin, dass wir bei manchen Äußerungen unserer Kinder, zum Beispiel »Ich hasse es hier, ich will nach Hause«, dazu neigen, reflexartig abzuwiegeln. Damit entgeht uns jedoch eine Gelegenheit zu wichtigen Gesprächen und wertvollen Fragen.

## Gesprächsgelegenheiten

Ich bemühe mich nicht nur um Raum für Stille, sondern versuche genauso gezielt Gelegenheiten für Gespräche mit meinen Kindern zu schaffen.

- Manchmal schicke ich die Kinder dazu zehn Minuten früher ins Bett, damit ich genug Muße habe, wenn sie mit großen Fragen kommen (nachdem ich das unbequeme Kissen gerichtet, das Wasser geholt, den Teddy gefunden, das Licht richtig eingestellt und viele andere Kleinigkeiten erledigt habe …).
- Zerren Sie die Kinder nicht hektisch in den Park, weil die Zeit drängt, sondern bummeln Sie gemütlich.
- Verbieten Sie während Autofahrten elektronische Geräte

(okay, das muss nicht für die gesamte Fahrt in den Urlaub gelten, ich bin ja nicht verrückt. Aber zumindest für eine Teilstrecke.).

- Essen Sie gemeinsam und nutzen Sie diese Zeit zum Reden.

## Plaudereien sind kostbar

Eine Momentaufnahme aus meinem Leben. Es ist Samstag. Wir haben nichts vor und sind um 13:15 Uhr noch im Schlafanzug. Das ist ungewöhnlich, denn sonst steht meistens etwas an. Ich koche, und Bertie spielt mit Lego.

Eigentlich bitte ich ihn nur, das Massaman-Curry zu probieren, doch daraus entwickelt sich ein viel größeres Gespräch. In etwa so:

»Kannst du Curry und Reis einzeln lassen?«, fragt Bertie.

Ich muss lachen. »Seit siebeneinhalb Jahren bin ich deine Mama, was bedeutet das?«, frage ich.

»Dass du weißt, was ich gerne mag.«

»Aber weil ich deine Mama bin, will ich dich auch dazu bringen, dass du Neues probierst. Also probierst du so viel wie möglich. Irgendwann bist du dann erwachsen. Und was passiert dann?«

Ich rechne fest damit, dass er sagen wird: »Dann esse ich immer nur trockenen Reis.«

Aber nein, er setzt an: »Dann habe ich Kinder, und die müssen auch neue Sachen probieren.« Dann jedoch hält er inne. »Vielleicht habe ich dann gar keine Kinder. Ich weiß nämlich nicht, wen ich heiraten soll«, wendet er ein.

Und BUMM, da haben wir es. Ein tiefgehendes Gespräch, das aus einer belanglosen Plauderei über Reis entstanden ist.

Quatschen um des Quatschens willen bringt niemandem etwas, doch Plaudereien können sehr wichtig sein. Aus unbedeutenden Gesprächen können durchaus bedeutsame werden. Wenn Sie jemanden nach seinem Lieblingskeks fragen, ergibt sich daraus oft eine tiefgründige Unterhaltung.

Achten Sie auch darauf, ob Sie zu Klatsch und Tratsch neigen. Besonders bei Frauen ist das häufig der Fall. Und natürlich hat es eine gewisse Berechtigung, wenn man sich dafür interessiert, inwieweit andere Menschen ähnliche oder andere Erfahrungen machen als man selbst. Aber Klatsch und Tratsch bedeutet, dass man *über* andere Menschen spricht – und wie aufschlussreich sind die Erfahrungen anderer, wenn sie uns nicht selbst davon berichten? Stattdessen sollten wir unsere Aufmerksamkeit dem Menschen schenken, mit dem wir es gerade zu tun haben.

Sie sollten jedoch nicht nur auf Plaudereien setzen, sondern auch auf große Gespräche. Die Recherchen zu diesem Buch haben dazu geführt, dass die großen Fragen immer von mir kommen (tut mir leid für all jene, die das erdulden mussten – ihr wisst schon, wen ich meine). Wenn man einmal damit angefangen hat, kann man nicht mehr aufhören. Seit ich ihre Meinung zu wichtigen Themen kenne, sehe ich viele langjährige Bekannte in einem neuen Licht. Das führt mir immer wieder vor Augen, dass jeder etwas zu einer Diskussion beizutragen hat.

## Gute Konversation kann man trainieren

Einige meiner Freunde sind hervorragende Geschichtenerzähler; sie können den Handlungsbogen geschickt aufbauen und das Publikum auf ganz besondere Art und Weise fesseln. Außerdem können sie wunderbar Akzente imitieren, worum ich sie doppelt beneide. Mit den folgenden Tipps können Sie Ihre eigene Konversationstechnik verbessern.

- Von meiner Therapeutin habe ich den Satz »Erzählen Sie mehr« gelernt. Es zeigt große Wirkung, wenn man das zu anderen sagt.
- Lassen Sie sich von peinlichen Momenten nicht aus der Fassung bringen. Die Sozialpsychologin Dr. Gillian Sandstrom hat herausgefunden, dass ein Gespräch, bei dem man sich unbehaglich fühlt, aller Wahrscheinlichkeit nach besser läuft, als man meint.
- Verzichten Sie auf vage Fragen wie »Wie war's in der Schule?«. Die Antwort lautet unweigerlich: »Gut.« Wie langweilig die Kinder meine Fragen finden, wurde mir deutlich, als sie sagten, ich würde mich jeden Tag nach dem Mittagessen erkundigen.
- Kommen Sie erneut auf ein Gespräch zurück, wenn Fragen offengeblieben sind. Ich liebe es, wenn jemand sagt: »Ich habe über unser Gespräch nachgedacht.« Selbst wenn dieser Mensch anderer Meinung ist als Sie, ist es eine Leistung, jemanden zum Nachdenken anzuregen.
- Wählen Sie den richtigen Zeitpunkt. Stellen Sie nicht zu früh zu viele Fragen. Vielleicht liegt es daran, dass ich Legasthe-

nikerin bin, aber wenn ich in einem neuen Umfeld unvermittelt mit Fragen bombardiert werde, habe ich das Gefühl, dass mein Gehirn sich auflöst. Manchmal brauche ich einen Moment, um mich zu akklimatisieren, ehe ich mich auf ein Gespräch einlassen kann.

- Wenn ein Gespräch schwierig ist, lohnt es sich wahrscheinlich.
- Überdenken Sie Ihre Antworten. Erwidern Sie nicht reflexhaft »gut«, wenn jemand fragt, wie es Ihnen geht. Mit »gut« kann man nicht viel anfangen. Wenn Sie sich über etwas freuen oder erleichtert sind, kann daran ein Gespräch anknüpfen. Lassen Sie andere teilhaben.

Ein Wort zum »Verletzlichkeitskater«. Wenn ich einem anderen Menschen gegenüber sehr offen war, kommt es vor, dass ich mich am nächsten Tag etwas komisch und unsicher fühle. Vermutlich liegt das daran, dass ein größeres Gespräch Offenheit erfordert, und das kann unangenehm sein, vor allem, wenn man es nicht gewöhnt ist, seine Gedanken herauszuposaunen. Aber stehen Sie dazu – lassen Sie sich nicht einreden, es sei ein Fehler gewesen. Ich freue mich auch, wenn jemand den Vertrauensvorschuss zu schätzen weiß. Kommentare wie »Danke, dass du so offen warst und uns deine Ansicht vermittelt hast« sind sehr einfühlsam und stärken das Vertrauen.

Und schließlich gehört es zum Menschsein dazu, dass wir Gespräche führen können. Denken Sie nur an den Lockdown zurück. Diese Zeit erinnerte mich an die ersten Wochen mit einem Neugeborenen. Dieses Gefühl der Isolation. Damals sehnte ich mich so sehr nach menschlichem Kontakt, dass ich mit jedem redete, der mir über den Weg lief. Sogar mit dem betrunkenen Obdachlosen, der jedes Mal den gleichen Witz macht (»Hey, Kleine, hast du eine Million Pfund übrig?«).

Leute, die alle und jeden ansprechen, fand ich früher befremdlich. Mittlerweile kann ich das verstehen. In einer Studie von Elizabeth Dunn und Gillian Sandstrom[15] bekamen Studierende die Anweisung, sämtliche sozialen Interaktionen im Laufe eines Tages mit einem Zähler zu erfassen. Je höher die Anzahl der sozialen Kontakte – selbst mit flüchtigen Bekannten –, desto glücklicher waren sie und desto wohler fühlten sie sich. Das tut sowohl Extrovertierten als auch Introvertierten gut.

Kurz gesagt, je mehr Sie sich unterhalten, desto besser werden Sie darin und desto mehr haben Sie davon. Erwarten Sie keine Ergebnisse, kein Einvernehmen, keine abschließende Klärung und auch nicht, dass Sie immer »verstehen«, was Ihre Gesprächspartner meinen. Aber wenn Sie es nicht verstehen, scheuen Sie sich nicht, nachzuhaken und weitere Fragen zu stellen.

Vielleicht sehen Sie das anders, aber für mich ist es ein hehres Ziel, einem Kind beizubringen, wie man ein gutes Gespräch führt. Deshalb hier eine willkürliche Sammlung meiner liebsten Gesprächsanfänge (viele davon kamen schon in der ersten »Schnellschuss-Runde« meines Podcasts»Honestly« vor):

- Was ist deine schlimmste Angewohnheit?
- Wie würden dich deine besten Freunde beschreiben?
- Nenn mir alles, das dir ein sicheres Gefühl gibt.
- Was sind deine drei Lieblingskekse?
- Erzähl mir von deinem Lieblingsplatz.

**Als Kind hätte ich gerne gewusst, dass …**
Angst ein Zeichen dafür ist, dass man das Leben richtig angeht.

**Clare Pooley** @clare_pooley

# 3

# FRAGEN ÜBER BEZIEHUNGEN

Mein erster Impuls war, an dieser Stelle zu erwähnen, dass ich ein geselliger Mensch bin. Bei genauerem Überlegen bin ich davon jedoch nicht richtig überzeugt. Ich bin zwar gerne unter Leuten, aber nicht gerade ein Partygirl; der perfekte Abend ist für mich ein Essen mit acht Personen – sodass ich mich mit allen richtig gut unterhalten kann, statt nur von einem Smalltalk-Häppchen zum nächsten zu hüpfen. Das empfinde ich als anstrengend und sinnlos.

Auch wenn ich kein Partygirl bin: Menschen faszinieren mich. Man könnte mich auch als neugierig bezeichnen. Ich meine damit, dass ich liebend gerne den Geschichten anderer Menschen auf den Grund gehe. Durch meinen Blog »Mother of All Lists« und die Podcasts »Honestly« und »But Why?« habe ich vor allem eines gelernt: Jeder hat eine Geschichte. Jeder Mensch hat etwas Großes durchgemacht oder erlebt und sieht doch ganz normal aus, wenn er im Park auf der Bank sitzt oder am Postschalter ansteht. So abgedroschen es auch klingen mag, ich glaube, dass alle Menschen gleichzeitig ganz normal und etwas ganz Besonderes sind.

Ich schweife gerade ab, sollen wir weitermachen? Auf dass wir von anderen erfahren, wie sie mit anderen umgehen, wenn Sie verstehen, was ich meine!

## ABER WARUM IST MEINE FAMILIE ANDERS ALS ANDERE?

Das erinnert an die Frage »Warum kann ich nicht so aussehen wie alle anderen?« Das Bedürfnis, »normal« zu sein, ist erstaunlich stark, oder? Dabei ist es nur eine Illusion, dass die Familie bei »allen anderen« genau gleich ist.

Aber wie soll man das erklären? Familien gibt es in allen Formen und Größen. Und das ist wahrscheinlich schon Antwort genug.

Versuchen Sie herauszufinden, was hinter der Frage steckt: Was will Ihr Kind wirklich wissen? Vergleicht es sich mit einer anderen Familie, die es kennt? Was ist an der anderen Familie so attraktiv? Können Sie über die Ähnlichkeiten und Unterschiede zwischen seiner eigenen Situation und den anderen Kindern reden? Können Sie daraus sogar ein Spiel machen? Es ist witzig, Familien zu imitieren, die man kennt und liebt, und zeigt, dass es tatsächlich die verschiedensten Konstellationen gibt.

Überlegen Sie, was Familie eigentlich bedeutet. Ich persönlich habe die Familie, mit der ich ein Haus teile. Ich habe eine erweiterte Familie, mit der ich durch Heirat oder biologische Abstammung verbunden bin; dazu gehören auch Stief- und Halbgeschwister und Partner. Einige sind Teil meines Alltags, andere sehe ich nur selten, aber sie sind alle wichtig. Ich habe auch Freunde aus der Familie und Freunde, die sich wie eine Wahlfamilie anfühlen und die ich liebe, als wären wir blutsverwandt. Die Verhältnisse sind also nicht klar und übersichtlich, sondern ziemlich komplex, und das macht sie umso besser!

Für Hollie de Cruz (@theyesmummum) besteht die Familie aus ihr selbst, ihrem Partner Simon und ihren drei Jungs. Beide haben einen zehnjährigen Sohn aus einer früheren Ehe und einen weiteren gemeinsamen Sohn. Sie sagt: »Familien sind Einheiten der Liebe – und können sehr unterschiedlich gestaltet sein. Sie können kleiner oder größer werden oder ihre Form verändern, aber sie sind und bleiben Familie. Man kann Familien nicht miteinander vergleichen, weil wir alle einzigartig sind. Es gibt keine richtige oder falsche Form von Familie, und wir sollten akzeptieren, dass jede Einheit der Liebe auf wunderbare Weise einzigartig ist. Man muss nicht die ganze Zeit mit einem Menschen zusammen sein, um ihn die ganze Zeit zu lieben.«

»Grübeln Sie nicht darüber nach, mit wem Sie verwandt sind und welche Rolle dieser Mensch in Ihrem Leben spielen sollte«, sagt Robyn (@around_robyn), die öffentlich über ihre Entfremdung von ihrer Mutter gesprochen hat. Sie beschreibt ihre Familie so: »Mein kleiner Bruder und ich sind bei meinem Vater in einem ziemlich glücklichen Alleinerziehenden-Haushalt aufgewachsen, und bemuttert wurde ich von meiner wunderbaren Oma sowie Tanten, Lehrerinnen, Freundinnen der Familie – eigentlich allen, die merkten, dass ich etwas mütterlichen Einfluss brauchte. Später habe ich aufgrund dieser Dynamik den mütterlichsten Mann geheiratet, der mir je begegnet ist. Ich wünschte, ich hätte als Kind geahnt, dass ich mir genau die

Familie schaffen würde, von der ich immer geträumt hatte – aus einem bunten Haufen Außenseiter, die auch alle ihr Päckchen zu tragen haben. Wir sind eine tolle Truppe. Ständig gibt es Tee und Kuscheleinheiten.«

Auf meine Frage »Was ist eine Familie?« erntete ich die unterschiedlichsten Antworten. Die Folgenden waren besonders oft dabei; suchen Sie sich die aus, die Ihnen am besten gefällt:

- Marge Simpson hatte recht, es gibt keine »nette, normale Familie«. »Normal« existiert nicht.
- Blutsverwandtschaft spielt keine Rolle; die Bindung entsteht durch Liebe.
- Familie sind die Menschen, die man an sich heranlässt. Man muss niemanden lieben, nur weil man verwandt ist.
- Manchmal dauert es eine Weile, bis man Familie richtig versteht.
- Die Familie ist dort, wo man ganz man selbst sein kann: sicher, geborgen und warm. Sie kann ganz unterschiedlich aussehen, wichtig ist, wie sie sich anfühlt.
- Familie sind einfach die Menschen, die man am meisten liebt, wer genau das ist, spielt keine Rolle. Sie ist dort, wo man sich zugehörig fühlt.

(Wie man mit Kindern über Scheidung und Veränderungen der familiären Situation spricht, erfahren Sie in dem Kapitel »Aber warum lassen sich Menschen scheiden?«)

Bei den Māori funktioniert das Konzept *Whānau* folgendermaßen: In der Māori-Gesellschaft wird Familie nicht als »die Kernfamilie« definiert, wie in der westlichen Kultur, sondern als eine Gruppe von Menschen, die einen gemeinsamen Vorfahren haben, oder es sind nicht miteinander verwandte Menschen, die durch ein gemeinsames Ziel verbunden sind. In diesem Rahmen unterstützen und bestärken sich die Mitglieder der Gruppe gegenseitig. Wenn sie körperlich und geistig gesund ist, hat sie Erfolg und kann Probleme meistern. In einer *Whānau* fühlt sich niemand außen vor. Ich liebe das!

Auch eine Erkenntnis aus dem Buch *Happy, Healthy Minds* von The School of Life[16] hat mich schwer beeindruckt. Dort wird erklärt, dass die eigene Familie seltsam und ungewöhnlich erscheinen mag – aber das liegt nur daran, dass man sie so gut kennt und deshalb alle merkwürdigen, verrückten und persönlichen Aspekte wahrnimmt.

Tom @unlikelydad und sein Partner Danny haben ihren Sohn Kai adoptiert, als er 14 Monate alt war, und wissen gar nicht mehr, wie es ohne ihn war. Tom sagt: »Was normal wirkt und sich normal anfühlt, ist von Kind zu Kind verschieden, und das ist okay. Genau deshalb sind wir alle einzigartig.«

Es wäre doch langweilig, wenn alle Familien gleich wären. (Ganz fantastisch fand ich auch den Kommentar: »Eine Pizza ist und bleibt eine Pizza, auch wenn sie unterschiedlich belegt ist!«) Familien sind kompliziert und wunderbar, oder? Aber sie bestehen aus den Menschen, die das Beste und das Schlimmste in uns zum Vorschein bringen. Deshalb sollten Sie Ihrem Kind vor Augen führen, dass Familien, die nach außen hin perfekt erscheinen, von innen nicht immer so perfekt wirken. Schließlich kann niemand wissen, was hinter verschlossenen Türen vor sich geht.

Übrigens: Wussten Sie, dass Schildkröten nicht »in« ihrem Panzer stecken, sondern dass sie in Wirklichkeit ihr Panzer SIND? Der Panzer ist kein Extra zum Körper, sondern alles bildet eine Einheit. Googeln Sie das, es ist absolut verblüffend. Und das beweist auch, dass wir von außen nicht immer erkennen, was tatsächlich im Inneren steckt.

## ABER WARUM HEIRATEN MENSCHEN?

- Spontane Antwort: Keine Ahnung.
- Zynische Antwort: Sie wollen die Party und das Kleid.
- Realistische Antwort: Zur finanziellen Absicherung.
- Romantische Antwort: Aus Liebe.

In Wirklichkeit ist es natürlich alles und nichts davon. Meine Kinder stellen oft Fragen zur Ehe. In letzter Zeit waren wir zu mehreren Hochzeiten eingeladen, und die Feiern und die schicke Kleidung haben ihnen sehr gefallen. Deshalb sind sie auch sehr empört, dass sie nicht zu unserer Hochzeit kommen konnten. Allerdings war das absolut nichts Persönliches und lag nur daran, dass sie damals noch nicht auf der Welt waren. Aber wenn man das Kleid, die Party, die Torte und all die anderen Dinge, auf die wir gleich noch eingehen werden, einmal außer Acht lässt – warum um alles in der Welt heiraten Menschen?

Kate Everall von @lesbemums kann ganz genau sagen, wie es dazu kam, dass sie mit ihrer Frau den Bund fürs Leben geschlossen hat. Warum heiraten Menschen? »Um ihre Liebe zu denen zu feiern, die sie lieben, oder weil es das Gesetz verlangt. So traurig es ist, wenn unser Sohn ›unehelich‹ zur Welt gekommen wäre, hätte meine Frau nicht als ›anderes Elternteil‹ in seiner Geburtsurkunde stehen können. Wenn die Empfängnis in einer Klinik stattgefunden hätte, wäre die Lage anders gewesen, aber da das nicht in Frage kam, mussten wir vor der Empfängnis heiraten/eine Lebenspartnerschaft eintragen lassen.«

Kate sagte weiter, eine Ehe und die Beweggründe dafür seien natürlich etwas sehr Persönliches; sie selbst kenne Paare, die seit Jahrzehnten zusammen sind und in der Ehe keinen Sinn sehen, weil ihnen die Gewissheit reicht, dass sie einander lieben.

Holly June Smith, die Eheschließungen durchführt und als Lebensberaterin arbeitet, wies mich auf die historische Entwicklung hin. Die Ehe entstand durch den gesellschaftlichen Druck, dass Frauen einen Ehemann *brauchten*. Sie wurden »unter die Haube gebracht«. Und die Ehe gab ihnen zudem die Möglichkeit, sich finanzielle Rechte zu sichern. Darüber hinaus galt es als Stigma, unverheiratet ein Kind zu bekommen oder mit jemandem nur zusammenzuleben.

## Aber warum machen wir das immer noch? Warum heiraten Menschen?

Die 500 Personen, die ich befragt habe, nannten unterschiedliche Gründe für ihre Heirat: Bindung, Schwangerschaft, blindes Befolgen gesellschaftlicher Erwartungen, Sicherheit, Stabilität, Visum, Religion. »Weil er mir einen Antrag gemacht hat« war eine ziemlich häufige Antwort. Ebenso wie der Hinweis auf die Tradition. »Das war der logische nächste Schritt … Ich wollte denselben Nachnamen wie meine Kinder.«

Es gab auch viele eher romantische Antworten. »Um der Welt zu zeigen, dass wir für immer zusammengehören … Damit jeder sieht, dass wir füreinander da sind … Weil er so viel mehr war als nur ein Freund … Weil ich ihre Frau werden wollte.«

Holly June Smith bestätigt, dass diese Antworten zu ihren Erfahrungen als Zelebrantin passen. Der häufigste Grund ist, dass ein Paar seine Liebe zueinander feiern, die Beziehung festigen und zwei Geschichten miteinander verknüpfen möchte.

Was noch? Wenn man mit Kindern über das Heiraten spricht, ist es auch wichtig, zwischen Ehe und Hochzeit zu unterscheiden. Vor allem, wenn a) uns weiterhin das märchenhafte Ideal vom schönsten Tag im Leben verkauft wird und b) Kinder die Party lieben. Sie müssen verstehen, dass es beim Heiraten um viel mehr geht als um den großen Tag selbst.

Und ich bin sehr dafür, mit einer Party die Liebe zu feiern. Allerdings nicht, wenn man dadurch schon von Anfang an in die Knie gezwungen wird – weil man sich verschuldet, mit der Familie zerstreitet oder, wie in meinem Fall, unter schrecklichen Angstzuständen leidet.

Allerdings hat sich meine Ansicht zu Hochzeiten in letzter Zeit ein wenig geändert. Covid-19 hat mir wie alle anderen großen Lebensereignisse deutlich gemacht, dass es etwas Schönes sein kann, solche Meilensteine zu feiern. Das Leben kann sich jederzeit ändern, und was dann?

Wenn meine Kinder den Bund fürs Leben schließen wollten, würde ich sagen: Nur zu! Aber macht es nur, wenn ihr es wirklich wollt, und nicht, weil ihr meint, es müsse sein – und achtet darauf, dass die Party nicht wichtiger wird als das Versprechen, das ihr euch gebt.

Außerdem möchte ich an dieser Stelle ein weiteres »Als Kind hätte ich gerne gewusst …« von Kate Everall hineinmogeln:

**Als Kind hätte ich gerne gewusst, dass …**
ich mir bei Entscheidungen Zeit lassen kann und dass man auch die Möglichkeit hat, seine Meinung zu ändern. Unsere Kinder werden viel zu oft zu einem bestimmten Beruf, einem bestimmten Ehepartner, zu einem eigenen Haus gedrängt, obwohl sie eigentlich nur ihr Leben genießen und sich darauf konzentrieren sollten, glücklich (oder zumindest zufrieden) zu sein! Das Leben ist viel zu kurz und so.

**Kate Everall** @lesbemums

### Darüber könnten Sie reden

- Man muss nicht heiraten.
- Jungen können Jungen heiraten, und Mädchen können Mädchen heiraten.
- Eine Ehe ist mehr als nur die Hochzeit.
- Es gibt verschiedene Formen der Ehe, zum Beispiel eine Lebenspartnerschaft. Sie unterscheidet sich auch je nach Land und Religion.

- Nein. Du kannst deine Schwester nicht heiraten. Das ist auch nicht nötig, denn du musst sie sowieso lieben.
- Dass man jemanden heiratet, gehört zu den größten Entscheidungen des Lebens. Aber wenn es der richtige Mensch ist, sollte diese Entscheidung ganz leichtfallen.
- Es ist in Ordnung, nicht verheiratet zu bleiben, wenn man dabei nicht glücklich ist.
- Es ist wunderbar, wenn man jemanden findet, der einen liebt, aber das muss kein Lebenspartner sein: Freunde lieben uns auch, und außerdem ist es wichtig, dass man sich selbst liebt.
- Wenn Ihr Kind Sie nach der Ehe fragt, sollten Sie bedenken, welche persönlichen Auswirkungen Ihre Antwort für das Kind haben könnte.

### Was spricht *gegen* das Heiraten?

Mein Gespräch mit der Anwältin Sarah Langford war sehr erhellend. Statistisch gesehen wird die Hälfte aller Ehen geschieden, und während ich das hier schreibe, kostet eine Hochzeit in Großbritannien im Schnitt 30 355 Pfund, das sind rund 36 000 Euro. Bei einer so schlechten Erfolgsquote würde normalerweise niemand eine solche Summe setzen. Auf meine Frage nach Argumenten gegen die Ehe kamen unter anderem folgende Antworten: »Geld, Geld, Geld«; »War es mir nicht wert«; »Es stehen ständig andere Anschaffungen an«; »Wir leben nicht mehr im Jahr 1920!«; »Um mich den gesellschaftlichen Erwartungen zu widersetzen«; »Er hat mir nie einen Antrag gemacht«; »Ist uns nicht wichtig«; »Ich habe so viele

Beziehungen in die Brüche gehen sehen«; »Die Geldverschwendung und der Rummel wären mir unerträglich«; »Die Ehe bedeutet mir nichts«.

All diese Gründe sind nachvollziehbar. Und zu welchem Schluss kommen wir? Die wichtigste Erkenntnis lautet, dass die Ehe kein Muss ist. Paare heiraten aus allen möglichen Gründen. Der wichtigste Grund ist die Liebe. Aber das bedeutet nicht, dass sich verheiratete Paare mehr lieben als unverheiratete.

Übrigens muss man auch nicht zwingend eine Beziehung führen. Man muss nicht danach streben.

Die Vorstellung, für immer mit einem anderen Menschen zusammen zu sein, ob mit oder ohne Ring, ist außergewöhnlich. Der Verstand sagt uns, wie absonderlich das klingt. Aber dann trifft man jemanden und denkt: »Ich möchte dich von jetzt an immer an meiner Seite haben.«

Ben und ich hatten letztes Jahr unseren zehnten Hochzeitstag, und die Ehe war sowohl schwieriger als auch einfacher als erwartet. Dazu habe ich das Journalistenpaar Anna Whitehouse und Matt Farquharson konsultiert, das selbst verheiratet ist. Für ihr Buch *Where's My Happy Ending?*[17], das sich mit der Zeit zwischen »Ja, ich will« und »bis dass der Tod uns scheidet« befasst, haben sie viele Menschen mit verschiedensten Lebensentwürfen nach dem Schlüssel zum Eheglück gefragt. Das Buch enthält eine Fülle von Erkenntnissen, doch die eigenen Überlegungen des Autorenpaars haben mich besonders beeindruckt.

Anna erzählte, ihr sei im Nachhinein klar geworden, dass man einen Menschen nicht am Hochzeitstag heiratet. Man heiratet durch das, was das Leben einem abverlangt, oder, wie sie es ausdrückt, »durch Fehlgeburten, Entlassungen, postnatale Depressionen, all die seltsamen Eigenheiten, die im Zusammensein zum Vorschein kommen«. Puuuh, da ist so viel Wahres dran; das Eheversprechen ist das eine, es zu erfüllen ist eine ganz andere Sache. Der Teil mit den »guten Tagen« klingt noch einigermaßen machbar, aber wie sieht es aus, wenn man mit den »schlechten« konfrontiert wird?

Dazu hat Matt sich geäußert. Er wies darauf hin, dass »glücklich bis ans Ende ihrer Tage« nur ein Mythos ist. Seiner Ansicht nach sind wir alle dem Schwindel aufgesessen, dass das Leben ein endloses Märchen sein sollte und dass man peinlich versagt hat, wenn das nicht der Fall ist. Dabei gibt es diese Märchenwelt gar nicht. Matt meint: »Es gibt eine Welt des ›Gut genug‹, auf die man rundherum stolz sein kann.«

Das ist eindeutig nicht so wie im Film, aber wir können zutiefst dankbar sein, wenn wir jemanden haben, der in guten wie in schlechten Zeiten an unserer Seite bleibt (zum Beispiel, wenn man einen Fleece-Bademantel trägt oder den Partner anschreit, er solle sofort Stuhlweichmacher kaufen, weil man nach der Entbindung Schwierigkeiten auf der Toilette hat). Von den 500 Personen, die ich befragt habe, würden übrigens rund 86 Prozent wieder heiraten. Ich finde, das ist ein guter Wert.

Noch ein letzter Gedanke. Im Gespräch mit Brené Brown sagte die Autorin Glennon Doyle, wir sollten uns fragen, ob wir unseren Kindern unsere eigene Ehe wünschen würden. Über diese wichtige Frage dürfen Sie gerne nachdenken.

## ABER WARUM LASSEN SICH MENSCHEN SCHEIDEN?

Dieses Thema kann sehr komplex und emotional sein, doch am besten fängt man mit den Fakten an. Scheidung bedeutet, dass sich zwei Menschen trennen, weil sie nicht mehr verheiratet sein wollen.

Auf der wunderbaren Webseite divorcedgirlsmiling.com habe ich einen tollen Ratschlag gelesen: »Denken Sie sich eine Kurzfassung aus.« Das mag seltsam klingen, ist aber tatsächlich sehr sinnvoll. Überlegen Sie, wie Sie Ihren neuen Beziehungsstatus beschreiben, ohne sich in komplizierten Details zu verlieren – die sind oft nicht nur für Sie selbst schwierig, sondern sollten auch vor den Kindern nicht breitgetreten werden.

Abgesehen davon habe ich bei meinen Recherchen immer wieder Folgendes gehört:

- Waschen Sie Ihre schmutzige Wäsche nicht vor anderen Leuten. Dazu gehören auch die sozialen Medien. Dabei kommt nie etwas Gutes heraus.
- Gönnen Sie sich Zeit. Mehrfach hieß es, realistischerweise brauche man zwei Jahre, um richtig über eine Scheidung hinwegzukommen. Klingt lange? Es ist nur eine Zahl, auf die

hoffentlich Jahrzehnte des Glücks folgen. Vielleicht sehen Sie das anders, aber ich persönlich höre lieber die ungeschönte Wahrheit (und nicht so einen Schwachsinn wie die glatte Lüge, ab der zwölften Woche sei ein Säugling wie von Zauberhand ganz pflegeleicht!).

Der nächste Punkt ist sehr wichtig, auch wenn er vielleicht nicht auf Anhieb einleuchtet: Sie sollten sich darum bemühen, eine möglichst positive Beziehung zum ehemaligen Partner aufrechtzuerhalten.

»Versuchen Sie, einander nicht zu hassen«, sagt Amy Ransom, die gerade ihr viertes Buch, *The Soul-Soaring Virtues of Separations*, veröffentlicht hat.[18] »Versuchen Sie, sich auf die tollen Kinder zu konzentrieren, die Sie gemeinsam haben. Sie haben sich früher gemocht; es hat nicht funktioniert, das ist alles. Dass Sie sich die Kinder teilen müssen, ist nicht leicht, es widerstrebt den eigenen Instinkten und fühlt sich nie richtig an (auch wenn man sich dringend eine Auszeit wünscht). Denken Sie daran, wie wichtig es für Ihre Kinder ist, zu beiden Elternteilen die bestmögliche Beziehung zu haben.«

Kiera O'Mara, die für »Mother of All Lists« über das Leben nach der Scheidung[19] geschrieben hat, meint, selbst wenn man sich nicht gütlich einigen könne, solle man versuchen, großmütig zu sein. Mir ist klar, dass das nicht immer möglich ist, aber wenn es gelingt, profitieren alle Beteiligten davon. Wie schlimm es zwischen Ihnen und dem oder der Ex auch sein mag, Ihre Kinder müssen das nicht wissen. Man kann ihnen die Einzelheiten ersparen. Wenn beide Elternteile die Kinder lieben, müssen diese nicht in Streitigkeiten einbezogen oder gegeneinander ausgespielt werden. Darunter werden nur die Kinder leiden.

Verzichten Sie darauf, Ihre Situation mit der von anderen zu vergleichen. Man kann zwar aus den Scheidungserfahrungen anderer Menschen lernen, aber jeder Fall ist anders und selbstverständlich gibt es keinen »richtigen Weg«.

Noch ein weiterer Punkt liegt Amy sehr am Herzen. Dass man sich nicht vergleicht, bedeutet auch, dass man seine eigenen Regeln für den Blick auf die Trennung aufstellt: »Man muss sie nicht als Unglück sehen«, sagt sie. »Sie muss nichts Düsteres sein. Mir ist klar, dass eine Trennung nicht immer einvernehmlich abläuft. Dass sie nicht immer auf Gegenseitigkeit beruht. Trotzdem glaube ich, dass es einen Zeitpunkt gibt, an dem man selbst entscheiden kann, wie sie sich auf das eigene Leben auswirkt. Ich habe schon früh beschlossen, dass die Trennung für uns alle alles besser machen würde. Das musste sie, denn warum hätte ich die Ehe sonst beenden sollen? Das ist meine Strategie: Ich lasse mir nicht von der Gesellschaft sagen, wie ich die Trennung zu bewerten habe. Dass sie eine Katastrophe ist. Ein trauriger Fall für die Statistik. Ein Scheitern. Verstehen Sie mich nicht falsch, manchmal habe ich schon das Gefühl, dass ich gescheitert bin, aber das kommt immer seltener vor. Manchmal ist es mir auch unangenehm, nicht mehr zu einem Elternpaar zu gehören. Aber wir machen unsere eigenen Regeln. Ich möchte, dass unsere Trennung so inklusiv wie möglich ist. Meine Kinder sollen so viel Liebe wie möglich bekommen, von wo auch immer. Ein Leben voller Trauer und Verbitterung zehrt an den Kräften. Und obwohl es solche Tage gibt, möchte ich, dass sie die Ausnahme sind, nicht die Regel. Deshalb machen wir *immer* unsere eigenen Regeln.«

Eine Scheidung lässt sich für Ihre Kinder nicht beschönigen. Aber ob Sie es glauben oder nicht, es lässt sich daran mehr Positives finden, als Sie vielleicht erwarten. Hollie de Cruz hat für »Mother of All Lists« einen überraschend aufmunternden Artikel mit dem Titel »Surviving Divorce«[20] geschrieben. Hier ein Auszug daraus:

- Dass ich das Ende meiner Ehe fürchtete, hatte vor allem zwei Gründe.
- Zum ersten fürchtete ich die Folgen für unseren damals fünfjährigen Sohn. Meine Eltern hatten sich getrennt, als ich neunzehn war, und das hat mich emotional schwer mitgenommen. Wie würde ein Fünfjähriger mit dieser Bürde an Schmerz und Verwirrung umgehen?
- Einfach unglaublich, wie sich herausstellt.
- Wichtig ist, wie das Kind die Eltern gemeinsam erlebt und dass Transparenz herrscht. Kinder sind schlau. Sie wissen, wenn man sie hinters Licht führen will, und das mögen sie nicht. Vertrauen ist alles.
- Meine zweite Angst war die Scham. Die Scham über das Scheitern.
- Scham ist ein großes Gefühl, doch es bezieht sich nur auf andere Menschen und dient in keiner Weise dem eigenen Befinden.
- Ich hatte Angst, dass man mich bemitleiden würde.
- Bei solchen Ängsten lässt sich im Vorfeld nicht sagen, ob sie

berechtigt sind. Man erfährt es erst, wenn man sich ihnen stellt.

- Schnell wurde mir klar, dass niemand Mitleid mit mir hatte. Alle wollten nur mein Bestes. Weil sie wundervoll sind.
- Das Gespräch mit Ihrem Kind ist längst nicht so schlimm, wie Sie es sich vorstellen. Zumindest war es bei mir so.
- Achten Sie darauf, dass Sie altersgerecht mit ihm sprechen. Liefern Sie genug Informationen, aber überfordern Sie es nicht.
- Vor allen Dingen muss das Kind hören, dass es von beiden Eltern geliebt wird.
- Versichern Sie ihm, dass es mit Ihnen über alles, was geschieht, reden kann. Jederzeit. Ich glaube, Kinder fressen weniger in sich hinein, wenn sie wissen, dass sie in sicherem Rahmen alles ansprechen können.
- Sorgen Sie dafür, dass auch Sie selbst jemanden zum Reden haben. Reden ist gut!
- Es wird leichter. Die Ängste lassen nach, die Emotionen beruhigen sich, der Alltag wird ruhiger und klarer.
- Und man ist weitaus robuster, als man glaubt. Alles wird gut.
- Wer allein ist, erfährt mehr über sich selbst, als es mit einem anderen Menschen jemals möglich wäre. Diese tolle Chance sollte man begrüßen.
- Je besser Sie sich selbst kennen, desto glücklicher werden Sie später sein, ob mit oder ohne einen anderen Menschen. Irgendwann werden Sie feststellen, dass Sie niemanden brauchen. Wirklich. Falls und wenn Sie eine neue Beziehung wollen, dann wird es ein Wollen sein, kein Brauchen.

- In all der Angst/Wut/Trauer/Verwirrung erkannte ich schließlich eine große Chance. Das Leben stellte mir die Weichen neu. Das war meine Chance, zu mir selbst zurückzufinden.
- Jede Erfahrung hat auch eine gute Seite. Lassen Sie sich darauf ein.

Wie weise sie ist! Ich fand immer, dass »Scheidung« furchteinflößend klingt und man hoffen müsste, dass das eigene Kind niemals damit konfrontiert werden würde. Allerdings höre ich wieder und wieder von Eltern, wie gerne sie gewusst hätten, dass wir stärker sind, als wir denken! Viel belastbarer, als wir uns vorstellen. Es wird wirklich alles gut. Wenn wir daran arbeiten und kommunizieren, vor allen Dingen Fragen achtsam beantworten, muss eine Trennung nicht negativ sein.

## ABER WARUM LIEBEN MANCHE MÄDCHEN MÄDCHEN?

Kurze Antwort: Jede und jeder kann jede und jeden lieben. Liebe kennt keine Grenzen, genau das macht sie so schön.

Oder, um es mit Jules Von Hep zu sagen, dem Gründer der Hautpflegemarke Isle of Paradise: »Ein Mensch ist ein Mensch, und Liebe ist Liebe. Man kann mal einen Jungen, dann wieder ein Mädchen lieben – achte einfach darauf, wie du dich mit dem Menschen als Individuum fühlst. Lass dein Herz entscheiden, wen du liebst, nicht deinen Kopf.«

Längere Antwort? Das ist der richtige Zeitpunkt, um über Sexualität zu sprechen. Sexuelle Orientierung bedeutet einfach, zu wem man sich hingezogen fühlt.

Auf Instagram kursiert ein Meme, in dem es in etwa heißt: »Manche Leute meinen, LGBTQ-Aufklärung sei nichts für kleine Kinder, fragen aber sogar Erstklässlerinnen, ob sie schon einen Freund haben.« Das gab mir sehr zu denken.

Auf der Webseite der Organisation Young Stonewall (youngstonewall.org.uk) habe ich viele hilfreiche Informationen gefunden:

- Die sexuelle Orientierung eines Menschen kann man nicht an Äußerlichkeiten erkennen.

- Welche sexuelle Orientierung ein Mensch hat, kann man nur wissen, wenn er sich dazu äußert.
- Es gibt keinen festen Zeitpunkt, zu dem ein Mensch seine sexuelle Orientierung erkennt. Manche sind sich von klein auf sicher, anderen wird sie erst weitaus später klar. Viele würden sagen, dass sie immer wieder neu entdecken, was sie anmacht.
- Wir müssen uns nicht auf eine bestimmte Kategorie festlegen, die beschreibt, wen wir lieben oder zu wem wir uns hingezogen fühlen.
- Niemand weiß, worauf die sexuelle Orientierung eines Menschen zurückzuführen ist (oder ob es dafür einen bestimmten Grund gibt – Stonewall sagt, »die Wissenschaft hat diese Nuss noch nicht geknackt«).
- Eines jedoch steht fest: Man kann sich nicht aussuchen, zu wem man sich hingezogen fühlt. Das »passiert einfach« und macht unsere jeweilige Persönlichkeit aus.

Hier die Erläuterung einiger Begriffe:

- Lesbisch: Mädchen, die auf Mädchen stehen.
- Schwul: wenn Jungen auf Jungen stehen. Das englische Wort »gay« kann sowohl »schwul« als auch »lesbisch« bedeuten.
- Bisexuell/bi: wenn man auf unterschiedliche Menschen steht; zum Beispiel, wenn Jungen sowohl Jungen als auch Mädchen und nicht-binäre Menschen mögen.
- Hetero/heterosexuell: wenn Jungen auf Mädchen stehen und andersherum.

Der Oberbegriff LGBTQ+ fasst eine Vielzahl sexueller Orientierungen und Vorlieben der »nicht ausschließlich heterosexuellen und monogamen« Mehrheit zusammen.

Dazu gibt es noch weitere Bezeichnungen wie queer, pansexuell, asexuell, transgender und intersexuell. Die letzten beiden behandele ich auf Seite 102 etwas ausführlicher.

Manche Menschen finden, dass diese Begriffe ihre Gefühle gut beschreiben, andere wiederum nicht. Die sexuelle Orientierung ist Privatsache, und es ist Ihnen überlassen, ob Sie eine bestimmte Bezeichnung verwenden wollen oder nicht.

Natürlich lehnen viele Menschen feste Kategorien ab, doch manchmal ist es praktisch, wenn es gemeinsame Begriffe gibt, die jeder versteht. Stonewall liefert ein Beispiel: »Wenn eine Klinik für sexuelle Gesundheit eine ›Lesben-Sprechstunde‹ anbietet, weiß jeder, dass sich dieses Angebot an Frauen richtet, die auf Frauen stehen. Damit ist sichergestellt, dass es von den richtigen Menschen in Anspruch genommen wird, und das ist sehr wichtig.«

## Was gilt es noch zu bedenken, wenn man mit Kindern über Sexualität spricht?

Zunächst einmal, dass nichts in Stein gemeißelt ist! Es gibt Menschen, die nur Jungen oder nur Mädchen mögen. Andere ändern ihre Vorlieben. Und nichts bleibt auf alle Ewigkeit gleich. (Eine Befragte sagte mir übrigens: »Geh davon aus, dass ich für immer bi bin, es sei denn, ich sage etwas anderes. Wenn ich einen Freund habe, bin ich nicht plötzlich hetero.«)

Jemand anderes erzählte: »Nach meinem Outing fühlte ich mich dazu gedrängt, mich als ›schwul‹ bezeichnen zu müssen, doch mittlerweile weiß ich, dass ›bi‹ besser zu mir passt.«

Auch hier ist es ratsam, dass man nicht davon ausgeht, irgendetwas sei »normal«. Jemand schrieb mir in einer Nachricht, er hätte gerne als Kind schon gewusst, dass es »nicht seltsam oder abnormal ist, einen Menschen des gleichen Geschlechts zu lieben«.

Das ist nicht für Kinderohren bestimmt, aber ein paar Leute haben mir auch anvertraut, dass sie heterosexuell sind, aber auf Lesbenpornos stehen. Darauf kann ich nur antworten: Dann ist das eben so!

Allerdings sollte man auch realistisch zugeben, dass es leider immer noch Menschen gibt, die nicht so aufgeschlossen sind. Kate Everall riet: »Seien Sie ehrlich, dem Alter entsprechend: Erklären Sie, dass nicht jeder immer gutheißen wird, wen man liebt, aber dass es nur darauf ankommt, dass man glücklich ist. Es kann ratsam sein, sich für bestimmte Gespräche zu rüsten, vor allem, wenn man im Freundes- oder Familienkreis keine LGBTQ+-Personen hat, die man fragen kann. Denn dann befinden Sie selbst sich vermutlich ebenfalls in einer Grauzone!«

Vielleicht gefällt Ihnen die Antwort von Jules besser: »Es ist völlig in Ordnung, wenn man sich zum gleichen Geschlecht hingezogen fühlt; man wurde so geboren und hat keine Wahl – so ist man nun mal. Wer andere wegen ihrer Sexualität verurteilt, zeigt nur, dass er das Thema nicht versteht – und negatives

Verhalten im Zusammenhang mit der Sexualität zeugt lediglich von innerer Verwirrung.«

Gibt es also irgendetwas, das man Kindern über Sexualität nicht erzählen sollte? Kurz gesagt: nein. Sorgen Sie dafür, dass die Kommunikation altersgerecht, aber offen ist.

Unabhängig von der sexuellen Orientierung ist es wunderbar, aber auch verwirrend, in der Welt der zwischenmenschlichen Zuneigung seinen Weg zu machen. Manchen Menschen scheint das kinderleicht zu fallen, aber vermutlich fanden sie es tief in ihrem Inneren gar nicht so einfach, wie es nach außen hin wirkte.

Meiner Erfahrung nach kann man sich nie aussuchen, in wen man sich verliebt. Es ist wunderbar, kompliziert und kommt manchmal ungelegen, aber wenn es passiert, kann man nichts dagegen tun.

Als Eltern sollten Sie für Ihr Kind da sein, um ihm in dieser Hinsicht zu helfen und Fragen zu beantworten, aber nicht darauf drängen, dass es sich Ihnen anvertraut. Vermitteln Sie Ihrem Kind, dass es reden kann, wenn es das möchte.

## Was soll ich sagen, wenn mein Kind sich mir gegenüber outet?

Zum Thema »Coming-out« von Kindern habe ich viele aufschlussreiche Ratschläge bekommen. Manche Menschen halten nichts davon und meinen vielmehr, man solle einfach sein wahres Ich ausleben. Und natürlich sollte man darauf hinweisen, dass Heterosexuelle sich auch nicht »outen« – wieso erwarten wir das dann von Menschen mit anderen sexuellen Orientierungen?

Viele berichteten, es sei fürchterlich, aber auch sehr befreiend gewesen, sich der Familie anzuvertrauen: Obwohl ihnen die Ängste und Vorurteile klar waren, genossen sie es, endlich frei zu sein.

Andere sagten, sie hätten das Gefühl, sie müssten sich täglich aufs Neue outen und sich anderen Menschen immer wieder erklären. Das Outing war keine »einmalige Angelegenheit«. Lizzie Hope-Dyer, die im Juni 2019 geheiratet hat, erzählt: »Ich bin seit fünf Jahren mit meiner Frau zusammen und habe letztes Wochenende einen alten (konservativen christlichen) Freund getroffen. Als ich ihm meine Frau vorstellte, war es, als würde ich mich noch einmal outen. Über dieses Thema könnte ich stundenlang reden – mein christlicher Hintergrund hat es mir sehr schwergemacht und dazu geführt, dass etliche Freundschaften in die Brüche gingen … aber für meine Frau hat sich das alles soooo sehr gelohnt!« Ach, diesen letzten Satz liebe ich einfach.

Wenn sich ein Mensch outet, ist das nicht nur für ihn selbst eine besondere Situation, sondern auch für sein Gegenüber. Die meisten Eltern hoffen vermutlich, dass sie verständnisvoll reagieren würden, aber dennoch kann es sein, dass sie erschrocken und erstaunt sind, selbst wenn sie bereits eine Vermutung hatten. Geben Sie sich Zeit, um sich an den Gedanken zu gewöhnen.

Zuhören, zuhören, zuhören. Lassen Sie Ihre Kinder so viel oder so wenig sagen, wie sie möchten. Bestärken Sie sie, aber seien Sie nicht zu aufdringlich. Versuchen Sie nicht, sie zu ändern, und fragen Sie nicht, ob es nur eine vorübergehende Phase ist.

Wie komplex dieses Thema ist, zeigt die folgende anrührende E-Mail, die ich bekommen habe:

*Hallo Clemmie, ich habe deinen Beitrag über die LGBTQIA+-Community gesehen und wollte dir eine etwas längere Nachricht schreiben. Ich bin hetero aufgewachsen, hatte heterosexuelle Beziehungen, stand auf Jungs und ging davon aus, dass ich einen Mann heiraten würde. Mit 25 stellte ich fest, dass ich in ein Mädchen verliebt war, und das hat mich durcheinandergebracht und mir Angst gemacht. Meine Sexualität versetzte mich in Panik; ich wusste, dass ich immer noch auf Jungs stand und mich früher nie zu Frauen hingezogen fühlte. Dann begriff ich, dass ich mich nicht auf eine bestimmte Kategorie festlegen musste. Ich wollte mit Sophie, meiner jetzigen Freundin, zusammen sein, weiter nichts.*
*Ich hatte also nie ein großes Coming-out. Ich habe niemandem gesagt, dass ich lesbisch bin, sondern nur, dass ich eine Freundin habe. Und da die Akzeptanz zum Glück immer größer wird, haben im Freundeskreis ausnahmslos alle mit »Toll!« reagiert.*
*Meine Eltern dagegen nicht. Sie waren verwirrt, dachten, ich hätte ihnen verheimlicht, dass ich lesbisch bin. Hätte meine Sexualität verleugnet und sie angelogen. Und es hat lange gedauert, sie vom Gegenteil zu überzeugen. Ich bin mir immer noch nicht sicher, ob es mir gelungen ist.*

*Deshalb rate ich allen Eltern, einfach zu akzeptieren, was ihre Kinder sagen. Vertrauen Sie ihnen, glauben Sie ihnen und unterstützen Sie sie. Auch wenn es unlogisch erscheint. Meine Eltern sagten immer wieder, sie würden es nicht verstehen. Und damals habe ich es auch nicht wirklich verstanden. Also musste ich mich nicht nur mit meiner veränderten Sexualität auseinandersetzen, sondern auch mit meiner gescheiterten Beziehung zu meinen Eltern, und hatte das Gefühl, auf alle Fragen eine Antwort haben zu müssen.*

*Mittlerweile gibt es so viele Informationen über das Coming-out und die LGBTQ+-Community, aber ich wünschte, es gäbe mehr Raum für all jene, die sich einfach nur verlieben. Wir brauchen keine Etiketten, um das zu erklären, wir brauchen keine Bestätigung, um zu wissen, dass es wirklich so ist. Ich wünsche mir, dass meine Kinder nicht das Gefühl haben, sich »outen« zu müssen. Sie sollen wissen, dass es etwas Besonderes und Unschuldiges ist, wenn man jemanden liebt, ganz gleich, welches Geschlecht dieser Mensch hat. Und dass man das uneingeschränkt akzeptiert.*

Es ist in Ordnung, eine Reaktion zu zeigen, aber machen Sie keine große Sache daraus. Geben Sie Ihrem Kind vor allem die Gewissheit, dass Sie es bedingungslos lieben. Dass Sie wollen, dass es glücklich ist.

»Konzentrieren Sie sich auf Ihr Kind. Halten Sie die eigenen Gefühle heraus.« Dieser Ratschlag ist in diesem Zusammenhang besonders angebracht, aber auch sonst sehr wertvoll. Für mich besteht genau darin die Aufgabe von Eltern. Wir zeigen, dass wir Gefühle haben, aber erwachsen sein bedeutet, dass wir unsere Kinder niemals damit belasten.

Gestehen Sie sich ehrlich ein, was Sie empfinden, und ermitteln Sie, ob das mit der jeweiligen Person zu tun hat oder ob Angst, Vorurteile oder eine andere Erwartung eine Rolle spielen. Immerhin bedeutet Homosexualität heutzutage nicht mehr, dass man keine Enkel haben wird!

Es ist in Ordnung, wenn Sie selbst das Bedürfnis nach Unterstützung haben, nachdem sich Ihr Kind geoutet hat. Im Internet finden Sie jede Menge Informationen. Und denken Sie an das, was eine Befragte mir sagte: »Wer sich geoutet hat und die eigene Sexualität erkundet, hat damit viel zu tun und kann nicht gleichzeitig noch alle anderen aufklären.«

Reden Sie auch mit den Geschwistern. Erklären Sie Angehörigen, wie sie aufgeschlossener und neutraler sein können. Und nehmen Sie Ihr Kind natürlich in den Arm! Und zwar oft genug. Im letzten Jahr sind wir in dieser Hinsicht doch alle viel zu kurz gekommen, oder?

Zusammenfassend lässt sich sagen, dass die Einzelheiten der Sexualität keine Rolle spielen; wichtig sind gesunde Beziehungen (das gilt auch für den sexuellen Teil). Mehr dazu später im Kapitel »Aber warum gibt es Liebe?«.

**Als Kind hätte ich gerne gewusst …**
was mich erwarten würde. Ich war damals davon überzeugt, dass mit mir etwas nicht in Ordnung war. Ich habe mir eingeredet, ich würde eine Freundin finden, heiraten und ein Kind bekommen. Ich weiß noch, dass ich dachte: »Das wird nicht schön, aber es muss sein …« Dem damaligen Jungen würde ich heute gerne zeigen, was er jetzt hat, das Leben, das er mit Männern lebt … Ich wünschte, ich hätte damals gewusst, dass so etwas möglich ist.

**Tom Cox** @unlikelydad

## DENKANSTOSS:

### Urteilen Sie über sich selbst, nicht über andere

> *Die Welt ist kompliziert. Vieles ist unklar. Manche Menschen, die sehr gute Dinge tun, haben Fehler.*
>
> Barack Obama

Ideale nach dem Motto »ganz oder gar nicht« sind unrealistisch. Man muss den Menschen zugestehen, dass sie sich wie Menschen verhalten, alles andere führt zu nichts. Wer ständig urteilt, hemmt jegliche Veränderung, insbesondere bei sich selbst.

Zu Beginn der Covid-19-Pandemie machte ich täglich einen Spaziergang. Wie so viele genoss ich das sehr und lernte kleine Dinge mehr zu schätzen (mein Fotospeicher ist voll mit Blumenaufnahmen), zeigte aber auch einige weniger lebensbejahende Tendenzen. Während ich durch den Park lief, urteilte ich unwillkürlich über alle anderen: Hielten sie sich an die Regeln? Wären sie nicht besser zu Hause geblieben? Gehörten sie wirklich zu einem gemeinsamen Haushalt? Und waren das wirklich zwei Meter Abstand?

Ein paar Wochen (die mir wie ein halbes Leben vorkamen, weil die Zeit damals förmlich stillstand) fällte ich so instinktiv mein Urteil über andere Menschen, doch dann wurde mir klar, dass ich mir damit jegliche Freude nahm. Meine neue Gewohnheit hatte zur Folge, dass ich nach meinem Spaziergang voller negativer Empfindungen und mit unzähligen unbeantworteten Fragen nach Hause kam. Somit fühlte ich mich schlechter, als wenn ich gar nicht nach draußen gegangen wäre.

Meine Urteile schadeten mir selbst.

Eine Bekannte lieferte mir ein weiteres Beispiel für falsche und offen gesagt sinnlose Urteile. Sie arbeitet Vollzeit, holt ihr Kind freitags aber immer von der Schule ab. Sie gestand mir, dass sie diese gemeinsame Zeit zwar liebt, aber das Gefühl hat, dass die anderen Mütter, die offenbar regelmäßig vor dem Schultor stehen, schlecht über sie denken.

Obwohl ich das nachempfinden konnte, riet ich ihr, die Situation auch aus der anderen Perspektive zu betrachten. Vielleicht haben die anderen Mütter keine schlechte Meinung, sondern verspüren Bewunderung oder gar Neid. Oder vielleicht fürchten sie ihrerseits das Urteil einer berufstätigen Mutter – dass der Eindruck entstehen könnte, dass Nur-Hausfrauen nichts Besseres zu tun haben, als an der Schule zu warten?

Was das mit den Fragen unserer Kinder zu tun hat? Bemühen Sie sich, jede Situation ohne Vorurteile anzugehen. Lassen Sie sich von dem leiten, was Sie sehen. Seien Sie bereit, eine bestehende Meinung gegebenenfalls zu ändern.

Was lässt sich zur Call-out- und Cancel-Culture sagen? Eigentlich nur, dass sie toxisch ist. Sie läuft darauf hinaus, dass man keine Meinung zulässt, die von der eigenen abweicht. Aber wer will in einer Welt leben, in der es nur eine Perspektive gibt?

Die Cancel-Culture erlaubt keine Gedankenvielfalt, kein Erkunden und ganz sicher kein Wachstum. Natürlich sollten wir darauf achten, was wir in die Welt hinausposaunen. Aber ein Social-Media-Post von vor fünf Jahren, der meinen damaligen Wissensstand, meine damalige Verfassung und meine damalige Persönlichkeit widerspiegelt, sollte mich nicht für immer definieren.

Wer schon einmal einem Troll zum Opfer gefallen ist, kann sicher nachvollziehen, wie wirklichkeitsfern das Urteil eines völlig fremden Menschen wirkt. Jede Form der digitalen Präsenz (und seien wir ehrlich, die hat heutzutage fast jeder) bedeutet, dass man sich unweigerlich der Kritik aussetzt. Problematisch ist dabei, dass sie uns einseitig erscheint. Jemand verurteilt Sie wegen XYZ, nimmt sich aber nicht die Zeit, sein eigenes Verhalten zu reflektieren.

Wir müssen uns an andere Meinungen gewöhnen und nicht gleich in die Defensive gehen, es sei denn natürlich, wir werden gezielt beleidigt. Anprangern um des Anprangerns willen verhindert sinnvolle Gespräche, sinnvolles Feedback und positive Kritik.

Also urteilen Sie nicht, sondern hören Sie zu. Natürlich wäre es das Einfachste, rigoros »Urteilt nicht über mich« zu fordern, doch darauf haben Sie keinen Einfluss. Sie können nur darauf achten, dass Sie selbst kein Urteil über andere fällen. Hinterfragen Sie sich kritisch, und wenn Sie nichts Sinnvolles zu sagen haben, dann sagen Sie nichts. Wenn Sie die Ansicht eines Menschen nicht teilen, könnte eine sinnvolle Antwort lauten: »Interessant. Ich sehe das anders, aber das ist in Ordnung.«

Eines ist mir durch »Mother of All Lists« und meine Podcasts »Honestly« und »But Why?« sowie jetzt durch die Recherche zu diesem Thema ganz deutlich geworden: Jeder Mensch hat eine Geschichte. Vielleicht macht jemand eine schwierige Phase durch, ist in schwierigen Verhältnissen aufgewachsen oder hat gerade ein schlimmes Erlebnis zu verarbeiten.

Das soll nicht heißen, dass uns das »Schicksal« automatisch das Recht gibt, zu machen, was wir wollen. Aber es bedeutet, dass wir jeden freundlich behandeln und grundsätzlich davon ausgehen sollten, dass dieser Mensch sein Bestes tut.

Und wenn Sie sich dabei ertappen, wie Sie ein Urteil über andere fällen, hinterfragen Sie, woran das liegen mag. Sind Sie gestresst oder verunsichert? (Die Mutter am Schultor.) Fühlen Sie sich unter Druck? (Ich bei meinen Spaziergängen während der Pandemie.) Zeigt mein Hang zum Urteilen vielleicht, dass ich etwas netter zu mir selbst sein sollte? Vielleicht machen die anderen nichts »falsch«, sondern ich selbst brauche Hilfe, um mich »richtig« zu fühlen?

Ich bin keine Expertin; das sind nur Tricks, mit denen ich versuche, mir selbst zu helfen. Ich möchte, dass meine Kinder neugierig auf andere Menschen sind. Ich möchte, dass sie sich immer für die ganze Geschichte interessieren und nicht anhand eines winzigen Ausschnitts vorschnell ein Urteil fällen. Die amerikanische Buddhistin Pema Chödrön rät zu der Einsicht, dass wir alle Menschen sind, denn dann, so sagt sie, wird Mitgefühl Wirklichkeit.

Der römische Kaiser und Stoiker Marc Aurel sagte: »Verschwende keine Zeit für die Diskussion darüber, wie ein guter Mensch sein sollte. Sei einer.«

* * *

**Als Kind hätte ich gerne gewusst, dass …**
meine Eltern nicht allwissend waren. Ich glaube, als Kinder haben wir unerschütterliche Ehrfurcht vor unseren Eltern. Sie sind für uns der Inbegriff von Wahrheit und Weisheit, und deshalb sehen wir die Erfahrungen unserer Eltern ziemlich eindimensional. Wir verlassen uns darauf, dass sie allwissend und uneingeschränkt vertrauenswürdig sind, doch jetzt wünsche ich mir, ich hätte mehr über ihre Schwächen und ihre menschliche Fehlbarkeit gewusst. Wenn ich bei ihnen häufiger Schwierigkeiten erlebt hätte, wäre ich bei meinen eigenen Kämpfen vermutlich gnädiger zu mir selbst gewesen und hätte nicht unbewusst geglaubt, mein Selbstvertrauen und meine Emotionen müssten unerschütterlich sein. Vermutlich hätte ich gerne gewusst, dass alle Menschen Fehler machen und schlechte Tage haben und dass das in Ordnung ist. Wir müssen nicht immer nur Erfolg haben, wir sollen lernen.

**Hollie de Cruz** @theyesmummum

* * *

# 4

# FRAGEN ÜBER KOMPLEXE GEFÜHLE

Was das Gefühlsleben angeht, bin ich ein komplexer Fisch. (Ja, ich habe eine Schwäche für Astrologie. Und ehe mich jemand darauf hinweist, dass die Sternzeichen im Jahr 2020 neu berechnet wurden und ich jetzt Wassermann bin: Das akzeptiere ich nicht. 2020 hat etliche gravierende Veränderungen mit sich gebracht, und ich bin nicht bereit, mir auch noch meine Fische-Identität nehmen zu lassen).

Wie dem auch sei, ich bin einfach emotional. Seit ich denken kann, wurde mir eingeredet, es sei schlecht, sensibel oder gar »überempfindlich« zu sein – doch je älter ich werde, desto wohler fühle ich mich damit. Vielleicht sind meine Gefühle einfach dichter an der Oberfläche als bei anderen Menschen? Vielleicht sprechen andere nur nicht so viel über Emotionen?

Ich kann nur sagen, dass ich meine Gefühle in leuchtenden Farben wahrnehme. Sie sind sehr intensiv (und überrumpeln mich manchmal). Aber das ist mir lieber, als wenn sie ständig unterdrückt wären.

Außerdem sind Gefühle nun einmal da, ob wir sie wahrhaben wollen oder nicht. Ich will damit nicht sagen, dass wir sie stets in den Vordergrund stellen müssen. Aber sie sind das, was uns als Menschen ausmacht, und für echte Bindungen unerlässlich.

Kleiner Hinweis: Sie werden feststellen, dass die Fragen in diesem Teil enger miteinander verwoben sind als in den anderen, weil sich Gefühle nicht individuell betrachten lassen. Auch die Art und Weise, wie wir über Gefühle denken und mit unseren Kindern darüber sprechen sollten, lässt sich nicht klar trennen.

## ABER WARUM HABEN WIR GEFÜHLE?

Wenn ich das lese, höre ich mich selbst sehr dramatisch »Waruuum?« fragen. Ich male mir aus, wie es wäre, vollkommen frei und emotionslos zu sein. Ha! Im Grunde jedoch sind Gefühle absolut lebenswichtig.

Gefühle dienen dazu, die physischen und die psychischen Aspekte eines Menschen miteinander zu verbinden. Mit Gefühlen meldet der Körper die körperliche und emotionale Verfassung. Sie teilen uns mit, was mit uns los ist – wie ein ganz persönlicher Gradmesser oder ein Barometer.

Das Buch *Happy, Healthy Minds* der School of Life geht noch einen Schritt weiter und führt uns vor Augen, dass das Gehirn Teil des Körpers ist. Klingt offensichtlich? Vielleicht, aber seltsamerweise vergisst man das leicht. Und wichtig ist dabei, dass das Gehirn im Namen des restlichen Körpers Signale aussendet, die sich in Form von Gefühlen äußern.

Dabei kann manchmal etwas durcheinanderlaufen. Eigentlich sollte das Gehirn sagen: »Du hast Hunger, hör auf zu basteln und iss ein Sandwich«; stattdessen löst es einen entsetzlichen Wutanfall aus.

Eine tolle Erkenntnis, oder? Das macht nicht nur klar, wieso Gefühle so wichtig sind, sondern ist auch ein super Trick, den wir unseren Kindern bei einem Gespräch über Gefühle beibringen können: Wenn du schwierige Gefühle bei dir feststellst, kann das manchmal ein Zeichen dafür sein, dass im Körper etwas los ist.

Man sollte sich deshalb nicht von der Emotion mitreißen lassen, sondern kurz in sich hineinlauschen. Bin ich müde? Bin ich gestresst? Habe ich Durst oder Hunger? Vermutlich übersteigt es das Fassungsvermögen von Kindern, aber »Bin ich überreizt?« ist wahrscheinlich der Grund, warum unter Geschwistern oft ein heftiger Streit ausbricht, wenn sie sich mit einem Tablet beschäftigen.

Eine weitere Frage ist: »Sind es die Hormone?« Ha! Eine Freundin hat mir gestanden, dass sie ihre Schwiegermutter immer dann fürchterlich nervig findet, wenn ihre Periode fällig ist. Bedenken Sie, dass sich die Pubertät bei Ihren Kindern unter Umständen früher bemerkbar macht, als Sie erwartet hatten, und auch das ein Grund für ihre schwierigen Gefühle sein könnte.

Gefühle sind also eine schlaue, sinnvolle Sache. Sie machen uns menschlich und helfen uns, gut für uns zu sorgen. Ich kann nur dazu raten, sie anzunehmen, darüber zu sprechen und ganz allgemein davon fasziniert zu sein!

## ABER WARUM HABE ICH SO SCHLECHTE GEFÜHLE?

Es gibt keine »schlechten Gefühle«.

Alle Gefühle sind gleichwertig, weil sie alle genau die gleiche Aufgabe erfüllen: Sie sagen uns, was mit uns los ist. Zwar empfinden wir einige Gefühle als schlecht, weil wir damit bestimmte Erlebnisse und Erfahrungen verbinden, doch die Gefühle an sich haben den gleichen Wert und die gleiche Bedeutung. Trauer, Wut oder Sorge sind genauso wichtig wie Freude oder Aufregung.

Über diese Frage habe ich mit der Psychotherapeutin Anna Mathur gesprochen, die selbst drei Kinder hat und den Bestseller *Wir sind stärker als die Angst*[21] geschrieben hat. Anna gelingt es sehr geschickt, bei ihren Erläuterungen Fachwissen mit persönlichen Erfahrungen zu verknüpfen, deshalb bin ich ihr sehr dankbar für ihre Unterstützung bei diesem Kapitel. Den Anfang machen ihre eigenen Gedanken zu schwierigen Gefühlen.

»Die Sache ist die«, sagt Anna: »Gefühle mögen unangenehm sein, sie mögen widersprüchlich sein oder unlogisch erscheinen, aber sie haben ihre Berechtigung. Sie sind da, und damit wir effektiv damit umgehen können, sollten wir sie zur Kenntnis nehmen und sie zulassen, bis sie vergehen. Wir versuchen so oft, Gefühle zu analysieren, abzustellen, zu verändern, zu verlagern oder sie wegzuerklären.«

Anna vergleicht das mit einer Geburt. Sie erklärt, Gefühle seien wie Wehen (obwohl ich dabei zum Glück nicht so laut aufstöhne wie im Kreißsaal!). Jede Wehe hat einen Sinn; eine vergangene Wehe wird man niemals wieder erleben; jede geht vorbei.

Dieser Vergleich erschien mir auch deshalb passend, weil der Adrenalinspiegel steigt und die Wehen schmerzhafter werden, wenn man sich dagegen wehrt oder sie fürchtet. Vielmehr sollte man versuchen, Gefühle zur Kenntnis zu nehmen, sagt Anna, sie sogar anzusprechen, wenn man möchte, und dann später zu prüfen, ob sie noch da sind. »Obwohl man nichts ›getan‹ und das Gefühl nur hingenommen hat, ist es oft schwächer geworden, hat sich verlagert oder ist verschwunden.«

Und was hat das mit der Art und Weise zu tun, wie wir mit unseren Kindern über negative Gefühle sprechen? Anna meint: »Je weniger Angst wir vor unseren Gefühlen haben und je besser es uns gelingt, damit zu leben und ihnen zu vertrauen, desto besser können wir das auch unseren Kindern vermitteln.«

##  Ein paar Hausaufgaben 

Um dies näher zu erläutern, möchte ich Ihnen etwas »verordnen«, das mir dieses Thema gut verdeutlicht hat: Schauen Sie den Pixar-Film *Alles steht Kopf*.

Noch besser (Profi-Elterntipp): Kündigen Sie einen »Filmeabend« an, stecken Sie die Kinder schon früh in die Badewanne und dann in den Schlafanzug, schmeißen Sie eine Runde Popcorn, und schon wird der öde Samstagnachmittag auf einmal sehr spannend. Und noch dazu dürfen Sie sich gratulieren, denn dieser Film ist sehr lehrreich.

*Alles steht Kopf* dreht sich um den Umgang mit Gefühlen und zeigt, welchen Sinn und welche Bedeutung sie haben. Die Hauptfiguren sind die Emotionen im Gehirn eines kleinen Mädchens, und in der Story geht es darum, wie man nach einem traumatischen Erlebnis wieder Freude erleben kann. Spoiler-Alarm (ich kann nicht glauben, dass ich das gerade geschrieben habe, sorry): Anders als vielleicht erwartet wird dabei die Trauer zur Heldin, nicht die Freude.

Wie das möglich ist? *Alles steht Kopf* zeigt, dass es sehr wichtig und sogar positiv ist, wenn man sich Gefühle wie Trauer, Angst und Wut anmerken lässt, die als unerwünscht gelten (und daher oft vermieden werden). Sie helfen uns, Zugang zu anderen Menschen zu finden, Gefahren zu erkennen oder auch schwierige Erfahrungen zu überwinden.

Was können wir als Eltern daraus lernen? Ich habe bereits erwähnt, dass man seine eigenen negativen Gefühle nicht unterdrücken sollte – und das bedeutet auch, dass wir nicht verhindern sollten, dass unsere Kinder Trauer empfinden. Auch sollten wir nicht versuchen, die Gefühle unserer Kinder zu verändern – das tun wir ebenfalls oft instinktiv. Natürlich sollten wir sie trösten, aber das ist etwas anderes als der Drang, begründete Gefühle zu ändern.

Anna erklärt, es sei sehr verlockend, »etwas in Ordnung bringen, lindern oder abstellen zu wollen. Dabei bewirken Tränen eine biologische Freisetzung und Veränderung – Tränen sind produktiv! Wir sollen sie vergießen und nicht zurückhalten oder unterdrücken.«

»Coachen Sie sich selbst, wenn Sie sich Sorgen machen, weil Ihr Kind etwas empfindet, das Sie als unerwünschtes Gefühl wahrnehmen«, fährt Anna fort. »Lassen Sie diese Welle der Besorgnis vorüberziehen und achten Sie nur darauf, dass Sie da sind. Sie sind der Anker in diesem kleinen Unwetter, und wenn der Himmel aufklart, kommt Ihr Kind wieder zu sich. Indem Sie ihm Bestätigung geben, statt die Wogen eilig glätten zu wollen, vermitteln Sie ihm, dass man sich vor Gefühlen nicht fürchten muss und dass es immer zu Ihnen kommen kann, ganz gleich, wie es sich fühlt. Bei Äußerungen wie ›Nicht weinen. Sei nicht albern. Alles wird gut. Kopf hoch‹ lautet die unbeabsichtigte Botschaft, dass Sie Ihr Kind am liebsten haben, wenn es fröhlich ist.«

Klingt einleuchtend! Ich weiß nicht, ob es Ihnen auch so geht, aber wenn ich wütend oder traurig oder gestresst oder verwirrt bin, brauche ich besonders viel Liebe und Zuwendung. Natürlich wünschen wir uns, wie von Zauberhand auf der Stelle fröhlich zu werden, aber so läuft es nicht!

Was gibt es noch zu beachten, wenn man mit Kindern über Gefühle spricht? Bei meinen Recherchen habe ich Folgendes ermittelt:

**Nehmen Sie Gefühle zur Kenntnis.** Dazu gibt es verschiedene Möglichkeiten. Am einfachsten ist es, Gefühle zu benennen und darüber zu sprechen, auch über die eigenen: *Es tut* *mir leid, dass du traurig bist, ich freue mich, dass du so aufgeregt bist, ich war wütend, als mir das Glas aus der Hand gerutscht ist.* Und warum? Zeigen Sie Ihren Kindern, wie man sich ausdrückt, damit sie besser kommunizieren können, was sie empfinden, und die Gewissheit haben, dass ihre Empfindungen gehört und bestätigt werden – ansonsten werden sich diese im Verhalten niederschlagen. Dafür werden die Kinder dann vielleicht getadelt, während das ursprüngliche Gefühl völlig außer Acht bleibt.

Wenn es Ihren Kindern nicht so leichtfällt, diese Gefühle zu äußern, gibt es vielleicht andere Möglichkeiten, um ihnen Ausdruck zu verleihen – denkbar wären ein Spiel, künstlerische Betätigung oder Musik. (Für ein bisschen Taylor Swift ist mir jede Ausrede recht, das gebe ich offen zu!)

**Unterscheiden Sie zwischen dem Gefühl und der Handlung oder dem Verhalten.** Sagen Sie nicht »Hör auf, gegen den Einkaufswagen zu treten!«, sondern lieber: »Ich verstehe, dass du sauer bist, weil ich dir die Zeitschrift nicht kaufe. Aber hör bitte auf, gegen den Einkaufswagen zu treten.« Wir können nichts dafür, wie wir uns fühlen. Entscheidend ist, dass wir lernen, wie man sich angemessen verhält, wenn diese Gefühle auftreten. Man darf sagen, dass man gerne eine Zeitschrift hätte, aber es ist nicht in Ordnung, im Supermarkt um sich zu treten.

»Überlegen Sie, welche Grenzen Sie Ihren Kindern in Bezug auf Gefühle setzen«, sagt Anna. So ist Wut zum Beispiel in Ordnung, aber Beißen nicht. Deshalb hört man sich die Wut an, unterbindet aber das Beißen. Oft gehen wir eher auf das Beißen ein, nicht aber auf die Wut, dabei verdient beides Beachtung. Ich könnte zu meinem Sohn sagen: ›Ich verstehe vollkommen, dass du wütend bist, und ich kann verstehen, dass du dich ärgerst, weil du nicht rutschen konntest, aber es ist nicht in Ordnung, andere zu schlagen.‹ Erkunden Sie, wie man solche Gefühle ausdrücken kann, und sprechen Sie darüber, oder spielen Sie bestimmte Emotionen nach. Zum Beispiel könnten wir an einem entspannten Sonntagmorgen alle gemeinsam durch die Küche stampfen und rufen: ›Wenn wir sauer sind, STAMPFEN WIR!‹« Auch auf diese Weise lässt sich ein Gefühl nach außen tragen, sodass es zur Kenntnis genommen wird.

**Achten Sie zuerst auf Ihre eigenen Reaktionen.** Versuchen Sie in jedem Fall, Ihre Gefühle in den Griff zu bekommen, ehe Sie auf die Gefühle anderer eingehen. Wie im Flugzeug, wo es heißt, man solle erst sich selbst die Sauerstoffmaske aufsetzen und dann dem Kind. Wenn sich die eigenen Emotionen mit den fremden mischen, gerät die Situation schnell außer Kontrolle. Die Psychotherapeutin Philippa Perry rät, als »Behälter« für die Gefühle des Kindes zu dienen – man lässt sie nicht in sich eindringen und macht sie sich nicht zu eigen, sondern »hält« sie als eigenständiges Etwas.

Damit mir das gelingt, muss ich manchmal das Zimmer verlassen und mich sammeln, ehe ich ruhig und objektiv zurückkommen kann. Wir können die Gefühle unserer Kinder zwar nicht ändern, aber wir können ihnen helfen, damit so umzugehen, dass sie sich sicher und »akzeptabel« fühlen, sagt Perry.

Anna drückt es so aus: »Meine Aufgabe besteht darin, ihr Anker zu sein. Das ist meine einzige, größte und schwierigste Aufgabe. Ich kann nur ihr Anker sein, wenn ich selbst verankert bin. Ich kann ihnen nur Ruhe geben, wenn ich selbst ruhig bin. Ich kann nur dann zuverlässig sein, wenn ich mir selbst zuverlässig Input gebe. Ich kann nicht geben, was ich selbst nicht habe, deshalb muss ich meiner eigenen psychischen Gesundheit und meinen Gefühlen viel mehr Priorität einräumen, als ich es tue. Und ich muss mich um mich selbst kümmern, dafür sorgen, dass meine Grundbedürfnisse erfüllt sind, dass ich nicht ausgebrannt, nachtragend oder ungeduldig bin.« Ich würde diese Liste noch um hungrig ergänzen – das mag nach einem Nischenproblem klingen, aber mir hat es geholfen.

Früh zu Abend essen: Das soll nicht nur gut für den Stoffwechsel sein, sondern ich habe festgestellt, dass mir die Abendroutine mit vollem Magen viel leichter fällt. Nicht nur, dass ich dann viel geduldiger bin als mit Hunger im Bauch, sondern ich kann mich auch auf die Kinder konzentrieren. Wenn ich sie ins Bett bringe, ist das oft der Zeitpunkt, an dem sie sich ausgiebig unterhalten oder eine große Frage stellen wollen, und das ist mit knurrendem Magen eine große Herausforderung.

Im Idealfall gehen sie anstandslos ins Bett (wenn niemand zahnt oder erkältet ist oder eine kratzige Stelle im Schlafanzug hat oder kein Vollmond ist), dann haben Sie den ganzen Abend Zeit für Netflix! Ha!

## ABER WARUM WEISS ICH NICHT, WAS ICH FÜHLE?

Dass man nicht weiß, was man fühlt, kommt ziemlich häufig vor.

Dafür kann es verschiedene Gründe geben: 1) man kann es nicht in Worte fassen, 2) man verspürt mehrere Gefühle gleichzeitig, 3) man ist sich nicht sicher, woher ein Gefühl kommt, oder 4) man will die eigenen Gefühle nicht wahrhaben.

Der erste Punkt erklärt sich von selbst. Entweder fehlt der Wortschatz, um die Gefühle auszudrücken (das kommt besonders oft bei Kindern vor), oder es gibt einfach nicht die richtigen Worte dafür.

Ein weiteres Problem kann darin bestehen, dass man entweder zwei Gefühle gleichzeitig oder aber eine Mischung aus mehreren Emotionen verspürt. Bei uns zu Hause heißt es oft »traurig-froh«. Zum Beispiel, als neulich ein Teller zu Bruch ging, an dem ich sehr hing. Als Kind sehnte ich mich nach Dingen, auf denen mein Name stand. Heutzutage kann man sich vor personalisierten Sachen kaum retten, aber damals durchstöberte ich auf Klassenfahrten die Souvenirläden auf der Suche nach einem riesigen Bleistift oder einer kleinen Spardose zum Umhängen mit meinem Namen. Meine Freundinnen Laura und Hannah hatten mit ihren gängigeren Namen keine Schwierigkeiten, aber ich fand nie etwas. Als meine Oma mir dann ein bemaltes Tellerchen mit dem Schriftzug »Clementine« schenkte, war ich überglücklich. Es war mein größter Schatz.

Vor Kurzem jedoch entdeckte Greta ihre Vorliebe für dieses Tellerchen und servierte darauf imaginären Kuchen aus ihrer Küche. Ich fand es schön, dass sie damit spielte. Doch dann passierte das Unvermeidliche. Sie ließ den Teller beim Servieren fallen (der schlimmste Albtraum einer jeden Kellnerin), und er zerbrach. Ich bereue zwar nicht, dass sie ihn haben durfte, aber ich musste heftig weinen, als er zerbrochen am Boden lag, zumal meine Oma erst kürzlich verstorben war. Meine Gefühle gingen genauso durcheinander wie bei einem Trauerfall. Wenn jemand stirbt, ist man traurig, dass der Mensch nicht mehr da ist, aber auch glücklich, dass man ihn überhaupt lieben durfte. Das Gleiche gilt auch bei Trennungen und Entlassungen.

Wenn ein Kind weiß, dass man mehr als ein Gefühl gleichzeitig empfinden kann, fällt es ihm leichter, mit solchen Gefühlskonflikten umzugehen. Nehmen Sie sich die Zeit, um mit dem Kind darüber zu sprechen, damit es sie besser einordnen kann; manchmal reicht auch die Erklärung, dass die Gefühle durcheinander sind.

Drittens sollten Sie in Betracht ziehen, dass Ihr Kind sein Gefühl nicht benennen kann, weil ihm die Ursache unklar ist. Das kann verschiedenste Gründe haben, einer jedoch wird oft übersehen, obwohl er sehr bedeutsam ist: »Vergleiche«. Dazu fällt mir ein Beispiel aus der Erwachsenenwelt ein: Warum fühlen wir uns oft »etwas mies«, wenn wir durch Social Media scrollen? Weil wir uns vergleichen. Der Blick in das (geschönte) Leben anderer kann ganz unbewusst eine Reihe von unklaren Gefühlen auslösen: Unsicherheit, Eifersucht, sogar Wut und Traurigkeit, die allesamt sehr verwirrend sein können, wenn man nicht genau weiß, worauf sie zurückzuführen sind.

Ich habe das auch bei meinen Kindern beobachtet, wenn sie darüber reden, was andere zu Weihnachten bekommen haben oder wie ein Geburtstag gefeiert wurde. Der Vergleich ist die Wurzel, aus der ein Wirrwarr von undurchschaubaren Gefühlen entsteht. Wenn es um Vergleiche geht, gibt es die perfekte Ansprechpartnerin: Lucy Sheridan, »die erste und einzige Vergleichstrainerin der Welt«, die einen großartigen Artikel[22] für »Mother of All Lists« geschrieben hat. Hier ein Auszug:

- Wir stellen ständig Vergleiche an, und das hat spürbare Folgen für unser Leben. Wenn Sie jemandem Ihre Gefühle anvertrauen und daraufhin platte Ratschläge wie »find dich damit ab«, »schau einfach nicht hin« oder »mach dein eigenes Ding« bekommen, sollten Sie das Gespräch beenden, weil es Ihnen nicht weiterhilft. Jedes einzelne Gefühl, jede einzelne Emotion ist berechtigt, und es ist kein Zeichen von Schwäche oder Scheitern, wenn ein Vergleich wehtut.
- Alles ist ein Spiegel – ob strahlend oder weniger schön. Was Sie an anderen wahrnehmen, spiegelt das, was in Ihnen selbst steckt – wir haben so vieles gemeinsam.
- Wenn Sie einen anderen Menschen also etwas arrogant finden, dann sind Sie das wahrscheinlich auch, und wenn Sie jemanden lustig finden, dann sollten Sie auch Ihren eigenen Humor zum Vorschein bringen.

- Ihr Vergleich will Ihnen einen verborgenen Erkenntnisschatz offenbaren – Sie müssen dabei ein wenig Detektiv spielen.
- Wenn Sie zum Beispiel einen Vergleich anstellen, weil jemand schon wieder in den Urlaub fährt, was verrät Ihnen das über Ihre Sehnsucht nach einer Reise? In Wirklichkeit haben die Flugmeilen anderer nicht das Geringste damit zu tun, dass Sie Ihr eigenes Bedürfnis nach einem Tapetenwechsel ignorieren.
- Wenn wir uns mit anderen vergleichen, ist das eine Form der Selbstaufgabe, deshalb können unsere Reaktionen so emotional ausfallen. Man kann leicht mit Logik darüber hinweggehen, aber das ist nicht immer hilfreich – seien Sie nachsichtig mit sich und finden Sie Ihre Mitte, indem Sie ein paarmal tief durchatmen, wenn Sie merken, dass es in Ihnen nagt.
- »Cool sein« ist nur ein Märchen.
- »Beliebt sein« ist nur ein Märchen.
- »Im Trend sein« ist nur ein Märchen.
- Dass Social-Media-Zahlen den eigenen Wert oder Einfluss zeigen, ist nur ein Märchen.
- Der Vergleich verleitet uns zu der Annahme, Erfolg sei ein Nullsummenspiel – dass wir einen unmittelbaren Verlust erleben, wenn jemand anderes gewinnt. Das stimmt jedoch nicht. Sie können haben, was Sie wollen, aber Sie müssen selbst dafür sorgen, dass Sie es bekommen.
- Immer, wenn Sie sich mit jemandem vergleichen, entgeht Ihnen die Chance, sich selbst zu stärken. Man lässt sich selbst im Stich. Das ist einer der Gründe, wieso der Vergleich so wehtun kann.

Dass ich Vergleiche bei mir selbst und bei meinen Kindern erkenne, ist eine wichtige Waffe in meinem »Arsenal des emotionalen Verstehens« – ein Bezugspunkt, an dem ich mich orientieren kann. Das gilt besonders für die Erkenntnis, dass mich Vergleiche vermutlich deshalb so verunsichern, weil mit mir etwas nicht stimmt. Ist das nicht immer so? Ha!

Wir haben also ermittelt, dass uns manchmal die Worte für bestimmte Gefühle fehlen, dass verworrene Gefühle oft schwierig sind und dass tückische Gründe wie Vergleiche unsere Gefühle blockieren können.

Darüber hinaus ist noch zu erwähnen, dass man den eigenen Gefühlen manchmal zwiespältig gegenübersteht. Ganz deutlich wird das im Falle einer positiven Risikobereitschaft, wenn man »Angst hat und es trotzdem macht«.

Vielleicht geht es Ihnen anders, aber ich selbst möchte, dass meine Kinder mutig sind. Nicht leichtsinnig, aber in der Lage, Risiken einzuschätzen und sich gelegentlich zu überwinden.

Je älter ich werde, desto mehr spüre ich Angst. Vielleicht ist das der natürliche Lauf der Dinge? Wenn man Kinder bekommt, ist man von Natur aus in höchster Alarmbereitschaft, denn man muss alle potenziellen Gefahren für seinen Nachwuchs erkennen (besonders dann, wenn das Kind zum ersten Mal auf einen Micro-Scooter steigt!)

Sosehr wir uns auch bemühen, wir können nicht ewig über sie wachen. Fi und Jane drückten das in ihrem grandiosen Podcast »Fortunately« so aus: Wir können nicht für immer »Curling-Eltern« sein (Curling wie die Sportart), die ihren Kindern den Boden so glätten, dass sie mühelos durchs Leben gleiten. Das ist schlicht unmöglich.

Einfach ausgedrückt: Wenn wir immer für sie entscheiden, ob sie eine Jacke brauchen oder nicht, werden sie nie lernen, wann man eine Jacke anziehen sollte.

Lässt man sie gelegentlich ohne Jacke losziehen, obwohl es kalt ist oder regnet, lernen sie es. Das heißt natürlich nicht, dass Sie Ihre Kinder aussperren sollten, damit sie sich verkühlen – Sie verstehen schon, worauf ich hinauswill. Kinder müssen Gefahren erkennen, aber auch die Vorteile eines Risikos sehen.

Und wenn ich an meine schönsten Kindheitserinnerungen zurückdenke, sind sie oft mit Gefahren verbunden: Baumschaukeln, Klettern im Heu, Sprünge ins kalte Wasser. Sicher muss es dabei auch einige Unfälle gegeben haben, aber ich erinnere mich nicht mehr daran.

Wir wollen, dass Kinder all das erleben. Und wir wollen, dass sie selbständige Erwachsene werden und Entscheidungen treffen, die sie nicht in Gefahr bringen, aber auch nicht dazu führen, dass ihnen aus Angst um die eigene Sicherheit Chancen entgehen.

Wie können wir das schaffen? In ihrem Buch *The Thriving Child*[23] erläutern Dr. William Stixrud und Ned Johnson das Prinzip »deine Sache«. Damit ist keineswegs gemeint, dass Eltern die Verantwortung abgeben. Kinder brauchen Grenzen, und niemand will in einem Haushalt leben, in dem die Kleinen das Sagen haben. Es geht auch nicht darum, sich vor der eigenen Verantwortung zu drücken. Vielmehr heißt es: »Treffen Sie keine Entscheidungen über das Leben Ihres Kindes, die es selbst treffen kann.« Wir wollen, dass Kinder ein Gespür für Gefahren bekommen, sich davon aber nicht hemmen lassen.

Wie können wir dafür sorgen, dass Gefahren für Kinder nicht so gefährlich sind? Der Psychologe Lew Wygotski, der sich mit dem Einfluss der Kultur auf die kognitive Entwicklung befasst, schlägt folgendes Grundprinzip vor: »Ich zeige dir, wie man etwas macht, dann kannst du es ausprobieren, während ich dabei zuschaue.« Das erscheint mir sinnvoll.

Wir müssen uns dazu zwingen, Kinder nicht zu verhätscheln oder »ihnen alles aus dem Weg zu räumen«. In einem Artikel mit dem Titel »How to Raise a Happy Child – What Every Parent Needs to Know«[24] (Wie ein Kind glücklich wird – Was alle Eltern wissen sollten) zitiert Matthew Syed die Arbeit von Professor Grant Schofield. Dieser erschloss in Zusammenarbeit mit Schulen eine nahegelegene Brachfläche, die von den Kindern in den Pausen anstelle des »sichereren« Spielplatzes (mit Gummiboden und dergleichen) genutzt werden durfte. Und was kam dabei heraus? Es gab weniger Verletzungen als üblich. Faszinierend. Und nicht nur das: Auch im Unterricht besserte sich das Verhalten der Kinder. Daraus können wir lernen, dass ein Bewusstsein für Risiken die beste Vorbereitung für den Selbstschutz jenseits des Spielplatzes ist.

Eine gewisse Unruhe deutet man oft instinktiv als Angst, und zumindest mir passiert es dann schnell, dass ich mich hineinsteigere.

Dann muss ich aktiv dafür sorgen, dass ich das Gefühl als

Aufregung betrachte – ich nenne es tatsächlich »Schuldisco-Nervosität«, weil ich schon damals diese nervöse Anspannung verspürte.

Außerdem zeigt dieser Adrenalinrausch oft, dass Ihr Körper sich auf Höchstleistungen vorbereitet; man ist wie »beflügelt«. Diese Vorstellung erinnert mich auch an ein Poster, das in der Facebook-Zentrale hing. Darauf stand: »Was würdest du tun, wenn du keine Angst hättest?«

Ich liebe das. Wenn man Risiken eingeht, ergeben sich neue Chancen, neue Abenteuer, Liebe und Nervenkitzel. Wie können wir uns anmaßen, unseren Kindern das zu verwehren? An Zweifeln gehen mehr Träume zugrunde als am Misserfolg. Lieber »Ups«, als »was wäre wenn«. Selbst wenn das ein paar Tränen bedeutet.

Auf die Frage »Aber warum weiß ich nicht, was ich fühle?« gibt es keine eindeutige Antwort, aber oft wirkt es beruhigend, wenn man sich klarmacht, dass es in Ordnung ist, das nicht zu wissen. Es ist nicht nur in Ordnung, sondern auch ganz normal – Gefühle sind äußerst kompliziert.

## ABER WARUM IST DIESER MENSCH IMMER TRAURIG?

Hier geht es weniger um die Antwort auf Kinderfragen als um einen Aspekt, der meiner Ansicht nach bei Gesprächen über Gefühle berücksichtigt werden sollte. Es lässt sich nicht bestreiten, dass schwierige Gefühle zum Menschsein dazugehören.

Aber wie kann man unterscheiden, ob jemand nur schlecht drauf ist oder ob er Hilfe braucht?

Wenn mir alles düster oder besonders ausweglos erscheint, kann ich auf ein paar bewährte Strategien zurückgreifen, die mir wieder Kraft geben: gut essen, gut schlafen, mir Bewegung verschaffen, keine technischen Geräte nutzen, in die Natur gehen und versuchen, über meine Verfassung zu sprechen. Wenn ich Alkohol trinken würde (was ich nicht tue), würde ich den Konsum reduzieren und auch darauf achten, wie viel Koffein ich zu mir nehme.

Wenn ich all das zwei Wochen ausprobiert hätte, ohne dass sich etwas ändert, würde ich versuchen, die Kraft aufzubringen, Hilfe in Anspruch zu nehmen. Als Faustregel gilt: Sobald ich mich frage, ob ich vielleicht Hilfe brauche, ist das wahrscheinlich der Fall.

Wenn Sie selbst Schwierigkeiten haben, gehen Sie zum Arzt

oder wenden Sie sich an eine Hilfsorganisation. Bei körperlichen Beschwerden hätten Sie keine Hemmungen, deshalb sollten Sie auch in diesem Fall nicht zögern.

Denken Sie daran, dass man Sie liebt. Und machen Sie sich klar: Es kommen wieder hellere Tage. Bei psychischen Problemen treibt man sich quasi selbst in den Wahnsinn – man redet sich ein, dass es keinen Ausweg gibt, dass man allen egal ist. Nichts davon stimmt. Halten Sie durch.

Ich habe Alain de Botton gefragt, was er unter emotionalem Wohlbefinden versteht, und er sagte, die Einstellung zur psychischen Gesundheit habe sich in den letzten Jahren sehr verändert. »Wenn [früher] im Kopf etwas nicht stimmte, wurde man als verrückt abgestempelt«, meinte er.

Wichtig ist, dass wir psychische Beschwerden nicht mehr als Absonderlichkeit betrachten, sondern erkennen, dass sie uns höchstwahrscheinlich irgendwann im Leben auch selbst betreffen werden. Sie sind nicht seltener oder peinlicher als ein verstauchter Zeh oder ein Sonnenbrand. Solche Gefühle gehören einfach dazu, wenn man ein verletzlicher Mensch in einer komplexen Welt ist.

## Was ich über Gefühle gelernt habe

- Sie verschwinden nicht, nur weil man sie verleugnet.
- Wenn wir Gefühle leugnen, nehmen wir uns oft sogar die Möglichkeit, sie zu bewältigen. Doch wenn wir Gefühle laut benennen oder von anderen benennen lassen, sind wir auf

dem besten Weg, sie zur Kenntnis zu nehmen, statt uns von ihnen überwältigen zu lassen.

- Spüren Sie das Gefühl, aber verkörpern Sie es nicht.
- Unsere Gedanken können uns hinters Licht führen. Ich weiß noch, wie es mich umgehauen hat, als ich das zum ersten Mal hörte.
- Wir müssen trainieren, mit unangenehmen Gefühlen umzugehen. Es ist nicht gefährlich, wenn man sich unbehaglich fühlt oder schämt.
- Wir sollten unsere Gefühle (oder die Gefühle anderer) nicht bewerten, sondern sie beobachten.
- Sanftheit bedeutet Stärke, und Verletzlichkeit bedeutet Mut (sehen Sie sich Brené Browns TED-Talk »The Call to Courage« an – er ist umwerfend).
- Gefühle lassen sich nicht immer genau einordnen. Siehe »traurig-froh«, Seite 164.
- Wenn jemand viel weint, heißt das nicht zwangsläufig, dass dieser Mensch nicht glücklich ist. Und wenn jemand äußerlich glücklich wirkt, kann er trotzdem innerlich traurig sein.
- Mensch sein bedeutet, alle Gefühle zu verspüren.
- Wir müssen dafür sorgen, dass die Gefühle uns nicht auffressen. Aber je mehr wir daran arbeiten, desto leichter wird es.
- Sensibilität ist etwas Gutes.

Als Nächstes kommt eine große Frage. Sie ist sogar so groß, dass ich ihr ein eigenes Kapitel widme.

## ABER WARUM KANN ICH NICHT EINFACH GLÜCKLICH SEIN?

Sorry, Schatz. So ist das Leben.

Ich muss zugeben, dass auch ich schon auf der »Jagd nach dem Glück« war. Das mag toll klingen, aber mir wird immer deutlicher, dass man dabei einem Hund ähnelt, der dem eigenen Schwanz nachjagt.

Glück ist kein Ziel, das sich erreichen lässt. Und wenn dem so wäre, wenn wir tatsächlich eine Traumwelt finden würden, in der immer die Sonne scheint, in der Sushi serviert wird und in der man Zeit hat, Bücher zu lesen, zu schwimmen und lange Mahlzeiten mit der Familie und Freunden zu genießen, dann hätten wir sicher sogar daran etwas auszusetzen.

Sie glauben mir nicht? Denken Sie nur an die heftigen Streitereien oder die schlimmen Launen, die man oft im Urlaub erlebt. Jemand hat mal treffend gesagt: Wenn immer die Sonne scheint, entsteht eine Wüste.

Glücklich wird man, wenn man sich von Hoffnungen und festen Vorstellungen verabschiedet.

Ein gutes Beispiel ist das Muttersein. Bei jedem Kind habe ich die Messlatte für die ersten sechs Monate niedriger gelegt und war jedes Mal angenehm überrascht. Statt mich danach zu sehnen, dass sie endlich nachts durchschliefen (von wegen!), konnte ich mich freuen, wenn ich vier Stunden Schlaf am Stück bekam.

Bei jungen Müttern herrscht nicht ununterbrochene Glückseligkeit – genauso wenig wie im Leben an sich –, aber es gibt viele Momente der Freude. Sogar ganz winzige, wie der Duft des kleinen Köpfchens. Das sind die Momente, auf die man sich konzentrieren sollte.

Zwei Dinge können dem Glück im Wege stehen, vor allem bei frischgebackenen Eltern. Zum einen Schuldgefühle. Meinen Recherchen zufolge haben viele Eltern ein schlechtes Gewissen, weil sie es nicht genießen, mit ihren Kindern zusammen zu sein. Zum anderen sind viele zu sehr mit der Außenwirkung beschäftigt. Von Zoe Blaskey, der Gründerin der Online-Selbsthilfeplattform Motherkind, habe ich gelernt, immer wieder darauf zu achten, »wie sich etwas anfühlt, und nicht daran zu denken, wie es aussieht«. In Zeiten von Pinterest und sozialen Medien ist das besonders wichtig.

Freude findet innerlich statt. Vielleicht sieht sie nicht so aus, wie Sie es erwarten. Wir lernen, sie müsse wild und aufregend sein (ähnlich wie die Liebe). Aber Freude kann auch ein ruhigeres Gefühl sein, ein zufriedenes, ausgeglichenes. Oft können wir sie nicht einmal erkennen. Versuchen Sie nicht, sie künstlich herbeizuführen, sondern lassen Sie sich darauf ein. Machen Sie einen Spaziergang mit den Kindern – sie haben von Natur aus die Fähigkeit zum Entschleunigen.

Und natürlich wird auch bei einem schönen Spaziergang, bei dem die Kinder Gänseblümchen pflücken oder Insekten beobachten, unweigerlich darüber diskutiert, ob die Schuhe wieder angezogen oder die Roller getragen werden müssen. Achten Sie darauf, dass das eine das andere nicht schmälert. Es geht darum, dass man alles annimmt, die Höhen und die Tiefen, dass man begeistert, gelangweilt, fröhlich und erbost ist. Sie wissen ja: traurig-froh. Ein gutes Leben bedeutet nicht, dass man rund um die Uhr außer sich vor Glück ist.

## Nehmen Sie Ihre Gefühle zur Kenntnis

Die tägliche Meditation hat mich gelehrt … Ha! Ich habe mich wirklich bemüht, das mit ernster Miene zu schreiben. Wie lange habe ich mir gewünscht, so etwas von mir sagen zu können. Und jetzt kann ich es! Im Lockdown habe ich nichts unversucht gelassen, um mir im Chaos Ruhe zu verschaffen, und nach vielen fehlgeschlagenen Anläufen nehme ich mir jetzt jeden Morgen zehn Minuten Zeit, um nach Möglichkeit zu mir selbst zu finden.

Ich bin zwar weit davon entfernt, spirituelle Erleuchtung zu erleben (aber irgendwann wird es so weit sein, da bin ich mir sicher), habe aber gelernt, meine Gefühle eher zur Kenntnis zu nehmen, anstatt mich von ihnen mitreißen zu lassen. Das bedeutet dann »Ich nehme eine gewisse Angst wahr« statt »Ich bin ängstlich«.

Ich bin nicht meine Gefühle. Und Sie sind nicht Ihre Gefühle. Eine krasse Vorstellung, oder?

In den Phasen, in denen es mir psychisch besonders schlecht ging, hatte ich die Sorge, dass mich diese unverhoffte Ängstlichkeit nie wieder loslassen würde. Je mehr ich zuließ, dass die Angst ein Teil von mir wurde, desto mehr verzehrte sie mich. Kurz bevor eine generalisierte Angststörung festgestellt wurde, erkannte ich mich selbst kaum wieder. Die lustige, gesellige, mutige Clemmie war eine ängstliche Clemmie geworden. Und noch dazu hasste ich diese Clemmie.

Aber mit kognitiver Verhaltenstherapie und genügend Zeit gelang es mir, mich davon zu lösen und zu erkennen, dass die unangenehme Panik nur vorübergehend war. Sie würde wieder verschwinden. Ich war nicht die ängstliche Clemmie, ich war einfach die Clemmie, der es gar nicht gefiel, wenn die U-Bahn an einer roten Ampel anhielt.

Gefühle sind wichtige Indikatoren, aber wenn wir zulassen, dass sie außer Kontrolle geraten und die Oberhand gewinnen, können sie unser Leben beeinträchtigen: was wir erledigen, welche Pläne wir machen, ob wir den Augenblick genießen. Also nehmen Sie wahr, was Sie empfinden. Denken Sie darüber nach, wie und warum Sie das fühlen, und sagen Sie dann das, was Königin Elsa rät: »Lass jetzt los. Lass jetzt los …«

Gleiches gilt für unsere Kinder. Benennen Sie ihre Gefühle, sprechen Sie darüber und widerstehen Sie dem Drang, eine Emotion hochkochen zu lassen. Wenn man an einem negativen Gedanken festhält oder ihn immer wieder aufgreift, kann er stärker werden.

Verstehen Sie, was ich meine? Man darf Gefühle nicht ignorieren, aber wir dürfen uns auch nicht von ihnen gefangen halten lassen.

Das Buch *Blueprint* der klinischen Psychologin Dr. Lucy Maddox[25] erläutert, wie unsere Kindheit uns prägt, und vermittelt äußerst aufschlussreich die Grundlagen der Forschung zur kindlichen Entwicklung. Für »Mother of All Lists« hat Lucy Maddox in einem großartigen Artikel[26] erklärt, dass starke Gefühle im Erwachsenenalter auf Erfahrungen in der Kindheit zurückgehen können. Hier ein Auszug:

- Die kindliche Entwicklung verrät viel darüber, wie wir ein Gefühl für unsere Identität entwickeln. Eine meiner Lieblingstheorien geht davon aus, dass dies möglicherweise auch dann noch andauert, wenn wir »erwachsen« sind.
- James Marcias Theorie zur Identitätsentwicklung besagt, dass wir im Laufe unseres Lebens sowohl durch positive als auch durch negative Ereignisse aus dem Gleichgewicht gebracht werden können. Eine Beförderung, eine neue Beziehung, ein lang geplanter Umzug kann uns das Gefühl geben, nicht mehr zu wissen, wer wir sind.
- Es ist vollkommen normal, auf diese Weise aus dem Gleichgewicht zu geraten und sich dann wieder zu fangen, das gehört zum Leben eines Erwachsenen genauso dazu wie die existenziellen Panikattacken um 3 Uhr morgens, die man immer mal wieder erlebt.
- Zu unserem Selbstgefühl gehört auch Unsicherheit. Bei Erwachsenen ist sie zwar nicht mehr so furchtbar unerträglich wie in der Jugend, aber immer noch nicht ganz verschwun-

den. So machen wir uns ein Bild davon, wer wir sind, und vielleicht auch, wer wir sein wollen.

- Wenn wir uns vor Augen führen, wie wir früher waren, können wir uns manchmal in eine etwas andere Richtung bewegen oder zumindest ein besseres Gefühl dafür bekommen, wie wir uns entwickelt haben.
- Deshalb finde ich, dass wir alle über diese Dinge Bescheid wissen sollten. Das kann uns weiterhelfen und vielleicht auch dazu beitragen, dass wir etwas netter zu uns selbst sind.

Zu guter Letzt noch eine Perle der Weisheit von Anna Mathur. Sie hat mir verraten, was sie ihren Kindern immer sagt, wenn sie sie ins Bett bringt. Sie sagt: »Ich hab dich lieb, wenn du fröhlich bist, ich hab dich lieb, wenn du traurig bist. Ich hab dich lieb, wenn du mürrisch/sauer/frech/wütend bist.«

Und das stimmt, oder? Ich liebe meine Kinder mit all ihren Gefühlen und bin froh, wenn ich ihnen zur Seite stehen kann, ganz gleich, was sie gerade empfinden.

## *DENKANSTOSS:*

### *Über das Denken nachdenken*

*Es gehört dazu, dass man seine Meinung ändert, wenn man neue Informationen bekommt.*

Unbekannte Quelle
(bekannt geworden durch die Illustratorin Tyler Elise)

Ich habe zwölf Jahre lang in Werbeagenturen gearbeitet. Das waren tolle, kreative Jobs – ich habe es geliebt, intensiv zu arbeiten und noch intensiver zu feiern! Allerdings bezweifele ich, ob ich das auf Dauer durchgehalten hätte. Mittlerweile verzichte ich nicht nur auf Alkohol, sondern bin auch wirklich gerne um 22:30 Uhr im Bett.

Langer Rede kurzer Sinn: Ich wurde für Ideen bezahlt. Ein absoluter Traum. Aber es war auch ein ziemlicher Druck, immer wieder einen Geistesblitz haben zu müssen.

Allerdings habe ich dabei viel über kreatives Denken gelernt. In einer Agentur wurde das »eine Idee umkreisen« genannt. Für mich ist das etwa so, als würde man einen Knoten auflösen.

Wenn man über ein Konzept nachgrübelt, kommt man von Hölzchen auf Stöckchen, überlegt sich dies und das und kommt dann allzu oft wieder auf den allerersten Gedanken zurück. Man könnte also einwerfen, dass das Hin und Her und die eingehende Prüfung aller anderen Gedanken – das sich manchmal tagelang hinzieht – die reinste Zeitverschwendung war. Und manchmal hatte man wirklich den Eindruck. Aber wenn man so gründlich über eine Idee nachdenkt, stellt man fest, ob sie tragfähig ist. Ob es sich lohnt, in sie zu investieren.

Vertrauen Sie mehr auf Ihren Instinkt, wenn Sie überlegen, ob ein Gedanke gut ist. Ich erlebe das immer noch bei Instagram – die Beiträge, die mir komisch erscheinen, kommen oft am besten an.

Im Zweifelsfall frage ich mich: Beruht der Gedanke auf einer Wahrheit? Ist er amüsant oder lehrreich? Oder besser noch: Bewirkt er, dass ich meine Meinung über etwas ändere?

Es ist wirklich nicht angenehm, über das Denken nachzudenken. Das glauben Sie nicht? Achten Sie demnächst darauf, wie Sie sich verhalten, wenn Sie mit einem komplexen Gedanken beschäftigt sind – wie oft geben Sie das Grübeln auf und greifen lieber zum Handy oder nehmen sich einen Keks?

Denken ist für mich, als müsste ich eine verhedderte Halskette entwirren. Man zieht mal hier, mal da. Das eine Ende scheint sich zu lockern und einen Sinn zu ergeben, dafür wird das andere fester oder komplizierter. Wenn Sie am Ball bleiben, werden Sie die Knoten mit der Zeit lösen. Und obwohl es verlockend erscheinen mag, die Kette wieder in die Schublade zu stopfen und nicht mehr zu beachten, ist das weitaus weniger befriedigend, als wenn man sie endlich in Ordnung bringt.

Was noch?

Hat Ihre Oma auch oft gesagt: »Schlaf eine Nacht drüber«? Das war sehr weise. Was spät am Abend als ungeheures Problem erscheint, kann ganz anders aussehen, wenn Sie a) besser ausgeruht sind und b) Ihr Unterbewusstsein seinen Job gemacht hat. Nicht nur das Überschlafen, sondern auch die Strategie, Abstand zu nehmen/etwas ruhen zu lassen, ist sehr wertvoll.

Das ist nichts Neues, oder? Aber es lohnt sich, daran zu denken, wenn man mit schwierigen Themen zu tun hat, und auch, wenn man versucht, eine Verbindung zu seinem Kind herzustellen.

Es ist mutig und sinnvoll, ein Problem eine Weile ruhen zu lassen. Wenn wir über das nachdenken, was wir nicht wissen, können wir bewusst agieren und nicht nur reagieren. Eine Reaktion ist häufig emotional und entsteht aus einem reflexartigen Impuls. Gründliche Überlegungen sind dagegen von bewusster Wahrnehmung, Logik und Ruhe geprägt.

Lassen Sie Ihre Gefühle wirken. Denken Sie über das Denken nach. Ein buddhistisches Sprichwort besagt: »Wenn du trübes Wasser zur Ruhe kommen lässt, wird es klar. Wenn du deinen aufgewühlten Geist zur Ruhe kommen lässt, wird auch dein Weg klar.« Eine einfache, aber wirkungsvolle Formel, die man sich immer wieder ins Gedächtnis rufen sollte.

In der Werbebranche habe ich nicht nur gelernt, dass es sinnvoll ist, Ideen zu umkreisen (selbst wenn man am Ende wieder auf die ursprüngliche Idee zurückkommt), sondern auch, wie man »sein Baby tötet«. Dieser schreckliche Ausdruck bedeutet im Grunde, dass man bereit sein muss, eine lang gehegte Idee oder Ansicht zu verwerfen, wenn sich herausstellt, dass sie ein Fehler war. Wenn man eine gute Idee hat oder sich eine Meinung bildet, muss man unbedingt die Möglichkeit in Betracht ziehen, dass man falschliegen könnte. Oder dass die Idee, die man für großartig hält, gar nicht so großartig ist. Oder sogar, dass es eine noch bessere Idee gibt.

Zu akzeptieren, dass man sich geirrt hat oder dass man noch mehr lernen muss, ist eine enorme Leistung. Und lebenswichtig. Das sagt auch das Zitat am Anfang dieses Kapitels: »Es muss normal sein, dass man seine Meinung ändert, wenn man neue Informationen bekommt.« Sorgen Sie dafür, dass es normal wird, so oft von vorne anzufangen, wie es nötig ist. Schließlich gibt es keinen Fortschritt, wenn man immer nur dasselbe denkt. Auf der einen Seite sind Gespräche mit unseren Kindern einfach nur Gespräche mit Kindern. Andererseits sind sie aber auch Momente, die Fortschritte ermöglichen, wenn auch nur in kleinen Häppchen.

Auch die Redakteurin und Journalistin Lucinda Beaman fordert in ihrem TED-Vortrag »What Does It Take to Change a Mind?«[27] (Was ist nötig, um jemanden umzustimmen?) dazu auf, anderen nicht zuzuhören, um ihnen zu widersprechen, sondern um zu verstehen. Drängen Sie nicht darauf, dass immer die anderen ihre Ansicht ändern müssen.

Es ist mühsam, jemanden umzustimmen; man braucht dazu Geduld, Zeit, Vertrauen und Respekt. Man braucht Geschick und oft auch eine Portion Freundlichkeit.

Angesichts dessen sollten Sie ehrlich darüber nachdenken, ob der Mensch, über den Sie urteilen oder den Sie von Ihrer Denkweise überzeugen wollen, diese Investition wert ist.

Aber seien Sie auch ehrlich zu sich selbst, während Sie mit dem Kopf gegen die Wand schlagen – vielleicht müssten auch Sie selbst aufgeschlossener sein. Wie aufgeschlossen sind Sie wirklich?

Beaman berichtet weiter, dass das Wissen, das uns zur Verfügung steht, exponentiell ansteigt, von uns jedoch kaum genutzt wird, weil wir in unserer eigenen Sichtweise gefangen sind – auch wenn wir uns dessen nicht bewusst sind.

Wenn Sie also etwas hören, lesen oder lernen, überprüfen Sie Ihre Reaktion. Denken Sie darüber nach, was Sie denken. Denken Sie so intensiv, dass es unangenehm wird. Denken Sie darüber nach, warum das unangenehm ist. Denken Sie darüber nach, wie und warum Sie zu diesem Schluss gekommen sind.

Wenn Sie sich unsicher sind, warten Sie, bis sich das trübe Wasser setzt. Und wenn Ihr Kind Sie etwas fragt, auf das Sie keine Antwort haben, ist die beste Strategie: »Ich muss erst nachdenken, dann reden wir darüber.« Lieber eine gut durchdachte Antwort als eine unüberlegte Reaktion. Aber vergessen Sie nicht, wirklich später darüber zu reden.

**Als Kind hätte ich gerne gewusst, dass …**
alles gut werden würde. Dass ich mir wirklich nicht so viele Sorgen machen müsste. Dass ich einfach loslassen und Spaß haben durfte und dass es nicht meine Aufgabe war, dafür zu sorgen, dass alle anderen glücklich waren. Ich wünschte, ich hätte als Kind gewusst, wie toll und liebenswert ich war.

**Emma Campbell** @limitless_em

# 5

# FRAGEN ÜBER ARBEIT UND GELD

Für diesen Themenbereich habe ich in Erinnerungen geschwelgt und an meinen allerersten Job als Babysitterin zurückgedacht: Ich muss etwa vierzehn gewesen sein und konnte nicht fassen, dass man die Süßigkeiten fremder Leute naschen durfte und auch noch dafür bezahlt wurde!

Dann sparte ich voller Vorfreude für eine erste Anschaffung – das Album *Jagged Little Pill* von Alanis Morissette. Welch berauschendes Gefühl, mein eigenes, hart verdientes Geld für etwas zu sparen, das ich haben wollte!

Darauf folgten viele glückliche Jahre als Kellnerin bei Pizza Express. Wahrscheinlich der beste Job, den ich je hatte. Abgesehen von der kostenlosen Pizza bei jeder Schicht (schon wieder schleicht sich das Thema Essen ein …) fand ich es toll, dass man sein Trinkgeld behalten durfte. Je mehr man sich anstrengte, desto mehr Geld nahm man also mit nach Hause. Wie motivierend! Ich war schon damals unerhört zielorientiert. Schnell lernte ich, dass eine Frauengruppe fast nie Nein sagt, wenn man fragt: »Wie wäre es mit einer Runde Nachtisch zum Teilen?«

Und schließlich werde ich nie den Tag vergessen, an dem ich einen Job in der Werbung bekam. Das befreiende Gefühl, endlich einen Beruf zu haben. Natürlich war es nicht der Beruf, den ich mir ursprünglich vorgestellt hatte. Aber an jenem Nachmittag war mir, als hätte mich mein damaliger Chef Trevor Beattie auf die erste Sprosse der Karriereleiter gehievt. Puh!

Die Arbeitswelt hat sich seither stark verändert: Generation Alpha wird höchstwahrscheinlich ganz anders arbeiten, als ich es mir vorgestellt hatte. Eine verrückte Statistik besagt sogar, dass die meisten Berufe, die unsere Kinder haben werden, noch gar nicht erfunden sind! Das übersteigt mein Vorstellungsvermögen – andererseits hätte ich als Zwölfjährige auch keinen blassen Schimmer gehabt, was ich mir unter Podcastern und Instagrammern vorstellen sollte.

Die Frage ist also: Wie bereiten wir unsere Kinder auf eine Arbeitswelt vor, die unbeständiger denn je ist? Und durch welche allgemeinen Erkenntnisse zum Thema Geld lässt sich das untermauern? In diesem Teil werden einige dieser Fragen eingehender behandelt.

# ABER WARUM WÄCHST GELD NICHT AUF BÄUMEN?

Man könnte einwenden, dass es in gewisser Weise schon so ist. Oder vielmehr, dass Banknoten aus Holz von Bäumen hergestellt werden, aber natürlich es ist viel komplizierter – wie immer!

Kinder tun sich oft schwer damit, das Konzept Geld zu verstehen. Dies gilt umso mehr, da Bargeld heute zunehmend an Bedeutung verliert. Laut *The Youth Economy Report*[28] zahlt die Generation Z fast immer bargeldlos, wenn es möglich ist, nur 14 Prozent der Sechs- bis Achtzehnjährigen geben ihr Geld in bar aus. Diese Generation ist nicht nur die erste, die mit digitalen Medien aufwächst, sondern auch die erste ohne Bargeld. Meine Kinder bekommen nur dann Geld zu sehen, wenn die Zahnfee da war. Und selbst sie nimmt es mit ihren Pflichten nicht so genau.

Die Frage ist, wie wir das Konzept Geld weniger abstrakt darstellen können. Selbst eine trockene Erklärung ist nicht besonders hilfreich. Eine grundlegende Definition von Geld wäre »alles, was man verwendet, um Waren und Dienstleistungen zu kaufen«. Es ist das, was wir bekommen, wenn wir etwas tun, und das, was wir anderen geben, wenn sie etwas tun oder haben, das wir wollen.

Für Kinder ist das noch sehr abstrakt. Rachel Kerrone – Leiterin der Markenabteilung bei der Starling Bank, Mutter von drei Kindern und @parentmoney auf Instagram – schlug mir in unserem Gespräch vor, Kindern die Banking-App zu zeigen. So lassen sich Geldeingänge und Abbuchungen verdeutlichen und aufzeigen, wie sich der Kontostand verändert. Wir müssen die Illusion ausräumen, dass wir Sachen bekommen, indem wir einfach hier eine Karte durchziehen oder dort auf eine App tippen.

Mein erstes Ziel besteht darin, meinen Kindern einen vernünftigen Umgang mit Geld beizubringen, und zwar am besten auf unvoreingenommene und emotionslose Weise. Außerdem ist es wichtig, sich darüber im Klaren zu sein, dass unsere Einstellung zum Geld schon früh geprägt wird. Darüber habe ich mit Alice Olins gesprochen, der Gründerin der Organisation Step Up Club, die Frauen bei der Überwindung beruflicher Hindernisse unterstützt. Sie erklärt: »Wir alle müssen daran arbeiten, unsere eigene Einstellung zum Geld zu ändern. Wir nehmen Schablonen und Muster mit ins Erwachsenenleben, die wir als Kinder gelernt haben, die wir aus den Medien kennen, die wir in Filmen sehen und so weiter. Das sind unsere Geldgeschichten, und sie verhindern oft, dass wir das verdienen, was wir wert sind. Wie unsere Eltern über Geld gesprochen haben (positiv/negativ), welche Schule wir besucht haben, die finanziellen Mittel unserer Altersgenossen/Freunde – all diese und viele andere äußere Faktoren erzählen uns etwas über uns selbst. Das kann sich beispielsweise darauf auswirken, wie wir am Arbeitsplatz über Geld verhandeln und wie wir in einer Beziehung zu Finanzen stehen.«

In ihrem Buch *The Money Is Coming*[29] liefert Sarah Akwisombe ein Beispiel dafür, dass Kinder oft die Gefühle erfassen, die mit dem Thema Geld verbunden sind. »Nehmen wir an, Ihre Eltern meinten, man solle Geld nicht zu seinem eigenen Vorteil nutzen: Wenn man Geld übrig hat, sollte man es für wohltätige Zwecke spenden. Vielleicht haben Sie in Ihrer Kindheit gehört, wie darüber gesprochen wurde; vielleicht haben sich Ihre Eltern beim Abendessen leise über Freunde unterhalten, die sich gerade ein neues Auto gekauft haben, obwohl sie mit dem Geld ›jemandem hätten helfen können‹. Bei sehr jungen Kindern sind diese Gedanken noch nicht die eigenen. Aber Sie haben gespürt, dass der Vater es offenbar missbilligte, wie ›selbstsüchtig‹ seine Freunde mit ihrem Geld umgegangen waren. Sie hatten den Eindruck, er sei wütend. Da Sie die damit verbundenen Gefühle erkannten, nahmen Sie sich vor, so etwas nicht zu tun. So wird die Meinung Ihrer Eltern (oder der Menschen, mit denen Sie aufgewachsen sind) zu Ihrer eigenen.« Dies gilt unabhängig davon, dass Ihre Situation ganz anders sein könnte – und natürlich haben Erwachsene das Recht, Geld so auszugeben, wie sie es für richtig halten.

Da die Sicht auf Geld so stark durch die Familie geprägt wird, müssen wir uns unsere diesbezüglichen Verhaltensweisen und Reaktionen deutlich bewusst machen. Finanzen sind so eng mit Emotionen verknüpft, dass sie sich kaum ganz davon trennen lassen. Aber wenn wir unseren Kindern vermitteln, wie sie mit diesem Thema neutral umgehen können, dann haben wir schon viel erreicht, oder?

Vor diesem Hintergrund hielt ich es für sinnvoll, nicht von

meinen eigenen Gedanken zum Thema Geld auszugehen, sondern ein großes Netz auszuwerfen. Ich habe meinem wunderbaren Publikum auf Instagram ein paar Fragen zu diesem Thema gestellt und bekam faszinierende, aufschlussreiche Antworten. Insgesamt waren es über 5000 – hier eine Auswahl:

## Was hätten Sie gerne früher über Geld gelernt?

- Man muss nicht alles ausgeben.
- Dass es nicht alles ist.
- Wie wichtig gute Kreditwürdigkeit ist.
- Wie Steuern funktionieren.
- Dass ich nicht ganz so vorsichtig sein muss.
- Wie man richtig wirtschaftet, weil horrende Schulden ein Teufelskreis sind.
- Wie wichtig es ist, dass man spart, wenigstens ein bisschen. Immer einen Puffer haben. Manchmal gehen Heizkessel und Auto gleichzeitig kaputt.
- Je mehr man hat, desto mehr gibt man aus.
- Was man jetzt nicht bezahlen kann, kann man auch später nicht bezahlen.
- Dass es kommt und geht.
- Wie viel Anzahlung man für ein Haus braucht und wie eine Hypothek funktioniert.
- Immer die Mehrwertsteuer dazurechnen. Und 20 Prozent sparen.
- Dass es nicht glücklich macht.

- Es ist keine Schande, keins zu haben.
- Nur weil man es geliehen bekommt, ist es nicht umsonst.
- Wie man haushaltet.

Darüber hinaus habe ich auf Instagram gebeten, den folgenden Satz zu ergänzen:

**Der größte Irrglaube beim Thema Geld ist …**

- dass Ausgaben keine Konsequenzen haben.
- dass es schlecht ist, wenn man es hat und wenn man mehr haben will.
- dass es Probleme lösen kann.
- dass Kurzzeitkredite helfen: Das stimmt nicht.
- Zinseszins und Investitionen.
- dass der Lohn zeigt, was man wert ist. Und dass er von Jahr zu Jahr steigen wird.
- dass Besitz nicht frei macht.
- dass es ein Tabuthema ist und man nicht darüber spricht. Warum?!
- wer welches hat und wer nicht: Viele Menschen, die »reich« aussehen und teure Dinge kaufen, sind in Wirklichkeit verschuldet.
- dass man faul ist, wenn man keins hat.
- dass man in der Schule nichts darüber lernen muss.
- dass es gerecht verteilt ist.
- dass man gierig ist, wenn man viel hat.

Die häufigste Antwort lautete: dass es glücklich macht.

Sowohl in diesen Antworten als auch in meinen Gesprächen mit den Fachleuten kamen immer wieder drei Aspekte zur Sprache: Früh darüber reden, Lernen durch Handeln, nichts ist umsonst. Auf diese drei Punkte möchte ich nacheinander etwas näher eingehen.

**Reden Sie schon früh über Geld.** Spielen Ihre Kinder Einkaufen? Betteln sie unterwegs, dass Sie etwas kaufen, was sie unbedingt brauchen (zum Beispiel eine Süßigkeit oder etwas aus dem gefürchteten Zeitschriftenregal)? Wenn ja, dann sind sie alt genug, um den richtigen Umgang mit Geld zu lernen. Ich will nicht dazu raten, ihnen Zinssätze zu erklären, wenn sie darüber diskutieren, ob sie noch eine Packung Fußballkarten bekommen können, aber Untersuchungen des Money Advice Service zeigen, dass Erwachsene in der Regel besser mit Geld umgehen können, wenn mit ihnen schon früh über Geld gesprochen wurde, wenn sie regelmäßig Geld bekamen und wenn sie selbst für ihre Ausgaben und das Sparen verantwortlich waren.

Clare Seal ist ein interessantes Fallbeispiel. In ihren Büchern *Real Life Money* und *The Real Life Money Journal*[30] dokumentiert sie, wie sie sich von Schulden in Höhe von 27 000 Pfund befreit hat, die einfach durch die monatlichen Lebenshaltungskosten, zwei Schwangerschaften und eine »Bilderbuch-Hochzeit« entstanden waren, die die Finanzen der Familie in Schieflage gebracht hatte; im Grunde lebte sie schlicht über ihre Verhältnisse.

Auf meine Frage, wie sie verhindern will, dass ihre Kinder in die gleiche Falle tappen, erwiderte Clare: »Unsere Kinder sind noch recht klein, aber ich finde, je früher sie die Bedeutung von Geld erfassen, desto besser. Das Wichtigste für mich ist, dass sie das richtige Gleichgewicht finden – dass sie wissen, dass Geld ein großartiges Mittel zum Zweck ist, aber dass sie sich nicht davon bestimmen lassen. Das wollen wir erreichen, indem wir offen über Geld sprechen – wie man es ausgibt, wie man es spart und wie man sich Dinge leisten kann.«

Das ist ein eleganter Übergang zum nächsten wichtigen Punkt: **Lernen durch Handeln.** Eigentlich erklärt sich die Bedeutung von selbst. So können Sie Ihre Kinder etwa bitten, Ihnen beim Einkaufen zu helfen, entweder im Laden oder online. Lassen Sie sie Dinge in den Wagen legen, bezahlen, ein Budget einhalten. Legen Sie ein Preislimit für das Geburtstagsgeschenk eines Freundes fest und lassen Sie Ihr Kind online oder im Geschäft etwas aussuchen. Vermitteln Sie eine Vorstellung davon, wie weit das Geld reicht. Was das Budget übersteigt, wird nicht gekauft. Das ist eine wichtige Regel, die wir alle beherzigen sollten.

Louise Hill, die Gründerin von GoHenry – einem Unternehmen, das eine Bezahlkarte und App für das Taschengeld anbietet – sieht das ganz nüchtern: »Kinder lernen den Wert des Geldes am besten, indem sie etwas, das sie unbedingt ›haben müssen‹, vom eigenen Geld kaufen. Wenn sie ihr eigenes Geld dafür opfern sollen, merken sie schnell, dass sie manches vielleicht doch nicht so dringend ›brauchen‹, wie sie ursprünglich dachten.«

Bei Clare Seal hat dieses Prinzip dazu geführt, dass ihr Sohn nicht nur Taschengeld bekommt (das auf eine Prepaid-Karte geladen wird), sondern sich auch für Tätigkeiten wie Zimmeraufräumen und schulische Leistungen etwas dazuverdienen kann. »Wenn er sich etwas Teureres kaufen möchte, weiß er, dass er dafür ein paar Wochen lang sparen muss«, sagt sie.

Rachel Kerrone von @parentmoney erzählte, dass an der Schule ihrer Kinder jedes Kind 1 Pfund bekam und das Geld vermehren sollte. Die Kinder organisierten eifrig Kuchenverkäufe und Autowasch-Angebote. So lernten sie nicht nur, wie man Geld verdient, sondern sammelten auch noch Geld für die Gemeinschaft. Wäre das vielleicht eine Idee für Ihre Schule?

Eine weitere Idee ist der »Kinder an die Macht«-Tag! Ich finde sie ganz toll – ursprünglich stammt sie von der Art Directorin und Designerin Emma Scott-Child und ihrem Mann Tom. Als Kind hätte ich das sooo geliebt! Ein bisschen wie *Kevin allein zu Haus* (aber ohne Verbrecher und ohne dass die Eltern verschwinden).

Hier die Regeln – die Familie hat damit angefangen, als die Kinder sechs und neun Jahre alt waren.

*Willkommen zu zwei Tagen, an denen ihr das Sagen habt!*
*Ihr könnt machen, was ihr wollt! Von*
*7 Uhr am Samstag bis 19 Uhr am Sonntag könnt ihr überall hingehen, aber ihr müsst auf euch selbst und aufeinander aufpassen.*
*Ihr habt 20 Pfund zur Verfügung (plus euer gespartes Taschengeld).*
*Wenn ihr aus dem Haus geht, müsst ihr zusammenbleiben.*

*Wir gehen dann hinter euch her, werden euch aber nicht helfen.*
*Ihr müsst euch selbst verpflegen. Im Haus ist genug zu essen, ihr könnt euch aber auch selbst etwas kaufen oder kochen, wenn ihr wollt.*
*Wenn ihr etwas Dummes oder Gefährliches tut, werden wir eingreifen. Und ihr müsst miteinander kooperieren.*
*Die Bildschirmzeit wird nicht verlängert. Ihr könnt euch unsere Handys ausleihen, wenn ihr:*
*Jemanden anrufen wollt.*
*Etwas auf einer Karte nachsehen wollt.*
*Google verwenden wollt.*
*Viel Glück! Und denkt daran, dass der Mensch zum Leben Nahrung, Wasser und Schlaf braucht!*

Solange sie diese Regeln einhalten, können die Kinder machen, was sie wollen. Ja, dann essen sie in der Regel Schokolade zum Frühstück und gehen spät ins Bett. Aber sie lernen auch, dass sie, wenn sie direkt eine Menge Zeitschriften kaufen, später nicht genug Geld für die ersehnte Taxifahrt haben. Es macht Spaß, es ist lehrreich und für die Eltern ziemlich unkompliziert. Perfekt!

Zu guter Letzt kommt noch ein weiterer wichtiger Grundsatz, den man den Kindern beibringen sollte: **Es gibt nichts umsonst.** Im Idealfall hat der »Lernen durch Handeln«-Ansatz das bereits klargemacht. Aber Sie sollten auf jeden Fall sicherstellen, dass die Botschaft angekommen ist, indem Sie darüber sprechen, dass viele Dinge, denen man es nicht ansieht, trotzdem Geld kosten. Zum Beispiel die Zeitung, die jeden Morgen im Briefkasten steckt – erklären Sie den Kindern, dass Sie dafür ein Abo bezahlen. Sprechen Sie über Dinge, für die Sie sparen. Sagen Sie: »Ich werde jetzt arbeiten gehen, um Geld zu verdienen.« Das soll die Kinder nicht belasten, sondern ihnen verdeutlichen, wie Geschäfte gemacht werden. Außerdem ist es eine gute Möglichkeit, den Unterschied zwischen dem, was man braucht, und dem, was man möchte, zu erklären. Man *braucht* eine warme Jacke für den Winter. Man *möchte* ein neues Lego-Set oder einen Ausflug in den Zoo.

Und als wäre das alles noch nicht genug, gab die wundervolle Rachel Kerrone noch ein paar zusätzliche Tipps:

- Sprechen Sie darüber, warum Sie arbeiten. Dass Arbeit haben bedeutet, etwas zu verdienen und bezahlt zu werden. Zeigen Sie den Kindern anhand von Banking-App oder Kontoauszug, wie Sie bezahlt werden, und erklären Sie Einnahmen und Ausgaben.
- Geben Sie Ihren Kindern Taschengeld oder bezahlen Sie ihre Hilfe im Haushalt. Das Taschengeld kann ein regelmäßiger wöchentlicher Betrag sein oder davon abhängen, wie hilfsbereit oder brav das Kind in der Woche war.
- Erklären Sie das Grundprinzip des Sparens. Für einen Fünfjährigen kann das eine Spardose sein, die nach und nach gefüllt wird, für einen Fünfzehnjährigen ein Sparkonto, das Zinsen bringt. Legen Sie Sparziele fest, auf die Ihr Kind hinarbeiten kann. Wenn eine bestimmte Summe erreicht ist,

könnten Sie anbieten, das Ersparte zu verdoppeln oder einen Zuschuss zu geben, um deutlich zu machen, wie Zinsen beim Sparen funktionieren.

- Auch in anderer Hinsicht lässt sich durch Sparen viel lernen. Wenn man das Licht ausschaltet, spart man Strom, wenn man etwas Gebrauchtes kauft, spart man Geld und Ressourcen, wenn man ein Picknick macht, spart man Geld für Restaurant oder Fastfood. Wenn Sie das regelmäßig tun, wird es bald zur Gewohnheit.
- Älteren Kindern können Sie nach und nach verschiedene Finanzprodukte erklären und die Zusammenhänge erläutern. Gehen Sie auf Hypotheken, Darlehen und Kreditkarten ein. Machen Sie an konkreten Beispielen deutlich, für was Sie gespart, eine Hypothek aufgenommen oder einen Kredit beantragt haben und worauf Sie dabei geachtet haben.
- Zu guter Letzt das wahrscheinlich Wichtigste: Geben Sie Ihren Kindern Selbstvertrauen, sodass sie offen über Geld sprechen. Sie sollen mit Freunden darüber reden, wofür sie sparen, wie viel Taschengeld sie bekommen, dass sie stolz sind, wenn sie für etwas gearbeitet und es sich verdient haben.

Ich weiß, das sagt jeder, aber ich wünschte, ich hätte das in der Schule gelernt. Selbst mit Ende dreißig habe ich das Gefühl, ich könnte und sollte mehr wissen. Viel mehr!

Clare Seal ist der gleichen Meinung: »An unserer formalen Ausbildung in finanziellen Dingen gibt es unendlich viel zu verbessern, um Kindern und Jugendlichen die bestmögliche Ausgangsposition zu verschaffen, doch in erster Linie fehlt mir oft der Kontext. Es kann nämlich gut sein, dass man theoretisch eine Menge über Geld weiß, dieses Wissen aber irgendwie trotzdem nicht auf seine tatsächlichen Lebensumstände übertragen kann. Neben dem eher technischen Wissen müssen wir auch etwas über Wert und Wertschätzung lernen und erkennen, wie sich Geld – oder Geldmangel – auf unsere geistige Gesundheit und unser emotionales Wohlbefinden auswirken kann.« Dem kann ich voll und ganz zustimmen.

»Warum also wächst Geld nicht auf Bäumen?« Das weißt du doch selber, Schätzchen. Aber die Welt dreht sich um Geld – und deshalb ist es äußerst ratsam, darüber Bescheid zu wissen. Die nächsten Fragen befassen sich mit dem gleichen Thema, deshalb kann ich nur dazu raten, dass Sie sich mit den genannten Quellen weiter informieren, um Stigma und Unklarheiten rund ums Geld zu beseitigen – bei uns Erwachsenen und hoffentlich auch bei unseren Kindern.

Wie dem auch sei, weiter geht's.

## ABER WARUM DARF ICH KEIN [OBJEKT DER BEGIERDE EINFÜGEN] HABEN? ALLE ANDEREN HABEN DAS AUCH!

Vielleicht geht es Ihnen anders, aber für mich ist diese Frage emotional sehr aufgeladen, denn einerseits möchte ich meinen Kindern alles geben, was sie sich wünschen, andererseits weiß ich, dass ihnen das auf lange Sicht nicht guttun wird.

Zunächst einmal sollten Sie bedenken, dass Kinder das nicht richtig »verstehen«. Das zeigen zwei tolle Gespräche mit meinen Söhnen. Eines habe ich mit Bertie geführt, der mich gefragt hat, ob ich jemals tausend Pfund gehabt hätte. Als ich das bestätigt habe, reagierte er, als hätte er gerade im Lotto gewonnen. Er war vollkommen überwältigt. In diesem Moment war ich vermutlich der reichste Mensch, den er sich vorstellen konnte.

Dann fragte ich Woody eines Morgens, was er gerne unternehmen wollte. Wir hatten ein paar Stunden für uns allein und wollten gemeinsam etwas Schönes machen. »Ich weiß …«, sagte er und verkündete dann: »Ich würde wirklich gerne nach Südafrika.« Für dich mache ich doch alles möglich, mein Junge!

Wunderbar ausgefallene Wünsche oder der ungeheure Respekt vor der Summe von 1000 Pfund zeigen, dass meine Jungs (noch!) keine Vorstellung von Geld haben. Sie tappen dabei ziemlich im Dunkeln – so ist es übrigens auch, wenn sie das

Alter eines Erwachsenen schätzen sollen. Das sollten wir bedenken, wenn sie bestimmte Dinge haben wollen: Hinter solchen Bitten steckt kein rationales Denken. Versuchen Sie also, sich davon nicht mürbemachen oder ein schlechtes Gewissen einreden zu lassen.

Im Gegenteil, derartige Bitten haben eine positive Seite, denn damit können Sie einige Punkte aus der vorherigen Frage in die Praxis umsetzen – zum Beispiel, indem Sie Begriffe wie Sparen und Haushalten erklären.

Ich habe mich bei Alex Holder, der Autorin von *Open Up: The Power of Talking About Money*[31], erkundigt, wie sie derartige Fragen mit ihrem Sohn angeht. »Er ist jetzt vier Jahre alt«, sagte sie, »und stellt Fragen wie ›Kann ich ein Eis haben?‹ oder ›Kann ich mir eine Zeitschrift aussuchen?‹. Manchmal sind es auch keine Fragen, sondern Forderungen; er zeigt auf etwas und sagt: ›Das will ich!‹ Als ich sauer war, weil er mein Lieblings-Top bemalt hatte, war er ganz erstaunt. ›Kauf dir doch einfach ein neues, Mama‹, schlug er vor, als wäre es nur eine Packung Cornflakes. Solche einfachen, alltäglichen Interaktionen erfordern eine gewisse Vorstellung von Geld und Ressourcen. Also habe ich ihm ehrlich geantwortet und erklärt, dass Geld endlich ist, auch wenn es so scheint, als könnte ich mit meiner Karte alles bezahlen und als würde der Geldautomat endlos viele Scheine ausspucken. Das Geld reicht nicht immer für alles, was wir uns wünschen. Ich spreche mit ihm über Entscheidungen, darüber, dass wir nicht auch noch den Ballon kaufen können, wenn wir die Zeitschrift nehmen. Dass wir nicht alles haben können, was wir sehen, weil es Geld kostet. Ich spreche mit ihm auch über die Dinge, die man mit Geld nicht kaufen kann – eine Umarmung, einen blauen Himmel, das Gefühl, wenn man einen richtig lustigen Witz hört.«

Auch hier geht es wieder um das Haushalten und darum, ob man etwas *braucht* oder *möchte*. Das sind die Grundpfeiler dessen, was Kinder über »Sachen wollen« verstehen müssen.

## Je nachdem, was ein Kind haben möchte, kommt Folgendes in Betracht:

- Sagen Sie: »Wenn du das an deinem nächsten Geburtstag oder zu Weihnachten immer noch haben willst, können wir es auf den Wunschzettel setzen.« Kinder ändern ihre Meinung schnell und haben bis dahin vielleicht schon das Interesse an dem Artikel verloren – ein Grund mehr, nicht sofort Geld auf den Tisch zu legen. Wenn der Wunsch später erfüllt wird, ist das auch schön.
- Halten Sie zum Sparen an und rechnen Sie vor, wie viele Wochen Taschengeld für einen Artikel nötig sind. Finden Sie Möglichkeiten, das Budget aufzustocken, zum Beispiel durch kleine Arbeiten oder den Verkauf von Dingen, die Ihr Kind nicht mehr braucht.
- Das ist vielleicht eine gute Gelegenheit, ihm die Vorzüge des Second-Hand-Einkaufs zu vermitteln.
- Helfen Sie ihm, einen Preis in Relation zu sehen. Ein Fußballtrikot kostet so viel wie zehn Päckchen Pokémon-Karten.
- Erklären Sie ihm, dass seine Freunde das »Objekt der Be-

gierde« vermutlich auch nicht einfach so bekommen haben. Vielleicht müssen sie es mit einem Geschwisterkind teilen? Vielleicht hatten sie gerade Geburtstag oder haben darauf gespart.

Und wenn Sie all das durchgesprochen haben, überlegen Sie vielleicht selbst noch einmal. Ich selbst liebe es, meinen Kindern hin und wieder etwas zu kaufen, was sie sich wirklich wünschen. Vor allem, wenn sie verstanden haben, dass es etwas Besonderes ist. Ich weiß noch genau, wie ich meinen Game Boy bekam – ach, ich war im siebten Himmel und konnte gar nicht aufhören zu grinsen, als ich mich in einen Tetris-Marathon stürzte!

## ABER WARUM SIND WIR NICHT REICH?

Sehr gute Frage, mein Schatz! Es heißt ja, man würde sich nur langweilen, wenn man im Lotto gewonnen hat, aber da bin ich mir nicht so sicher. Ich kann nachvollziehen, dass wir einen Sinn im Leben brauchen, aber mit einem Batzen Geld auf der Bank würde es mir blendend gehen.

Die reifere und einfühlsamere Antwort auf diese Frage lautet: »Inwiefern reich?« Reich in finanzieller, emotionaler oder sozialer Hinsicht?

Wenn ein Kind eine solche Frage stellt, meint es vermutlich »reich« im Sinne von materiellen Dingen. Vielleicht hat es aber auch eine andere Vorstellung davon, was reich bedeutet. Fragen Sie also nach! Was bedeutet reich für Ihr Kind? Lassen Sie sich erklären, wie es denkt.

- Vielleicht möchten Sie mit Ihrem Kind darüber sprechen, ob es sich für wohlhabend hält.
- Bedeutet »reich sein«, dass man eine bestimmte Menge Geld hat?
- Hat es das Gefühl, dass es zu kurz kommt?
- Bei dieser Gelegenheit können Sie ihm die Besitzverteilung in der Welt näherbringen.
- Überlegen Sie, wie Sie sich ausdrücken. Die Begriffe »reich«

> und »arm« implizieren eine Hierarchie. Sagen Sie nicht »Wir sind reich« oder »Wir sind arm«, sondern vielmehr: »Wir müssen auf das warten, was wir wollen.« Normalerweise kann man etwas nicht sofort haben; man muss darauf sparen.

Hier bietet sich auch die Gelegenheit zu hinterfragen, wie Sie selbst über Reichtum denken. Äußert er sich für Sie in Chanel-Handtaschen und mehreren Immobilien? (Für mich bedeutet reich sein, dass man in der Sonne lebt – aber ich weiß, dass ich mich von dieser Vorstellung verabschieden muss).

Entscheidend ist: Ist »reich« in weiter Ferne und unerreichbar? Und wenn ja, was würde es bedeuten, »reich« zu werden? Ich weiß nur zu gut, dass Reichtum nicht zwangsläufig bedeutet, dass man glücklich ist. Aber es wäre auch unrealistisch, so zu tun, als hätte Geld keinen Einfluss auf mein Befinden. Nicht wegen der Dinge, die ich mir dadurch kaufen kann, sondern weil ein Leben ohne den Stress, der mit Geldnot einhergeht, sicherlich befreiend wäre.

Wenn Reichtum bedeutet, dass man keine finanziellen Sorgen hat, und Armut, dass man davon aufgefressen wird, dann haben wir das Glück, dass wir (derzeit) irgendwo dazwischenliegen. Dennoch ist uns deutlich bewusst, dass sich unsere Verhältnisse ändern können: Bei den meisten Menschen drohen finanzielle Schwierigkeiten, wenn das Gehalt ein paar Monate lang ausbleibt. Man kann schon glücklich sein, wenn es gerade so »passt«.

Auch diese Frage habe ich auf Instagram geteilt. Unfassbar oft lautete die Antwort in etwa: »Wir sind reich an Liebe« oder

»Nein, sind wir nicht, aber wir haben genug Geld. Unsere Verhältnisse sind gesichert. Uns geht es gut.«

Eine Antwort ist mir besonders im Gedächtnis geblieben: »Ja, wir sind reich. Nicht, weil wir genug Geld haben, um gut zu leben und uns etwas zu gönnen. Wir sind reich, weil wir Glück haben. Nein, wir sind nicht arm, denn wir arbeiten hart. Nein, wir sind nicht arm, denn wir haben uns. Nein, mein Schatz, unsere Herzen sind voll und wir haben Essen im Bauch. Wir sind satt. Wir sind nicht arm.«

In diesem Zusammenhang ist es wichtig, dass wir Reichtum nicht nur mit Geld verbinden. Es gibt so viele andere Bereiche, die glücklich machen können: Liebe, Chancen, Spaß, Raum. Alice Olins, die Gründerin des Step Up Club, sagte dazu: »Diese Definition von Erfolg – Geld, Macht, Status – ist heute so veraltet; wir sind nicht ›reich‹ oder ›erfolgreich‹, wenn wir ein dickes Bankkonto haben, sondern wir sind reich, wenn wir glücklich, gesund und zufrieden sind und nach unseren Zielen und Werten arbeiten. Das Gegenteil gilt natürlich für Armut.«

Alles ist relativ. Kleine Kinder verstehen nicht viel von Geld, aber es empfiehlt sich, sie immer wieder behutsam darauf hinzuweisen, dass sie Glück haben und dass es anderen Menschen viel schlechter geht als ihnen. Nicht, um ihnen Angst zu machen, sondern damit sie besser verstehen, dass einige ihrer Freunde vielleicht nicht so viel haben, wie sie selbst – und um bei ihnen hoffentlich den Wunsch zu wecken, für eine gerechtere Welt zu sorgen, wenn sie erwachsen sind.

Im Gespräch mit Menschen, die in Armut aufgewachsen sind, haben mich einige Äußerungen schwer beeindruckt. Einer erinnerte sich: »Gerichtsvollzieher an der Tür, meine Mutter aß nichts, um Geld zu sparen. Es war kalt, geheizt wurde gar nicht.« Eine andere berichtete: »Das prägt für den Rest des Lebens; darüber kommt man nie hinweg. Mein Vater war ständig arbeitslos. Ich weiß noch, dass uns jemand am ersten Weihnachtstag einen Umschlag mit Geld vor die Tür legte. Ich habe mich ständig geschämt. Ich wurde gemobbt, weil ich in einer Sozialwohnung lebte und mir mit meinen Geschwistern ein Zimmer teilte – keine Privatsphäre. Ich lebte in einer Sozialsiedlung, sodass alle meine Freunde im selben Boot saßen. Aber ich kann mich nicht daran erinnern, dass mir etwas fehlte.«

Armut kann anders aussehen, als man es sich vorstellt. Eine Person sagte: »Wenn man mit Geld nicht richtig umgehen kann, hat es manchmal nach außen hin den Anschein, als sei alles in Ordnung, während die Wirklichkeit ganz anders aussieht – vielleicht in Ihrer Nachbarschaft, direkt vor Ihrer Nase. Die Vorurteile anderer haben schlimme Folgen. Mir war überdeutlich klar, dass man auf uns herabschaute, weil wir arm waren. Ich fühle mich immer noch arm, obwohl ich es nicht mehr bin; die Angst bleibt. Das kann jedem passieren. Der Geldmangel machte mir nichts aus. Der Mangel an Chancen schon.«

Und noch etwas: Mehrere Leute wiesen darauf hin, dass wir den globalen Kontext beachten sollten. Ja, wir sind reich, denn wir haben mehr als 90 Prozent der Menschen auf der Welt.

## Wichtigster Punkt: Verleugnen Sie die Realität Ihres Kindes nicht

Auf Instagram habe ich eine Nachricht bekommen, die mich sehr beeindruckte.

Sie lautete: »Kinder wissen immer, wirklich immer Bescheid, wenn es um die großen Dinge geht; Schaden nehmen sie dann, wenn man die Realität verleugnet oder ignoriert. Meinen Sie nicht? Selbst wenn es uns schlecht ging, 1) hatten wir die Gewissheit, dass wir die Lage richtig gedeutet haben, und konnten auf unsere Einschätzung vertrauen, 2) fühlten wir uns nie völlig machtlos, weil Wissen Macht ist, 3) mussten wir die Situation nicht zu schwarzsehen (obwohl wir das meistens trotzdem taten 😂), weil wir darüber Bescheid wussten, und 4) vertrauten wir unserer Mutter bedingungslos, was unglaublich wichtig ist.«

## Was ich meinen Kindern vermitteln möchte:

- Reichtum sagt nichts über den Charakter aus.
- Nehmt nichts als selbstverständlich hin.
- Macht euch klar, dass ihr euch anstrengen müsst.
- Versteht, wie Geld funktioniert.
- Gebt Geld keine emotionale Bedeutung.
- Fühlt euch im Umgang mit Geld sicher.
- Genießt es, aber verschleudert es nicht.
- Seid dankbar für das, was ihr habt.

Um noch einmal auf die ursprüngliche Frage zurückzukommen – meine Lieblingsantwort auf die Frage »Aber warum sind wir nicht reich?« lautete: »Wir sind *noch* nicht reich.« Ich liebe diesen Optimismus, aber er führt mir auch vor Augen, dass Geld sich ändern kann. Ihre finanziellen Verhältnisse sollten Ihrem Glauben an sich selbst nicht im Wege stehen. Und wer sein Glück nur im Geld findet, wird immer arm sein.

## ABER WARUM MUSST DU ARBEITEN?

Kurze Antwort: Um Geld zu verdienen, damit wir Dinge kaufen können, die wir wollen und brauchen.

(Als ich meinen Jungs diese Frage beantwortete, kommentierte einer der beiden übrigens: »Was?! Du kriegst Geld dafür, dass du dir Instagram ansiehst?« Tja, wie schön, dass sie eine genaue Vorstellung von meiner hart erarbeiteten Karriere haben …)

Längere Antwort: Damit das Leben Struktur und einen Sinn hat. In manchen Branchen können auch Selbstverwirklichung oder Hilfsbereitschaft eine Rolle spielen.

Als ich meinen Kindern gesagt habe, dass sie irgendwann selbst einen Job haben würden, waren sie völlig aus dem Häuschen. Allerdings verdienen viele Kinder schon vorher Geld. Laut *The Youth Economy Report* haben britische Kinder und Jugendliche im Alter von sechs bis achtzehn Jahren im Jahr 2018 zusammen 4,5 Milliarden Pfund eingenommen. Dieses Einkommen kam durch Taschengeld und spontane Geschenke sowie durch die Bezahlung kleiner Tätigkeiten wie Zimmeraufräumen, Abwasch, Hausaufgaben und Zähneputzen zustande. Gassigehen mit dem Hund brachte den höchsten »Lohn« (1,50 Pfund), ebenso wie gutes Benehmen (1,45 Pfund) und Aufräumen (1,40 Pfund). Am schlechtesten bezahlt wurden Tischdecken

(0,70 Pfund), Bettenmachen (0,80 Pfund) und Zähneputzen (0,80 Pfund). Faszinierend!

Aber was lernen wir aus unseren ersten Erfahrungen mit einer richtigen Stelle? Ungeachtet der Instagram-Recherchen habe ich den Eindruck, dass die meisten Leute positiv an ihren ersten Job zurückdenken. Sie erinnern sich an das Gefühl der Unabhängigkeit, dass das Leben einen Sinn zu haben schien und dass sie meinten, etwas erreicht zu haben. Eigenes Geld bedeutete »das Gefühl, einen Beitrag zu leisten« oder einfach »mehr Handy-Guthaben«. Und natürlich beeinflusst eine Arbeit auch die Sicht auf sich selbst: »Ich fühlte mich erwachsen«, sagte jemand. »Das wirkte Wunder für mein Selbstwertgefühl«, erinnerte sich ein anderer.

Und oft war auch von Spaß die Rede! Das vergisst man allzu leicht, oder? Arbeit kann Spaß machen. Und umgekehrt kann es sehr hart sein, wenn man keine Arbeit hat (dazu gleich mehr).

In dem Podcast »How to Fail« von Elizabeth Day äußerte der Fernsehstar Scarlett Moffatt zunächst, man habe versagt, wenn man mehrere Jobs hat. Dann jedoch änderte sie ihre Meinung: Arbeitsmoral und das Bestreben, immer zu arbeiten, zeugt von Unternehmergeist und einer gehörigen Portion Resilienz. Und ich finde, das stimmt!

**Wie können wir auf dieser Grundlage beantworten, wieso man arbeitet?**

- Überlegen Sie, ob Sie die Frage nicht an Ihr Kind zurückgeben wollen! So können Sie auch in Erfahrung bringen, was es selbst vielleicht einmal machen möchte. Es ist sehr spannend, was kleine Menschen später werden wollen. (Ich wollte jahrelang Tierärztin werden, bis sich herausstellte, dass mir Naturwissenschaften nicht lagen und ich sie auch nicht interessant fand – bis auf das Hantieren mit dem Bunsenbrenner).
- Sprechen Sie über das, was Sie bei der Arbeit empfinden: Erfüllung oder Freude, Befriedigung, das Gefühl, etwas zu bewirken.
- Vermitteln Sie Ihrem Kind, dass man manchmal auch weniger schöne Jobs machen muss, weil man Geld verdienen muss, um Essen zu kaufen und ein Dach über dem Kopf zu bezahlen.

Bei diesem Thema stellt sich eine sehr naheliegende Frage: Wissen Ihre Kinder eigentlich, was Sie arbeiten? Meine Kinder wissen nicht nur, dass ich für »Instagram« bezahlt werde, sondern auch, dass ich irgendwie etwas schreibe. Das ist also schon mal ein Anfang.

Als ich klein war, hatte ich keinen blassen Schimmer vom Beruf meines Vaters: Er pendelte jeden Tag ins rund 70 Kilometer entfernte London, und lange Zeit dachte ich, sein Büro wäre im Zug. (In Wirklichkeit ist er Rechtsanwalt.)

Es lohnt sich, den Kindern zu vermitteln, was Sie bei Ihrer

Arbeit tun. Welche Aufgaben erledigen Sie? Was macht Ihnen dabei Spaß? Wie haben Sie den Job bekommen?

Wenn Sie ihnen zeigen, was Sie tun, oder sie sogar zur Arbeit mitnehmen, beantwortet das nicht nur Fragen – Ihre Kinder haben dann auch eine bessere Vorstellung, wenn Sie sagen, dass Sie arbeiten müssen.

Als meine kürzlich fragten: »Warum kommst du nicht mit in den Park, Mama?«, habe ich ihnen die Wahrheit gesagt: »Das geht nicht, weil ich 800 Wörter für das Buch schreiben muss.«

»Wow, das sind aber viele Wörter«, war die Antwort, und sie schienen sofort zu begreifen, warum ich mich hinter meine Tastatur zurückziehen musste. Besser noch: Als sie später nach Hause kamen und mich fragten, wie viele Wörter ich geschrieben hatte, gab mir das neuen Auftrieb. Eine Win-Win-Situation!

Was noch? Hier kommt vieles zusammen.

Ich habe drei Expertinnen (die auch Kinder haben) um Rat gefragt: Alice Olins, die Gründerin des Step Up Club, Personalberaterin Jessica Jones und die Journalistin Anna Whitehouse, Gründerin der Kampagne Flex Appeal, die sich für flexibles Arbeiten einsetzt.

Nach Gesprächen mit diesen drei Frauen und einem Blick in das Archiv von »Mother of All Lists«, in dem sich Geschichten von Menschen mit den verschiedensten Berufen finden – von einer Krankenschwester in einer Abtreibungsklinik über Flugbegleiterinnen bis hin zur Nachrichtensprecherin –, habe ich eine Reihe von Erkenntnissen zusammengetragen, die bei der Antwort auf die Frage helfen könnten.

- Arbeit sieht bei jedem Menschen anders aus.
- Arbeit zeigt niemals, was ein Mensch wert ist – auch nicht bei Ihnen selbst.
- Niemand ist aufgrund seiner Arbeit besser oder schlechter als jemand anderes.
- Wenn eine Arbeit es wert ist, dass man sie macht, dann ist sie es wert, dass man sie gut macht.
- Arbeit kann hart sein, aber deshalb ist sie nicht schlecht. Auf die »Warum mache ich das nur?«-Momente folgt nur zu oft ein »Juhu! Ich bin so froh, dass ich das gemacht habe!«.
- Man muss die Arbeit nicht jeden Tag lieben. Aber man sollte auch nichts aushalten müssen, bei dem man unglücklich ist.
- Helfen Sie anderen. (Denken Sie daran zurück, wie Sie sich fühlten, als man Ihnen am ersten Tag eine Chance gab oder den Fotokopierer erklärte – leisten Sie das für die, die noch nicht so weit sind wie Sie selbst.)
- Lassen Sie den Mut nicht sinken. Wir alle haben Phasen, in denen wir am liebsten alles hinschmeißen und davonlaufen würden. Erstens: Das ist unmöglich. Zweitens: Eine Phase ist eine Phase; manchmal muss man sie einfach durchstehen!
- In der Philosophie von Steve Jobs – nicht zu viel denken, sondern den Dingen ihren Lauf lassen – steckt viel Wahres. Das gilt auch für Hobbys, zufällige Begegnungen und einmalige Anlässe. Manchmal wirkt es, als hätte all das nichts miteinander zu tun, aber manchmal ergibt sich aus vielen zusammenhanglosen Dingen ein großes Ganzes. Bei Jobs war das Apple! Wer weiß, vielleicht entwickelt sich auch bei Ihnen aus vielen Einzelheiten etwas ganz Tolles!

Um auf die Ausgangsfrage zurückzukommen: Arbeit erfüllt unterschiedliche Zwecke. Es geht nicht immer nur um Geld; manche legen Wert auf die Art von Arbeit, auf das Arbeitsumfeld, die Sozialleistungen, das Prestige, die Möglichkeit, von zu Hause aus zu arbeiten, die Dienstreisen …

In dem Artikel »What 9 Parents Tell Their Kids About Why They Go to Work«, der in der *Vogue*[32] erschien, erläuterte ein Befragter, dass er in seiner Antwort zwei Aspekte unterscheidet: den wirtschaftlichen Grund und die »weiteren« oder persönlichen Gründe.

Eine Mutter in dem Artikel betonte auch, dass sie ihrer Tochter deutlich macht, dass sie ihre Arbeit mag. Mir ist es wichtig, realistisch zu sein: Arbeit ist nötig, wir arbeiten, um unsere Rechnungen zu bezahlen, manchmal ist sie hart, oft kann sie sehr erfüllend sein, und letztlich ist es ein Privileg, wenn man Arbeit hat.

## Ein paar Worte zum Thema Arbeitslosigkeit

Während ich das hier schreibe, ist mir nur zu gut bewusst, dass die Corona-Pandemie zwar in erster Linie eine Gesundheitskrise war, aber langfristige Folgen für die Wirtschaft nach sich ziehen wird. Deshalb habe ich überlegt, ob und wie wir mit Kindern darüber sprechen sollten, was es bedeutet, *nicht* zu arbeiten.

Um mir ein Bild davon zu machen, wie Arbeitslosigkeit empfunden wird, habe ich 2000 Menschen gefragt, ob sie schon einmal entlassen wurden oder arbeitsunfähig waren. Auf

37 Prozent traf das zu, und ihre Beschreibungen waren sehr anschaulich: »erschüttert das Selbstvertrauen«; »schmerzhaft«; »befreiend«; »Damals war ich noch recht jung, deshalb habe ich es als Chance gesehen«; »hat mir Angst gemacht«; »lukrativ«; »deprimierend«; »niederschmetternder, als ich erwartet hatte, trotz einer anständigen Abfindung«; »starkes Gefühl der Ablehnung«; »Ich fand es peinlich und beschämend«; »absolut erniedrigend«; »Die erste Entlassung war ein Schock und eine Lektion fürs Leben, auf die zweite war ich besser vorbereitet, aber sie hat dennoch mein Selbstvertrauen erschüttert«; »demoralisierend«; »Im Nachhinein das Beste, was mir je passiert ist«.

Diese Antworten zeigen, dass es (erwartungsgemäß) schwierig ist, wenn man nicht arbeiten kann; zum Teil, weil die Arbeit, wie bereits ermittelt, mit dem Selbstwertgefühl zusammenhängt, zum Teil aber auch, weil sie uns das Gefühl gibt, etwas Sinnvolles zu tun, was für unsere psychische Gesundheit von entscheidender Bedeutung sein kann. Dazu kommt natürlich, dass finanzielle Unsicherheit Stress bedeutet.

Eine Kündigung ist nicht zwangsläufig schlecht. Für manche war sie ein Wendepunkt oder eine Erleichterung. Ich vermute jedoch, dass man das nur im Nachhinein sagen kann. Oft kommt es auf die jeweiligen Umstände an. In vielen Fällen kann man nichts dagegen tun, und das schadet dem Gefühl der Selbstbestimmung. Außerdem spielt es eine Rolle, wie vulnerabel man zu diesem Zeitpunkt ist (ich denke zum Beispiel an eine Kündigung während der Schwangerschaft) und welche Aussichten für die Zukunft sich bieten.

Die nächste Herausforderung lautet: Wie erklärt man es den Kindern? Zunächst muss man sich eingestehen, dass das eine heikle Sache ist. Sie sollten sich fragen, wie lange Sie vermutlich arbeitslos bleiben werden, und anhand dessen entscheiden, wie genau Sie ins Detail gehen wollen. Die allgemeine Ansicht lautet, dass man sich einfach und ehrlich äußern sollte, etwa: »Im Moment gibt es nicht genügend Arbeitsplätze« oder »Ich suche gerade eine neue Stelle« oder »Ich hatte einfach Pech«. Das erscheint mir sinnvoll, ebenso wie der Rat, Arbeitslosigkeit nicht mit fehlendem Geldeingang gleichzusetzen. Beschränken Sie sich vorerst darauf, dass Sie gerade nicht arbeiten.

Lassen Sie Ihre Kinder Fragen stellen. Vermeiden Sie falsche Zuversicht und bleiben Sie sachlich. Bedenken Sie im eigenen Interesse und im Interesse Ihrer Kinder, dass sich die Lage ändern wird und dass niemand daran schuld ist. Es ist eine Phase und nichts, das Sie oder Ihre Familie definiert.

Arbeit ist ein Geschenk. Jessica Jones hat es treffend formuliert: »Durch die Arbeit lernt man praktische Lebenskompetenzen wie Zeitmanagement, Verantwortung und Kommunikation. Sie ist bei jedem anders. Sie muss nicht langweilig sein – man kann seine Arbeit lieben und sollte sich bemühen, in einem Beruf zu arbeiten, den man mit Leidenschaft ausübt.«

Fragen Sie Ihre Kinder, was sie werden wollen, wenn sie groß sind. Das ist eine tolle Gelegenheit, ihre Ziele und Vorstellungen von der Arbeit kennenzulernen, und vielleicht können Sie ihnen diese in Erinnerung rufen, wenn sie viele Jahre später in den Beruf starten.

## DENKANSTOSS:

### *Immer ehrlich sein (zumindest fast immer)*

*Ehrlichkeit ist das erste Kapitel im Buch der Weisheit.*

Thomas Jefferson

Ich bin ein großer Fan von Ehrlichkeit; ich glaube, dass sie wirklich etwas bewirken kann. Allerdings ist das Thema sehr komplex und muss differenziert betrachtet werden, deshalb erlauben Sie mir, etwas ausführlicher darauf einzugehen.

Ehrlichkeit bedeutet für mich mehreres:

- Man kann sich oft nur weiterentwickeln, wenn man zu sich selbst ehrlich ist.
- Man muss in Bezug auf das Leben und die damit verbundenen Schwierigkeiten ehrlich sein.

Ja, ich weiß, »das Leben und die damit verbundenen Schwierigkeiten« klingt düster und sehr pessimistisch. Ich glaube an Ehrlichkeit, die auf einer realistischen Sicht beruht. Das Leben ist nicht fair. Man kann nicht alles haben, was man will. Schlechte Menschen haben Glück. Das kann sehr deprimierend klingen, aber in Wirklichkeit hat die Erkenntnis etwas sehr Befreiendes.

Bei mir sorgt eine realistische Sicht für Dankbarkeit. Sie vernichtet keine Träume, sondern weckt Erwartungen. Wenn Erwartungen übertroffen werden, ist das weitaus positiver als enttäuschte Hoffnungen.

Die Stoiker waren die Meister des Realismus. Und in meinem Gespräch mit dem Philosophen Alain de Botton sprach er sich dafür aus, unsere Kinder nicht zu sehr zu behüten und ihnen das Leben nicht als eitel Sonnenschein darzustellen. Damit erweisen wir ihnen bestenfalls einen Bärendienst und verdammen sie im schlimmsten Fall zum Scheitern.

Ich selbst musste als Kind die enttäuschende Erkenntnis verdauen, dass ich in musikalischer Hinsicht minderbemittelt bin. Das möchte ich näher erklären. Wir sind fünf Geschwister. Drei von uns können singen, ein Bruder verdient damit sogar Geld. Ich gehöre zu den beiden, denen das nicht vergönnt ist. Und ja, es war ein Schlag ins Gesicht, als ich erkennen musste, dass mein Gesang zu »Summer Nights« (aus *Grease*) ein schreckliches Gejaule war und nicht etwa die perfekte Darbietung, die ich in meinem Kopf hörte. Aber es war besser, diese bittere Erkenntnis zu Hause zu erleben, als draußen in der Welt damit konfrontiert zu werden – in der irrigen Annahme, ich hätte eine engelsgleiche Stimme.

Es geht mir nicht darum, irgendjemandem in die Parade zu fahren. Die ehrliche Realistin in mir hält es jedoch für wichtig, sich an den Gedanken zu gewöhnen, dass nicht immer alles so läuft, wie wir es uns wünschen. Tatsache ist, dass Scheitern nicht angenehm, aber leider vollkommen unvermeidlich ist. Doch statt diese Tatsache behutsam zu vermitteln, versuchen viele, jede Möglichkeit des Scheiterns von vornherein auszuschließen.

Heutzutage ist es beispielsweise üblich, dass bei Kindergeburtstagen nur noch Spiele gespielt werden, bei denen es keine »Verlierer« gibt. Genauso wird bei Sportfesten und Turnieren oft allen Teilnehmenden eine Medaille verliehen, unabhängig von der Platzierung, damit niemand enttäuscht nach Hause gehen muss. Dahinter steckt eine gute Absicht, doch damit geht die Möglichkeit verloren, Resilienz aufzubauen.

Eine »wohlmeinende Optimistin« könnte dem gesangsunbegabten Kind sagen: »Klar, erfüll dir deinen Traum – geh zu ›Deutschland sucht den Superstar‹«. Aber ist es nicht viel wohlmeinender, wenn man sagt: »Klar, sing weiter unter der Dusche«, und dem Kind rät, seine Träume anderswo zu verwirklichen?

Auf meinem Innenarm ist ein großer Strauß britischer Wildblumen tätowiert. Wenn die Kinder mich danach fragen, könnte ich sagen, dass ich sie einfach hübsch finde, aber die ehrliche Antwort lautet, dass sie mich an eine schwierige Zeit in meiner Vergangenheit erinnern. Damals sagte ich mir wieder und wieder: »Ohne Regen keine Blumen.« Manchmal müssen wir schwierige, langweilige, graue und enttäuschende Phasen überstehen, aber wenn uns das gelingt, werden wir belohnt, die Sonne kommt heraus, die Blumen blühen und wir erreichen etwas.

## Kinder sind erfrischend ehrlich

»Mama, warum siehst du sooo alt aus?«

Mit diesen Worten eröffnete mein mittlerer Sohn an einem Freitagabend in den Sommerferien unseren FaceTime-Chat. Er war bei seinen Großeltern, während ich mehrere lange Arbeitstage hinter mir hatte, weil Termine drängten. Zugegeben, das war nicht das, was ich hören wollte, aber ohne Rücksicht auf mein Ego ist es wichtig, dass seine Beobachtung nur eine Beobachtung war. Sie war nicht böse gemeint; wie ich damit umging, war meine Sache.

Wir sollten unsere Kinder respektieren und ihnen gegenüber genauso ehrlich sein.

Ich will nicht dazu raten, Kinder zu belasten, aber ich tue ihnen den Gefallen, sie ehrlich zu behandeln. Die Psychologin Nicole LePera (@the.holistic.psychologist) erklärt, dass viele ihren Kindern die Wahrheit verheimlichen, um sie zu schützen, doch dass es schädlich sein kann, wenn man ihnen die Realität vorenthält. Wenn wir abstreiten, was das Kind sieht oder erlebt, entwerten wir damit seine Gefühle und seine Intuition.

Wir müssen also dem Drang widerstehen, alles Schwierige verschwinden zu lassen. Dazu interessierte mich die Haltung von Ben Tansley, der seit einem Motorradunfall querschnittsgelähmt ist. Was hat er seinen Kindern über diese Erfahrung gesagt?

»Ich habe immer versucht, meinen Kindern den Wert des Lebens zu vermitteln«, erklärte er, »nicht den Wert von Dingen, denn die machen nicht glücklich. Ja, sie verschaffen uns einen kurzen Augenblick der Freude, aber sie sind nicht der Schlüssel zu langfristigem Glück. Mein Unfall war also bestens geeignet, ihnen deutlich zu machen, wie wichtig es ist, dass man sich im Leben treu bleibt, denn die schönen Zeiten sind kurz, und wenn man auf gesundheitliche Probleme stößt, können sie sogar noch kürzer werden. Somit sollte man immer das tun, was einen glücklich macht, und nicht zu lange damit warten.«

Außerdem sagte Ben, ein entscheidendes Prinzip sei für ihn, dass man zwar nicht alles kontrollieren kann, was einem widerfährt, aber seine Einstellung dazu und wie man damit umgeht – und darauf kommt es doch an, oder?

Ein schrecklicher Unfall oder ein Todesfall – oder auch eine Geburt – sind gewaltige Veränderungen, aber sie sind auch ein Geschenk, weil sie alles auf den Kopf stellen, uns die seltene Möglichkeit geben, unsere Sichtweise zu ändern, und uns deutlich machen, was wirklich zählt.

Wir alle sind der falschen Vorstellung aufgesessen, dass das Leben jederzeit wie ein hübscher, pastellfarbener Instagram-Filter aussehen und wirken sollte. Wir müssen uns von dem Bedürfnis nach glitzerndem Optimismus und kuratierter Perfektion lösen und uns mehr darauf konzentrieren, welche Freuden ein ganz gewöhnlicher Tag mit sich bringt.

Zum Beispiel so ein Samstag, an dem man nichts vorhat und der anfangs etwas trist wirkt, weil man nichts erwartet, letztlich aber ganz fantastisch wird – man geht in den Park, trifft Freunde, bestellt sich später zusammen eine Pizza und sitzt bis tief in den Abend zusammen. Der Tag ist deshalb so besonders, weil man keine bestimmte Erwartungshaltung hatte, sondern genoss, was sich ergab.

Wie können wir also ehrlicher werden? Und nicht der Versuchung erliegen, unser Leben oder die Kindheit unseres Nachwuchses durch einen Instagram-Filter zu konstruieren?

## Ehrlichkeit lernen

So steigen die Chancen, dass Ehrlichkeit nützt und nicht schadet:

- Vergewissern Sie sich, welches Ziel die Ehrlichkeit hat. Wenn es nur darum geht, gemein zu sein, dann verzichten Sie darauf.
- Ehrlichkeit muss in den Kontext passen – Ihre Beziehung, das Thema, um das es gerade geht, die Situation, in der sich beide Parteien befinden.
- Zur Ehrlichkeit gehören Grenzen. Die Grenzen sind bei jedem anders. Und jeder verträgt in seiner ganz bestimmten Situation ein unterschiedliches Maß an Ehrlichkeit (und Verletzlichkeit). Geben Sie anderen die Möglichkeit, »Heute bitte nicht« zu sagen.
- Ehrlichkeit erfordert Selbstmitgefühl. Kürzlich hatte ich die Gelegenheit zu einem ehrlichen Gespräch über mein Körperbild, aber zu diesem Zeitpunkt stand es um meine psychische Gesundheit nicht zum Besten. Deshalb fehlte mir die Resilienz. Das ist in Ordnung. Das ist keine Ausrede. Es zeigt, dass man auf den Kontext der Ehrlichkeit achtet.

- Ehrlichkeit erfordert emotionale Intelligenz.
- Ehrlichkeit kann Zeit brauchen. Seien Sie nicht ehrlich zu jemandem, mit dem Sie nur kurzfristig zu tun haben (deshalb erscheinen uns dahingeworfene Kommentare in sozialen Medien so falsch).
- Ehrlichkeit sollte nicht dazu dienen, einen Machtkampf zu gewinnen oder sich persönlich zu bereichern. Hier geht es nicht darum, einen Standpunkt zu beweisen oder ein Ergebnis zu sichern.
- Ehrlichkeit sollte nicht auf eine bestimmte Reaktion oder ein bestimmtes Ergebnis abzielen.
- Ehrlichkeit ist wahrhaftig, aber nicht ungefiltert. Sie beruht auf Respekt.
- Ehrlichkeit gilt für beide Seiten. Teilen Sie nicht aus, wenn Sie nicht einstecken können. Sie müssen auch akzeptieren können, dass Sie die andere Person nicht von Ihrer Meinung überzeugen. Und Sie müssen außerdem akzeptieren, dass jemand Sie nicht mag. Mir, die es von Natur aus allen recht machen will, ist so etwas sehr unangenehm. Aber ich möchte, dass meine Kinder damit zurechtkommen, wenn man sie nicht von Anfang an sympathisch findet.
- Wenn Sie die Ehrlichkeit, die Ihnen entgegengebracht wird, zu schätzen wissen, dann sagen Sie das. Ich neige dazu, mich für Ehrlichkeit zu bedanken, denn ich sehe sie als Chance, eine neue Sicht auf Dinge zu erleben, und oft ermöglicht sie mir, mich weiterzuentwickeln (oder ganz bewusst so zu bleiben, wie ich bin).

Wenn ich mich frage, ob Ehrlichkeit in einer bestimmten Situation das Richtige ist, dann frage ich mich: Welche Konsequenz hat es, wenn ich *nicht* ehrlich bin? Das vergleiche ich dann mit dem Ergebnis, das zu erwarten steht, wenn ich die Wahrheit sage.

Das Wort »Ehrlichkeit« ist sehr bedeutungsschwer. Wir gehen davon aus, dass die einzige richtige Art von Ehrlichkeit die »brutale Ehrlichkeit« ist, die ganz direkt unbequeme Wahrheiten anspricht, ohne Rücksicht auf die Wirkung.

Ehrlichkeit bedeutet aber auch, sinnvolle Gespräche zu führen und Erkenntnisse zu vermitteln. Es geht darum, authentisch zu sein und einen anderen Menschen an seinen Gedanken teilhaben zu lassen, weil man ihm vertraut. Ehrlichkeit ist das Gegenteil von Gefälligkeit oder oberflächlichem Geschwätz, bei dem man nur sagt, was die Leute hören wollen.

Ich hoffe, dass für meine Kinder immer die Sonne scheint, aber wenn nicht, dann sollte ich ihnen zumindest sagen, dass sie vielleicht Gummistiefel und einen Schirm brauchen. Ohne Regen keine Blumen. Und keine Regenbögen. Schon der Dichter Henry Wadsworth Longfellow sagte: »Wenn es regnet, lässt man es am besten regnen.«

**Als Kind hätte ich gerne gewusst, dass ...**
es wunderbar ist, erwachsen zu sein, weil man sich ein sicheres, glückliches Zuhause ganz nach seinen Wünschen gestalten kann. Nach der Schule ist akademisches Wissen nicht mehr das Wichtigste überhaupt. Ein freundliches Wesen und Energie sind ganz entscheidend, doch dafür gibt es keine Prüfung. Allerdings ist es gut, wenn man Prüfungen ablegt und sich in der Schule anstrengt, weil man dadurch lernt, etwas zu tun, das einem vielleicht schwerfällt (etwa eine sehr schwierige Präsentation bei der Arbeit). Geld macht nicht glücklich – das Glück kommt von innen –, aber es ist wirklich wichtig, dass man sich um sein Geld kümmert und darüber Bescheid weiß. Die Welt versucht uns zu vermitteln, wie eine Frau zu sein hat – in Filmen, im Fernsehen, in Zeitschriften und durch Klatsch und Tratsch –, aber du kannst entscheiden, wer du bist. Du bist eine schöne, starke, interessante Frau – egal, was man dir sagt. Nur du darfst entscheiden, wer du bist. Wichtig ist, dass du dich liebst, denn du bist ein unglaubliches, einzigartiges Wunder.

**Cherry Healey** @cherryhealey

# 6

# UNTERSCHIEDLICHE FRAGEN

In der Fernsehserie *I May Destroy You* gibt es eine Szene, in der Michaela Coel jede Menge Post-its an die Wand klebt, um ihr Buch zu strukturieren. Ich hatte bei der Arbeit an diesem Buch mehrere ganz ähnliche Momente, und besonders kniffig war es für mich, die Fragen ordentlich auf Unterkategorien zu verteilen. Zwischen komplexen Gefühlen, Gesundheit und Körperbild, der »großen weiten Welt« und unseren Beziehungen gibt es so viele Überschneidungen. Eigentlich kein Wunder – außerdem stellte ich fest, dass ich bei der Beantwortung von Fragen Herangehensweisen erlernte, die über das eigentliche Thema hinausgingen und meine Werte festigten. Ich hoffe, dass es Ihnen genauso geht.

Außerdem habe ich dadurch gelernt, generell flexibler zu sein.

Von Natur aus denke ich eher schwarz/weiß – wenn ich geeignete Kategorien finden kann, nutze ich sie gerne. Aber das ist nicht immer realistisch und oft auch nicht sinnvoll. Deshalb gibt es hier einen Teil mit dem Titel »Unterschiedliche Fragen«, der einerseits sehr vage ist, andererseits aber deutlich macht, dass auch das, was sich nicht genau einordnen lässt, verdammt wichtig ist.

## ABER WARUM KRIEGE ICH KEIN EIS? (BIIITTE!)

Die Antwort darauf stützt sich vermutlich auf das Wissen, dass zu viel Zucker nicht ratsam ist. Ich persönlich bin auch entsetzt darüber, welche Preise heutzutage für eine Kugel Eis im Hörnchen verlangt werden. (Hier dürfen Sie einen typischen Alte-Leute-Spruch à la »Als ich noch Kind war …« oder »Wie soll das nur weitergehen …« einbauen.

Zuallererst und als nahtlosen Übergang möchte ich anmerken, dass es kein Zuckerschlecken ist, Kindern eine gesunde Ernährung zu vermitteln. Eines der einfachsten Vergnügen der Welt ist leider ziemlich kompliziert.

Der Arzt und Instagrammer Dr. Joshua Wolrich, der den Podcast »Cut Through Nutrition« betreibt, hat mir mit einem Post vor Augen geführt, dass man stets das große Ganze im Blick behalten muss. Er erklärte: »Die Ernährung wird ganz stark von unserem sozioökonomischen Status beeinflusst, von unseren Privilegien, unseren Vorlieben, unseren Wahlmöglichkeiten, unserem Wohnort und auch davon, womit wir aufgewachsen sind.« Außerdem wies er auf die Ungleichheit in Sachen Ernährung hin: »Die ärmsten 10 Prozent der britischen Haushalte müssten 74 Prozent ihres verfügbaren Einkommens für Lebensmittel ausgeben, um sich so zu ernähren, wie es die Gesundheitsbehörden empfehlen. Demgegenüber würde das die reichsten 10 Prozent nur 6 Prozent des Einkommens kosten. Die typischen ›ungesunden‹ Lebensmittel (mit reichlich Fett, Salz und/oder Zucker) sind pro Kilokalorie dreimal preiswerter als ›gesunde‹ Lebensmittel.«

Weiter berichtet er: »Mehr als 1,2 Millionen Menschen im Vereinigten Königreich wohnen in so genannten ›Ernährungswüsten‹, in denen die Versorgung mit Lebensmitteln nicht gesichert ist, weil es an Geld, öffentlichen Verkehrsmitteln und großen Supermärkten fehlt, sodass frisches Obst und Gemüse kaum erschwinglich ist. Fast 4 Millionen Kinder im Vereinigten Königreich leben in Haushalten, die sich kein frisches Obst und Gemüse leisten können. Eine Million Menschen im Vereinigten Königreich leben ohne Kühlschrank. Zwei Millionen haben keinen Herd und 3 Millionen keinen Gefrierschrank.«[33]

Das Thema Ernährung ist komplex, und zwar in jeder Hinsicht.

Nahrung ist ein ganz elementares Bedürfnis und sehr emotionsgeladen. Eigentlich sollte es deshalb leichter sein, diesbezügliche Fragen mit Fakten zu beantworten. Aber das ist nicht der Fall. Gespräche über Essen – insbesondere im Zusammenhang mit Gesundheit und Fettleibigkeit – sind politisch, und die meisten Eltern empfinden Mahlzeiten als Stress. Und wenn man jeden Tag 576-mal um einen Snack angebettelt wird (oder sogar im Februar bei ausnahmslos jedem Ausflug in den Park um ein Eis), kann und wird man den Verstand verlieren.

Außerdem würden wir vielleicht gerne regelmäßig abwechslungsreiche und exquisite kulinarische Köstlichkeiten für unsere

Kinder auf den Tisch zaubern, doch das ist schlichtweg unrealistisch. Das soll keine billige Ausrede sein, sondern ist einfach die Wahrheit. Drei Kinder, drei verschiedene Vorlieben bei unterschiedlichem Maß an Mäkeligkeit, und an wirklich schlechten Tagen kann es sein, dass jeder mindestens einen (anderen) Bestandteil des Essens hasst. Oder sie sind alle drei bereit, Nudeln zu essen, bestehen aber jeder auf einer anderen Soße, weil sie diejenige, die letzte Woche noch ihr absoluter Favorit war, auf einmal ekelig finden.

Und ist Ihnen schon einmal aufgefallen, dass die Wahrscheinlichkeit, dass Kinder etwas ablehnen, umso größer ist, je mehr Mühe man sich gibt, ihnen etwas Leckeres zu bieten? Versteht sich von selbst!

Nicht nur ich finde das sehr anstrengend. Auf meine Instagram-Frage »Was ist an der Ernährungserziehung besonders schwierig?« habe ich 500 Antworten erhalten!

Die mit Abstand häufigste lautete: Den richtigen Mittelweg zu finden, wenn man mit Kindern über die Ernährung diskutiert. **Wie kann man gesunde Gewohnheiten fördern, ohne ungesunde Verhaltensweisen auszulösen?**

Viele fragten sich auch, wie man Kinder dazu bringen kann, etwas Neues zu probieren, wie man verhindert, dass sie beim Essen zu wählerisch sind (und was sich tun lässt, wenn sie es bereits sind), und wie man erreicht, dass sie nicht immer wieder das Gleiche essen, sondern sich abwechslungsreicher ernähren. Außerdem wurde mehrfach angesprochen, dass Lebensmittel verschwendet werden, wenn Kinder nicht essen wollen, sodass sich das schlechte Gewissen rund ums Thema Mahlzeiten noch verstärkt. Ich hasse Lebensmittelverschwendung; sie macht mir Angst. Das ist deprimierend. All diese Probleme sind nachvollziehbar, zumindest für mich, deshalb werden wir gleich auf ein paar Lösungsvorschläge eingehen.

Ein großes Thema war für viele auch, was andere in Ernährungsfragen sagen, insbesondere Großeltern, die oft gegenläufige oder offenbar veraltete Ansichten haben. Auch die Schule vermittelt in dieser Hinsicht häufig etwas anderes als das Elternhaus.

In Bezug auf die beiden letzten Aspekte sehe ich mehrere Alternativen. Erstens: Wenn es möglich ist, mit der Schule oder den Großeltern zu sprechen, tun Sie das. Denken Sie aber daran, dass Sie anderen ein gewisses Maß an Toleranz entgegenbringen sollten; nicht jeder hat die gleiche Bildung oder die gleichen Vorstellungen wie Sie. Es gibt kein Patentrezept für die Ernährung von Kindern.

Oder akzeptieren Sie die Situation so, wie sie ist, und überlegen Sie stattdessen, wie Sie einen konsequenten und überlegten Ansatz gestalten können.

Der letzte Punkt, der in Sachen Ernährungserziehung vielen zu denken gab, betraf das »Maßhalten«. Wie können wir Kinder dazu bringen, mit dem Essen aufzuhören, wenn sie satt sind? Die Antwort lautet »intuitives Essen«, und Kinder tun das von Natur aus. Ich weiß, dass das stimmt. Manchmal scheint sich das Frühstück meiner Kinder stundenlang hinzuziehen: Schüssel um Schüssel mit Frühstücksflocken. In der nächsten Woche essen sie dann fast gar nichts. Und wenn sich bei mir gerade die Sorge regt, sie könnten vielleicht nie wieder Appetit bekommen, haben sie etwas anderes gefunden, das sie in Massen vertilgen. Dieses unberechenbare Essverhalten kann verstörend wirken, vor allem, wenn man daran gewöhnt ist, zu festen Zeiten ganz bestimmte Dinge in ganz bestimmter Menge zu essen. Ich bin so darauf versteift, samstags zwei Scheiben Toast zu frühstücken, dass ich selten darüber nachdenke, ob ich Appetit auf eine dritte habe oder ob vielleicht eine genügen würde.

Wir Erwachsenen gewöhnen unseren Kindern die Intuition ab. »Zwingen Sie ein Kind nicht, den Teller leer zu essen«, so Laura Thomas. Sie arbeitet am London Centre for Intuitive Eating und hat das Buch *Just Eat It*[34] verfasst, das meine Sicht auf das Essen grundlegend verändert hat. Weiter sagte sie, dass wir Kindern beibringen, nicht auf ihre Sättigungssignale zu achten, wenn der leere Teller im Vordergrund steht. Das »untergräbt das Vertrauen in ihren Körper, der weiß, wie viel sie essen müssen. Der Appetit von Kindern kann von Tag zu Tag und von Woche zu Woche enorm schwanken, also halten Sie sich zurück und achten Sie auf ihre allgemeine Wachstumsentwicklung.«

Dies ist ein guter Ausgangspunkt. Was gibt es sonst noch zu bedenken, wenn wir mit Kindern über Ernährung sprechen? Dazu habe ich einige wichtige Quellen konsultiert: Laura Thomas, Susie Cunningham, die als Therapeutin seit 14 Jahren ausgrenzungsgefährdete Kinder durch gemeinsames Kochen und Essen betreut (und zudem meine Schwester ist), sowie Jennifer Andersons großartigen Instagram-Account @kids.eat.in.color, der hervorragende unkomplizierte Ratschläge liefert.

Diese Personen und andere Quellen, die ich zu diesem Thema gelesen habe, lieferten die folgenden wichtigen Erkenntnisse: **gemeinsam essen, die Kinder einbeziehen, entspannt bleiben, am Ball bleiben, nicht zwischen »guten« und »schlechten« Nahrungsmitteln unterscheiden.** Darauf möchte ich nun im Einzelnen eingehen:

Zunächst einmal sollten Sie **mit den Kindern essen,** am besten mit der ganzen Familie. Oder setzen Sie sich dazu, wenn die Kinder essen. Jennifer Anderson von *Kids Eat in Color* sagt sogar, dass die Essgewohnheiten der Kinder weniger durch die jeweilige Speise als dadurch geprägt werden, ob Sie bei der Mahlzeit dabei sind.

Kaum etwas genieße ich mehr als ein gemeinsames Essen mit Freunden (vielleicht können Sie sich noch daran erinnern, dass es so etwas vor Corona gab …) Wie sollen meine Kinder lernen, dass Essen gesellig ist, wenn wir ihnen das nicht vorleben? Außerdem kann man bei dieser Gelegenheit sehr gut Ideen oder schwierige Fragen ansprechen, ehrliche Gespräche führen oder vermitteln, woher die Lebensmittel kommen. Ich gebe zu, unter der Woche schaffen wir das nur selten, aber an den Wochenenden ist es uns sehr wichtig.

**Beziehen Sie Kinder mit ein.** Wenn Kinder beim Kochen helfen, essen sie eher, was sie zubereitet haben. Außerdem wird ihnen das im Leben weiterhelfen.

Einer der wenigen Vorteile des ersten Lockdowns war, dass mein Nachwuchs lernte, wie man perfektes Rührei macht. Sicher, anfangs ging es chaotisch zu. Aber sie sind jetzt in der Lage, sich eine sehr einfache Mahlzeit zuzubereiten.

Lassen Sie ihnen während der eigentlichen Mahlzeit **möglichst freie Hand.** Erlauben Sie, dass sie sich wie bei einem Buffet selbst bedienen. Wenn meine Kinder fragen: »Wie viel Gemüse muss ich essen?«, sage ich: »Nimm so viel, wie du angemessen findest.« Das ist fast immer mehr, als ich erwarte, und sie essen eher auf, wenn sie ein bisschen Entscheidungsfreiheit haben. Das klappt nicht in jedem Fall, ist aber einen Versuch wert.

Was noch? **Entspannt bleiben.**

Entspannen, entspannen, entspannen. Kinder merken Stress sofort. Wenn das Essen ein Kampf ist, kann es niemand genießen. Laura Thomas rät: »Vermeiden Sie Druck – wenn Ihr Kind ›wählerisch‹ oder ›mäkelig‹ ist oder gar kein Interesse an Gemüse zeigt, erliegt man schnell der Versuchung, es zu ein paar Bissen mehr oder zu ›einem Löffel für Mama‹ zu drängen. Das mag kurzfristig funktionieren, doch langfristig wird das Kind beim Essen dann wahrscheinlich noch unsicherer und misstrauischer. Wie geht es Ihnen, wenn Sie etwas tun müssen, das Sie nicht wollen – das ist Stress, oder?

Die Forschung zeigt, dass Kinder oft noch wählerischer werden, wenn man sie zwingt, ihren Teller leer oder noch ein paar Bissen mehr zu essen. Lassen Sie sich bei Karottenstreik nicht aus der Ruhe bringen, sondern bieten Sie dazu andere Nahrungsmittel an, die Ihre Kinder mögen, auch wenn das bedeutet, dass die Karotten im Ketchup ertrinken! Es kann auch helfen, wenn Sie sich hinsetzen und die Karotten gemeinsam verputzen – wenn die Kinder früher essen als Sie selbst, könnten Sie vielleicht Karotten mit Hummus snacken. Wenn Sie mit gutem

Beispiel vorangehen, lernen Kinder viel leichter, wie man Nahrung genießt.«

Bleiben Sie am Ball.

Ich habe mich oft über das symbolische Gurkenstück neben der Pizza oder das einsame Stückchen Brokkoli lustig gemacht. Aber Jennifer @kids.eat.in.color sagt, dass Kinder mit höherer Wahrscheinlichkeit etwas essen, wenn sie es oft sehen.

Was ist, wenn Ihr Kind plötzlich eine Abneigung gegen etwas entwickelt, das es bisher akzeptiert hat? Laura Thomas erklärt: »Neophobie – Skepsis gegenüber Nahrungsmitteln – ist eine normale Entwicklungsphase, bei der Kinder von einem Tag auf den anderen ihr Lieblingsessen ändern.« Wir alle wissen, wie frustrierend das sein kann, und instinktiv neigt man dazu, sich geschlagen zu geben und eine todsichere Alternative anzubieten (bei uns sind das Nudeln und Brot). Laura empfiehlt, der Versuchung zu widerstehen und nach Möglichkeit gar nicht zu reagieren, sondern das betreffende Nahrungsmittel weiterhin bei Haupt- und Zwischenmahlzeiten anzubieten, da sich das Kind sonst bestätigt fühlt. Und wenn es nur drei Erbsen auf einem Teller mit Käsemakkaroni sind – bieten Sie sie weiter an.

In die gleiche Richtung geht ein Trick, der sich bei uns bewährt hat: Wir probieren neue Speisen meist samstags zum Mittagessen aus. Erstens essen wir dann gemeinsam, sodass die Kinder uns essen sehen, aber zweitens, und das ist noch wichtiger, sind sie entspannter. An einem Wochentag nach der Schule sind dagegen alle müde, sodass die Erfolgschancen automatisch deutlich schlechter stehen. (Und mit »deutlich schlechter« meine ich »gleich null«.)

Es sollte Spaß machen, neue Nahrungsmittel kennenzulernen. Staatliche Stellen empfehlen zehn Portionen Obst und Gemüse pro Tag. Zehn! Das wirkt entmutigend, während »einen Regenbogen essen« viel netter klingt.

Und schließlich die Hauptsache: Die meisten Ernährungsfachleute raten, keinem Lebensmittel zu viel Bedeutung zuzumessen. Es gibt keine »guten« und »schlechten« Nahrungsmittel. »Mit Ausdrücken wie ›Leckerei‹, ›kleine Sünde‹ oder ›ungesund‹ machen wir manches für Kinder aufregender und interessanter, was natürlich dazu führt, dass sie mehr davon wollen«, erklärt Laura Thomas. Und selbstverständlich gilt auch das Gegenteil. Solche Begriffe haben zur Folge, »dass andere Lebensmittel im Vergleich dazu unattraktiv oder ekelig erscheinen. Man sagt damit quasi, dass der widerliche Brokkoli gegessen werden muss, damit man hinterher zur Belohnung das Eis bekommt. Wenn wir alle Nahrungsmittel neutral behandeln, sorgen wir für faire Bedingungen, sodass Brokkoli und Eiscreme gleichberechtigt sind; keines ist besser oder schlechter als das andere, es sind einfach unterschiedliche Nahrungsmittel.«

Das leuchtet mir ein, aber man wundert sich schon, wie fest einige dieser Botschaften in uns verankert sind. Ich gebe zu, dass ich hin und wieder immer noch denke, nach einem beschissenen Tag hätte ich es verdient, eine halbe Tafel Tony's Chocolonely zu verdrücken (kennen Sie die? Einfach himmlisch!). Dass man die Schokolade genießt, ist kein Problem, aber es könnte problematisch sein, wenn man sie als Belohnung sieht. Besser wäre es, einfach etwas Schokolade zu essen, weil ich Lust darauf habe.

Und damit komme ich auf die eigentliche Frage zurück: »Aber warum kriege ich kein Eis?«

Das könnte der richtige Zeitpunkt sein, um mit Ihren Kindern über Zucker zu sprechen. Wenn dem so ist, sollten Sie nicht in Richtung »Zucker ist Gift« gehen, rät Jennifer Anderson. Schwarz-weiß-Denken wird diesem vielschichtigen Thema nicht gerecht und könnte in Panikmache ausarten.

Stattdessen weist sie darauf hin, dass die Weltgesundheitsorganisation empfiehlt, nicht mehr als 10 Prozent und idealerweise weniger als 5 Prozent der Gesamtenergie in Form von zusätzlichem Zucker zu sich zu nehmen; das entspricht etwa 25 Gramm (sechs Teelöffeln) Zucker.

Achten Sie auf den Zuckerkonsum Ihres Kindes, aber übertreiben Sie es nicht. Der Ansatz von Susie Cunningham ist ganz hilfreich: »Für mich ist Zucker ein wenig wie Fernsehen: Versuchen Sie, so lange wie möglich darauf zu verzichten, aber erlauben Sie ihn irgendwann. Wenn man ihn ganz verbietet, könnte das bewirken, dass Ihr Kind nicht an seinem kulturellen Umfeld teilhaben kann und sich noch mehr danach sehnt. In unseren Kochgruppen haben wir beschlossen, Zucker immer dann zu verwenden, wenn es angebracht ist. Wir wissen, dass er zum Leben der Kinder gehört, und wir wissen, dass er in Maßen köstlich schmeckt und Teil unserer Kindheitserinnerungen an das Essen ist.«

Nach dem Motto »Zeigen statt beschreiben« geht Susie wie folgt vor: »Wenn wir einen Muffin oder eine Limonade zubereiten, zeigen wir den Kindern, wie viel Zucker darinsteckt. Dann experimentieren wir mit Alternativen, zum Beispiel machen wir

Limonade mit Honig und vergleichen sie mit der Zuckerversion. Wir haben sogar schon den Geschmack mit einer gekauften Limonade verglichen. Es ist verblüffend, wie sehr Kinder ihre eigenen Kreationen bevorzugen, nur weil sie selbst daran mitgewirkt haben.«

»Vermeiden Sie es, die Zuckerpolizei zu spielen«, rät Laura Thomas. »Wir alle wollen, dass unsere Kinder gesund aufwachsen und sich abwechslungsreich und ausgewogen ernähren. Außerdem wird die (ganz und gar nicht hilfreiche) Botschaft vermittelt, Zucker sei ›Gift‹ oder mache ›süchtig‹. Der vernünftige Hinweis, dass wir auf den Zuckerkonsum unserer Kinder achten sollten, wird als ›Kinder sollten gar keinen Zucker essen‹ fehlgedeutet. Ein komplettes Zuckerverbot kann nach hinten losgehen, da die Kinder dann möglicherweise geradezu besessen davon werden – das ist der Reiz des Verbotenen. Wenn Kinder nie mit süßen Lebensmitteln in Kontakt kommen, lernen sie nicht, damit umzugehen. Auch hier ist es hilfreich, wenn Sie einen gesunden Umgang mit Süßigkeiten vorleben – ermöglichen Sie den Kindern, regelmäßig Süßes zu essen, ohne daraus eine große Sache zu machen.«

Achten Sie darauf, woher der Zucker kommt. Ich halte es nicht für schlimm, wenn wir zu Hause beim Kochen Zucker verwenden. Problematischer ist das, was wir außer Haus oder im Geschäft kaufen – der (Massen-)Konsum von Zucker. Deshalb sollten wir Kinder in die Küche holen, das Thema mit ihnen besprechen und die Gelegenheit nutzen, gemeinsam zu lernen und hoffentlich ein gesundes Verhältnis zum Zucker zu entwickeln.

## Mögliche Antworten auf die Frage, ob Zucker (oder ein anderes Lebensmittel) schlecht ist

- Zucker ist nicht schlecht, aber zu viel davon kann unerfreuliche Folgen haben. Er kann die Zähne verfaulen lassen. Außerdem sind Nahrungsmittel mit hohem Zuckergehalt oft nicht sehr nahrhaft, sodass sie nicht gut satt machen (oder den Hunger stillen). Und Zucker kann Heißhunger auslösen, sodass man meint, immer mehr zu wollen, obwohl das gar nicht der Fall ist.
- Zu viel von etwas ist immer schlecht.
- Sie könnten Nahrung als Treibstoff darstellen – Fette liefern Energie, Eiweiß baut Muskeln auf, Vitamine und Mineralien in Obst und Gemüse sorgen dafür, dass der Körper optimal funktioniert, Ballaststoffe fördern einen reibungslosen Stuhlgang, Süßes wie Zucker gibt ebenfalls Energie, aber damit der Körper glücklich ist, braucht man dazu auch viel buntes Gemüse.
- Erklären Sie, warum es gut ist, einen Regenbogen zu essen – Farbe auf dem Teller gibt ein gutes Gefühl.
- Sprechen Sie darüber, wo Nahrungsmittel wachsen, wie sie aussehen, schmecken und sich anfühlen. Lassen Sie die Kinder beim Kochen helfen und kochen Sie so oft wie möglich aus frischen Zutaten.
- Antworten Sie mit einer Gegenfrage: Schmeckt dir das? Woran könnte es liegen, dass manche Dinge besser schmecken als andere? Mögen wir alle das Gleiche?

Abschließend der wichtige Hinweis, dass wir bei alledem auch berücksichtigen sollten, welche Einstellung wir selbst zum Essen haben und wie sich das auf unsere Kinder auswirkt.

## Aber warum isst du keine Pommes, Mama?

Diese Frage kam von meinen eigenen Kindern. Die Situation war Folgende: Wir waren mit einer befreundeten Familie im Urlaub in Devon. Wir hatten einen langen Spaziergang hinter uns (lang in Bezug auf die Zeit, nicht auf die Entfernung – drei der Kinder waren noch keine vier Jahre alt, deshalb war das Tempo ein Mittelding zwischen Watscheln und Schlendern). Das Wetter war stürmisch und tat richtig gut; mit rosigen Wangen und durch die frische Luft gestärkt gingen wir zum Mittagessen in einen malerischen Pub. Und während alle anderen Fish & Chips bestellten, wollte ich unbedingt »brav« sein und orderte Salat.

Damit keine Zweifel aufkommen: Ich liebe gute Salate, sie können köstlich und aufregend sein. Aber es ist schließlich kein Geheimnis, dass Salat in manchen Lokalen nur pro forma auf der Speisekarte steht und kein kulinarisches Erlebnis ist, sondern eine Ansammlung all dessen, was noch im Kühlschrank herumliegt. Demgegenüber gibt es Lokale, die köstliche Fish & Chips servieren, sodass jeder, der bei klarem Verstand ist, genau das bestellt. Ich nicht. Das Essen kommt. Alle stürzen sich auf ihre salzigen, kohlenhydrathaltigen, fettigen Köstlichkeiten, während ich an einem schlaffen Salatblatt kaue. In diesem

Augenblick begriff ich, dass etwas falschlief. Gesunde Ernährung ist gut, aber das Leben ist viel zu kurz, deshalb muss man mit den Menschen, die man liebt, am Meer Fish & Chips genießen.

Was hatte ich mir in diesem Pub in Devon nur gedacht? Es wäre in Ordnung gewesen, keine Pommes zu essen, wenn ich keinen Appetit darauf gehabt hätte. So jedoch war es ein Akt der reinen Selbstverleugnung. Ich war entsetzt, als eine Lehrerin mir kürzlich anvertraute, eine Siebenjährige in ihrer Klasse habe gesagt: »Ich versuche, keine Kohlenhydrate zu essen.« Das war für mich ein Weckruf. Ich möchte, dass meine Kinder sich gesund ernähren und ihren Körper respektieren – und das bedeutet, dass sie nicht auf die Diätindustrie hereinfallen, die einen unfassbaren Umsatz in Höhe von 64 Milliarden US-Dollar macht. Eine Industrie, die einzig und allein das Ziel verfolgt, dass man scheitert.

Laura Thomas sagt deutlich, dass wir uns bewusst machen sollten, wie wichtig dies ist. »Wenn Eltern Sorgen über die Ernährung ihres Kindes äußern, erkundige ich mich zuallererst nach ihrem eigenen Verhältnis zum Essen. Sehen sie es locker und essen sie allgemein sehr abwechslungsreich und ausgewogen? Ist die Ernährung für sie ein großes und stressbehaftetes Thema, bei der sie jede Kleinigkeit kontrollieren wollen? Oder schränken sie sich ein und verzichten auf bestimmte Nahrungsmittel, um nicht zuzunehmen? Im letztgenannten Fall sollten wir darüber nachdenken, wie wir unsere Einstellung zum Essen verbessern können, denn dadurch wird geprägt, wie unsere Kinder zu Essen und ihrem Körper stehen.«

Die Gespräche, die ich geführt habe, und meine Recherchen legen nahe, dass dies ein wichtiges Thema ist. Von den 10 000 von mir Befragten hatten 86 Prozent schon einmal eine Diät gemacht, 23 Prozent hielten gerade Diät und 51 Prozent hatten vor, das neue Jahr mit einer Diät zu starten. Und was besonders wichtig war: 87 Prozent waren sich darüber im Klaren, dass sie ihre Ernährungsgewohnheiten an ihre Kinder weitergeben.

Wie also können wir unser eigenes Verhältnis zum Essen verbessern und verhindern, dass es für unsere Kinder zum Problem wird?

- Sagen Sie nicht, man müsse sich Essen »verdienen« oder es »bereuen«. Respektieren Sie es, wenn Sie hungrig sind (aber auch, wenn Sie satt sind).
- Äußern Sie sich im Zusammenhang mit Essen nicht negativ über sich selbst.
- Machen Sie sich klar, dass Nahrung eine positive Wirkung hat, die über den reinen Nährwert hinausgeht.
- Essen kann Erinnerungen schaffen, und es ist tragisch, darauf zu verzichten. Essen Sie Weihnachtsplätzchen, genießen Sie bei einem Picknick richtig gutes Brot mit Butter, nehmen Sie auch ein Stück Kuchen, wenn Ihr Kind Geburtstag hat. Vergessen Sie die Kalorien, genießen Sie das Leben!
- »Lassen Sie Kinder niemals Diät halten!«, warnt Laura eindringlich. »Diäten sind für Kinder schädlich. Ihr Körper muss wachsen, und Gewicht wächst sich oft heraus! Es zeigt sich immer wieder, dass Diäten zu den stärksten Prädiktoren für Essstörungen bei Kindern zählen. Sie können auch zu einem

negativen Körperbild und einem gestörten Essverhalten beitragen (etwa, dass sie nicht auf Sättigungssignale achten oder Lebensmittel stehlen). Mädchen nehmen in der Pubertät durchschnittlich 13 Kilogramm zu (manche auch mehr!). Eine ausgewogene und abwechslungsreiche Ernährung und Menschen, die ihnen ein gesundes Verhältnis zum Essen vorleben, sind für Kinder viel besser als jede restriktive Diät.«

Eine stimmige und wohlüberlegte Antwort auf die Frage »Aber warum isst du keine Pommes?« könnte lauten: »Weil mir eine ganze Portion gerade zu viel ist. Aber ich würde gerne von deinen probieren – sie sehen köstlich aus!«

Zum Abschluss noch ein wichtiger Punkt: Die Ernährung muss nicht perfekt sein, weder Ihre eigene noch das, was Sie Ihrem Kind anbieten.

Versuchen Sie, konsequent zu sein und Ihr Bestes zu geben – aber seien Sie nicht zu streng mit sich. Man kann einem Kind eine ausgewogene Mahlzeit vorsetzen, aber man kann es nicht zum Essen zwingen. Laura Thomas rät: »Versuchen Sie, das große Ganze zu betrachten – nicht das, was Ihr Kind bei einer bestimmten Mahlzeit isst, sondern was es über Tage, Wochen und Monate zu sich nimmt. Isst es insgesamt viele verschiedene Nahrungsmittel aus allen Lebensmittelgruppen (ja, Karotten und Gurkenstäbchen zählen auch!)? Und auch wenn die Vielfalt eher gering ist, sollten Sie sich nicht darauf konzentrieren, sondern überlegen: Wächst es gut, schläft es gut, ist es aktiv, hat es beim Spielen viel Energie und kommt es in der Schule gut zurecht?«

Weiter sagt sie: »Überlegen Sie, ob das Kind seine Entwicklungsziele erreicht und sich sozial und emotional gut entwickelt – all das ist weitaus aufschlussreicher als die Frage, ob es seine Erbsen aufgegessen hat oder nicht!« Ich möchte noch ergänzen: Achten Sie darauf, wie sich die gemeinsame Mahlzeit anfühlt, nicht darauf, was dabei gegessen wird.

Messen Sie der Karotte am Tellerrand nicht zu viel Bedeutung zu – sagen Sie lieber, wie köstlich die Pizza war, wie schön es war, zusammenzusitzen und zu plaudern, und sei es nur für zehn Minuten.

So schaffen Sie für Ihre Kinder schöne Erinnerungen an das Essen.

## ABER WARUM BEKOMMEN MENSCHEN KREBS?

Wie schön wäre es, wenn das nicht der Fall wäre, und diese Frage hier nicht stehen müsste. Krebs ist einfach scheiße.

Wie viel kann man Kindern zumuten, wenn man mit ihnen über Krebs spricht? Natürlich wollen wir sie nicht überfordern, andererseits aber offen darüber reden.

Als der Großvater unserer Kinder starb, wollten wir ehrlich sein und Verwirrung vermeiden, deshalb sagten wir, er sei krank gewesen. Allerdings mussten wir erkennen, dass das nicht ganz ehrlich war und sie doch verwirrte. Es folgte eine Flut von Fragen, sodass wir letztlich sagten, dass er an Krebs gestorben war.

Im Vereinigten Königreich gibt es täglich tausend neue Krebsfälle. Jeder Zweite wird im Laufe seines Lebens an Krebs erkranken. Damit ist die Wahrscheinlichkeit groß, dass ein Kind irgendwann mit dieser Krankheit konfrontiert wird. Folglich stellt sich die Frage: Wie erklären wir das unseren Kindern?

Ich möchte mich bei der Krebsgesellschaft Cancer Research UK, von der die Fakten in diesem Kapitel stammen, sowie bei führenden Mitgliedern der Krebs-Community (die oft scherzen, dass niemand gerne zu ihrem Club gehört) bedanken, die mir bei der Beantwortung dieser Frage geholfen haben.

## Was ist Krebs?

Cancer Research UK erklärt das so: »Der Körper besteht aus Milliarden von winzigen Zellen. Die Zellen müssen sich teilen, um abgenutzte oder beschädigte zu ersetzen. Normalerweise teilen sie sich nur, wenn es nötig ist, aber manchmal geht etwas schief und eine Zelle teilt sich immer weiter. Wenn das passiert, ist es Krebs. Es gibt viele verschiedene Arten von Krebs, je nachdem, an welcher Stelle im Körper der erste Fehler in einer Zelle aufgetreten ist.«

Die Schriftstellerin, Rednerin und Kolumnistin Emma Campbell war alleinerziehende Mutter mit Drillingen und deren großem Bruder, als bei ihr Brustkrebs festgestellt wurde. Sie beschrieb das ihren Kindern so: »Krebs bedeutet, dass die Zellen im Körper zu schnell wachsen und einen Klumpen bilden, den man Tumor nennt. Das kann eine ziemlich üble Beule werden, und dann bekommt man starke Medikamente, damit sie wieder verschwindet.«

Weiter sollten Sie überlegen, welche Fragen sich daraus ergeben könnten, wie und wann Sie Ihren Kindern sagen wollen, dass jemand, den sie kennen, erkrankt ist, und welche Aspekte sonst noch hilfreich sein könnten.

Was Nachfragen betrifft: Die meisten Leute, mit denen ich gesprochen habe, stören sich nicht an wissbegierigen Kindern; nichts geht über einen Fünfjährigen, aus dem die Fragen nur so heraussprudeln. Es folgen ein paar Beispielfragen, mit denen Sie möglicherweise konfrontiert werden.

### Aber warum bekommt man das?

Tatsache ist, dass wir nicht immer wissen, warum jemand an Krebs erkrankt, und dass es oft Gründe gibt, die wir nicht beeinflussen können. Cancer Research UK rät dazu, auf Folgendes hinzuweisen: »Man kann einiges tun, damit Krebs weniger wahrscheinlich wird, zum Beispiel nicht rauchen, sich gesund ernähren, Sport treiben und die Haut vor der Sonne schützen.«

### Können Kinder Krebs bekommen?

Schluck. Wie schön wäre es, hier mit einem klaren Nein antworten zu können. Aber ich kann nicht einerseits zur Aufrichtigkeit aufrufen und dann einen Rückzieher machen, wenn es unangenehm wird. Hier gibt es einen ehrlichen, aber beruhigenden Ausweg: »Bei Kindern ist Krebs sehr selten. Ältere Menschen sind viel häufiger betroffen.«

### Wie wird er behandelt?

Je nach Art gibt es viele verschiedene Behandlungsmöglichkeiten. Oft wird der Krebs mit einer Operation aus dem Körper entfernt. Es gibt auch Medikamente, die Krebs vernichten, die so genannte Chemotherapie, sowie bestimmte Bestrahlungen.

Als persönlich Betroffene fügt Emma Campbell ergänzend hinzu, dass man sich nach der Behandlung oft sehr schlecht fühlt und vielleicht etwas komisch aussieht, weil die Haare ausfallen können. Aber das liegt daran, dass die Behandlung stark ist und hoffentlich dazu führt, dass man wieder gesund wird.

Es gibt sehr raffinierte Behandlungsmethoden, zum Beispiel neuartige Medikamente, die genau auf die Krebszellen abzielen und das Immunsystem nutzen, um gegen den Krebs anzugehen. Ständig werden weitere Therapiemöglichkeiten entdeckt, und das ist eine tolle Nachricht!

### Wann wird man Krebs heilen können?

»Viele Krebsarten können heute geheilt werden, vor allem, wenn man sie früh entdeckt; das gilt auch für viele der Krebsformen, die Kinder manchmal bekommen. Heutzutage werden mehr Menschen geheilt als je zuvor, und die Wissenschaft findet ständig neue Behandlungsmethoden, aber es gibt immer noch einige Krebsarten, die schwer zu behandeln sind«, so Cancer Research UK. Insgesamt herrscht rund um das Thema Krebs realistischer, gemäßigter Optimismus.

## Was, wenn Ihre Familie unmittelbar von Krebs betroffen ist?

Wie geht man am besten vor, wenn jemand in der eigenen Familie an Krebs erkrankt ist? Hier kommt es auf den Kontext an. Vor nicht allzu langer Zeit habe ich eine Podcast-Folge von »Honestly« mit zwei Freundinnen aufgenommen, die mit Krebs leben. Deborah James hat Krebs im Stadium 4, der zwar behandelt, aber nicht geheilt werden kann. Ihren beiden Kindern hatte sie das nicht sofort gesagt. Wie weit die Krankheit fortgeschritten ist, lässt sich bei Darmkrebs erst erkennen, wenn der Tumor entfernt wurde, deshalb wusste sie erst nach der Operation, wie ernst die Lage war. Sie sagt: »Ich hatte gehofft, dass mir ›Sie haben Krebs im fortgeschrittenen Stadium‹ erspart bleiben würde. Die Kinder waren damals sieben und neun und mussten das Wort Krebs nicht hören. Deshalb haben wir ihnen anfangs nur gesagt, dass ich operiert werde. Wie schlimm es stand, erfuhren wir erst danach.«

Es ist gut möglich, dass Ihre Kinder nach und nach immer mehr begreifen, vor allem, wenn sich die Behandlung über mehrere Jahre hinzieht. Siebenjährige können sehr viel mehr verstehen als Fünfjährige. In diesem Fall sollten Sie mit Geschwisterkindern einzeln und altersgemäß sprechen und dabei auch auf ihre Fragen eingehen.

Sehr gute Informationen liefern Dr. Liz O'Riordan, Fachärztin für Brustkrebs, und Professor Trisha Greenhalgh, die in der Forschung und als Ärztin arbeitet, in ihrem gemeinsamen Buch *The Complete Guide to Breast Cancer.*[35] Die beiden haben eine einzigartige Sicht auf die Krankheit, da sie nicht nur hervorragende Ärztinnen, sondern auch selbst von Brustkrebs betroffen sind.

Die beiden bestätigen, dass das »Wie« oft besonders schwierig ist, wenn man Kindern die Nachricht vermitteln will, da es dabei auf das Alter (und die Reife) des Kindes ankommt.

Aus ihrem Buch habe ich unter anderem mitgenommen:

- Auch wenn Sie Ihren Kindern nichts davon sagen wollen, sollten Sie bedenken, dass sie eine erstaunliche Intuition haben und häufig merken, dass etwas nicht stimmt.
- Sie als Eltern sind die Experten für Ihre Kinder. Sie wissen am besten, wie man mit ihnen spricht. Darin liegt immense Kraft. Die Ärztinnen betonen, dass persönliches Wissen und Beziehungen genauso wichtig sind wie alle Informationen, die sie liefern können.
- Bereiten Sie sich ein wenig vor. Nicht bis in alle Einzelheiten, aber überlegen Sie sich, wie Sie eine Operation oder Chemotherapie beschreiben könnten. Wenn Sie sich eine Erklärung zurechtgelegt haben, wird Ihnen das Gespräch leichter fallen, als wenn Sie sich ganz spontan äußern müssen. Sie könnten Freunde und Angehörige bitten, die gleichen Ausdrücke zu verwenden, um die Kinder nicht zu verwirren.
- Manche Kinder können ihre Gedanken und Fragen besser »nachspielen« oder »malen« als darüber sprechen.
- Informieren Sie die Schule, damit die Kinder auch von dieser Seite Unterstützung erfahren.
- Sorgen Sie dafür, dass das Familienleben so wenig wie möglich beeinträchtigt wird. Bei einer Strahlentherapie oder Operation sollte das relativ gut möglich sein, so Greenhalgh und O'Riordan. Eine Chemotherapie dagegen wird sich stärker auf den Alltag auswirken. Vermitteln Sie den Kindern, dass das nur vorübergehend ist, und versuchen Sie, einige positive Aspekte in den Vordergrund zu stellen, zum Beispiel, dass es öfter Fastfood geben wird (weil alle zu müde zum Kochen sind). Wenn die Kinder bei anderen übernachten oder sich zum Spie-

len verabreden, sorgen Sie dafür, dass allen bewusst ist, wie viel Ihr Kind weiß oder nicht weiß. Vermeiden Sie Verwirrung!

Deborah James hat noch ein paar weitere Ratschläge:

- Ihre Beziehungen zu fast allen Menschen werden sich ändern – manche zum Besseren, manche zum Schlechteren.
- Sagen Sie Ihren Kindern einfach, wie es ist. Sie machen sich weniger Sorgen, wenn sie sich nicht selbst etwas zusammenreimen müssen.
- Nehmen Sie Hilfe an. Viele Menschen sind wunderbar und wollen helfen. Es muss Ihnen nicht peinlich sein, genau zu sagen, wobei Sie Hilfe brauchen.
- Seien Sie frech, haben Sie viel Spaß und geben Sie dem Krebs die Schuld!
- Lieben Sie innig und wie verrückt und küssen Sie leidenschaftlich.
- Schaffen Sie heute Erinnerungen, die ein Leben lang halten.
- Sagen Sie dem Krebs, er kann Sie mal!

Und denken Sie daran: Niemand spricht gerne mit Kindern über Krebs, aber Sie können darauf vertrauen, dass Kinder erstaunlich resilient sind, wenn es sein muss. Das bestätigt Audrey Allan, auch bekannt als @cancerwithasmile, in ihrem Beitrag für »Mother of All Lists«.[36] Sie war überwältigt davon, wie schnell ihre Kinder die Nachricht und die Veränderungen akzeptierten und ihr mit Kuscheleinheiten und Fröhlichkeit Kraft geben konnten.

In dem bereits erwähnten Podcast mit Debs James war auch Saima Thompson zu hören, bei der mit 29 Jahren Krebs im Endstadium diagnostiziert wurde. Saima gründete nicht nur das unfassbar gute Masala Wala Café in Brockley bei mir um die Ecke, sondern auch eine Selbsthilfegruppe für an Krebs erkrankte ethnische Minderheiten. Leider ist sie im Juni 2020 verstorben. Saima hat mein Leben bereichert und in diesem Podcast eine Weisheit vermittelt, die ich nie vergessen werde: »Letztlich habe ich das Ziel, so viel Zeit wie möglich mit Familie und Freunden zu verbringen, meinen Leidenschaften nachzugehen und das Leben in vollen Zügen zu genießen. Ich möchte der Welt zeigen, dass man auch mit der Diagnose ›Endstadium‹ nicht auf die Rolle der ›armen Krebskranken‹ beschränkt ist.«

Nur durch die Konfrontation mit Tod und Krankheit können wir erkennen, was wirklich wichtig ist. Von allen Antworten auf alle Fragen ist es doch das, was wir wirklich lernen wollen, oder?

## ABER WARUM MÖGEN ERWACHSENE BIER UND WEIN?

Dieses Thema ist für mich sehr interessant. Nach einem sehr wechselhaften Verhältnis zum Alkohol trinke ich seit Mai 2019 gar nichts mehr. Wenn ich das erzähle, folgt darauf unweigerlich die Frage, wie viel ich früher getrunken habe und ob ich ein »Problem« hatte.

Das lässt sich schwer beziffern. Der Alkohol war keine Gefahr für meine Ehe oder meinen Job. Aber er hatte schreckliche Folgen für meine psychische Gesundheit. Manche Leute wissen einfach, dass sie kein Koffein vertragen: Sie werden schon von einem einzigen Kaffee ganz zitterig. Und ich bekomme bereits nach dem ersten Drink Angstzustände. Auch Scham spielte bei mir eine große Rolle. Am nächsten Morgen waren mir meine Äußerungen und mein Verhalten immer furchtbar peinlich. Und lange Zeit nahm ich das in Kauf, um keine Spaßbremse zu sein.

Irgendwann zeigte die Scham schon ihre hässliche, höhnische Fratze, bevor ich überhaupt ausgegangen war. Auf der einen Seite stand die öffentliche Scham, weil ich nicht die langweilige Spielverderberin sein wollte, die nichts trank, auf der anderen Seite die innere Scham, weil ich nicht auf meine Instinkte hörte und mir eingestand, dass Alkohol nichts für mich war. Wenn ich mir die (vielen) Bilder ansehe, auf denen ich betrunken bin, spüre ich diese Scham immer noch, aber sie weicht schnell der Erleichterung darüber, dass ich diese Bürde losgeworden bin. Keine Reue. Keine Paranoia. Keine Ausreden mehr. Keine Peinlichkeiten mehr.

Ich bin fest davon überzeugt, dass die Trinkkultur gefährlich ist: Wer ein Kind bekommt, kauft Alkohol, wer befördert wird, stößt darauf mit einem Glas Sekt an, nach einem schönen Spaziergang kehrt man auf ein Glas ein. Sie müssen fliegen? Dann einen G&T an Bord. Nach der Arbeit, am Wochenende, an einem besonderen Tag … immer gibt es Alkohol. Dieser Stoff, der süchtig macht, Vernunft und Hemmschwellen reduziert und die Stimmung erheblich beeinflusst, ist nicht nur leicht zugänglich, sondern wird sogar angepriesen.

Was bedeutet das für mich hinsichtlich dieser Frage? Ich hasse Alkohol nicht. Ich finde es besorgniserregend, welche Folgen er für so viele Leben und so viele Bereiche hat. Meinen Kindern soll diese Scham unbedingt erspart bleiben.

Aber ähnlich wie beim Zucker besteht die Gefahr, dass vom Alkohol der Reiz des Verbotenen ausgeht, wenn man ihn verteufelt. Ich hoffe, dass meine Kinder einen angemessenen Umgang mit Alkohol finden, wenn sie älter sind. Ben trinkt immer noch, ebenso wie die meisten meiner Freunde und Verwandten, und damit gilt es wieder einmal, einen gesunden Konsum vorzuleben.

## Warum also mögen manche Erwachsene Alkohol?

Kurze Antwort: Erwachsene trinken aus unterschiedlichen Gründen Wein und Bier. Als ich diese Frage auf Instagram stellte, kamen immer wieder die gleichen Antworten: »Weil ich dann besser entspannen kann«; »Weil ich es genieße«; »Weil es Spaß macht!«; »Weil es mir schmeckt.« Einige wiesen darauf hin, das sei »nur für Erwachsene«, während mich ein brutal ehrlicher Kommentar besonders beeindruckte: »Keine Ahnung. Objektiv betrachtet gibt es keinen guten Grund für Alkohol, außer dass Trinken manchmal Spaß macht.«

Längere Antwort: Hierfür habe ich das Team von Alcohol Change UK (alcoholchange.org.uk) und Menschen aus der Abstinenzler-Community um Hilfe gebeten. Dazu gehören auch die Autorin Clare Pooley, die in ihrem Buch *Chianti zum Frühstück*[37] schonungslos offen über ihre Beziehung zum Alkohol spricht, sowie der »Abstinenzcoach« Dave Wilson (davidwilsoncoaching.com).

Alcohol Change UK weist darauf hin, dass Kinder oft schon früher Fragen zum Thema Alkohol haben, als ihre Eltern erwarten. Beantworten Sie ihre Fragen ehrlich – seien Sie achtsam. Wenn wir Kinder dazu anhalten wollen, Alkohol nur in Maßen zu trinken, berichten wir oft, was wir selbst im betrunkenen Zustand erlebt haben, doch das kann den Eindruck erwecken, Betrunkensein sei lustig oder aufregend.

Um das zu vermeiden, raten Clare und Dave dazu, auf den »Kater« einzugehen und die negativen Aspekte deutlich zu machen. Clare sagte dazu: »Erwachsene werden betrunken, wenn sie zu viel Alkohol trinken, weil sie denken, dass sie dann mehr Spaß haben oder entspannter sind. In Wirklichkeit machen sie dann aber dumme Sachen und fühlen sich am nächsten Tag richtig krank.«

Dave fügte hinzu: »Betrunken wird man, wenn man mehr als ein oder zwei Glas Wein oder Bier trinkt. Wenn man zu viel trinkt, kann man sich ein bisschen seltsam fühlen und wirklich dumm benehmen. Manchmal tun wir dann Dinge, die wir sonst niemals tun würden. Manche Menschen werden sehr schläfrig, wenn sie zu viel trinken, und wachen am nächsten Tag mit schrecklichen Kopfschmerzen auf.«

Aber wie sieht das Gesamtbild aus? Von den 2000 Personen, die ich befragt habe, tranken 87 Prozent Alkohol, überwiegend auch im Beisein der Kinder, während nur 38 Prozent zugaben, schon einmal vor den Kindern »betrunken« gewesen zu sein.

An der Frage, wie sie dazu standen, dass die Kinder sie betrunken erlebt hatten, schieden sich die Geister ganz erheblich. Die eine Hälfte fand das unproblematisch oder sah es zwiespältig, andere dagegen berichteten von Gewissensbissen, Scham, Reue und sogar von Angst vor dem, »was hätte passieren können, als ich nicht mehr zurechnungsfähig war«.

In der Fraktion »vollkommen in Ordnung« waren sich viele sicher, die Kinder hätten ihren Rausch entweder nicht bemerkt oder lustig gefunden. Oder sie fanden, es sei gar kein Thema. Einige sahen es sogar ausdrücklich positiv: »So wird Alkohol für sie normal«; »Es ist gut, wenn sie sehen, dass Trinken nicht automatisch Besäufnis bedeutet«; »Ich bin fröhlich, wenn ich getrunken habe, deshalb ist das kein Problem«.

Vielen scheint es wichtig zu sein, »wie betrunken« sie waren. Dazu gab es bestimmte Äußerungen wie »nur angeheitert«; »nicht richtig betrunken«; »nicht stockbesoffen«; »noch Herr meiner Sinne, meine Kinder sollen nicht erleben, dass ich nicht mehr zurechnungsfähig bin«; »Ich betrinke mich nicht, wenn sie dabei sind, aber sie haben mich schon ein Glas Wein trinken sehen.«

Allerdings möchte ich einen etwas spießigen Einwand wagen: Wenn man selbst auf Alkohol verzichtet, muss man oft feststellen, dass die, die trinken, nicht gerade gut einschätzen können, wie betrunken sie gerade sind. Vielleicht kennen Sie das aus der Schwangerschaft. Es kann aber auch sein, dass nur ich das so empfinde.

Andere Sichtweisen waren stark von den eigenen Eltern geprägt: »Mein Vater war ein schrecklicher Trinker, deshalb halte ich mich sehr zurück«; »Meine Eltern haben sich vor uns betrunken, als wir klein waren, und das möchte ich meinen Kindern nicht antun«; »Meine Mutter hat getrunken, wenn ich dabei war, und das habe ich gehasst, deshalb soll mein Sohn so etwas nie erleben.« Demgegenüber stand das andere Extrem: »Meine Mutter hat Alkohol verabscheut, weil ihre Eltern beide Alkoholiker waren. Deshalb hatte ich als Kind panische Angst vor Alkohol, und diese Angst soll meinen Kindern erspart bleiben«; »Meine Eltern haben nie getrunken; wenn ich einen offenen Umgang mit Alkohol erlebt hätte, hätte ich vielleicht weniger getrunken.«

Einige nannten bestimmte Grenzen, zum Beispiel, dass sie »nur trinken, wenn ein Erwachsener nüchtern bleibt«. Andere wollten »zeigen, dass man Alkohol verantwortungsvoll genießen kann«; »Wenn man damit normal umgeht, ist er nicht so interessant.« Und einige waren ganz entschieden dagegen: »Freiwillig abstinent. Alkohol und elterliche Verantwortung passen nicht zusammen, ganz einfach«; »Betrinken kommt für mich nicht in Frage. Meine Tochter soll mit dem Gefühl aufwachsen, dass sie bei mir immer sicher ist.«

Ich muss sagen, dass mich das breite Spektrum der Antworten überrascht hat – das meine ich nicht wertend, sondern bei diesem Thema haben viele Menschen eine ganz entschiedene und oft sehr persönliche Meinung dazu, was angemessen ist und was nicht.

Ich habe noch etwas weitergebohrt und auf Instagram gefragt: »Was hätten Sie gerne über Alkohol gewusst, als Sie noch jünger waren?« Hier einige Antworten:

- Dass Alkoholkonsum nicht zwangsläufig bedeutet, sich zu betrinken.
- Dass man auch ohne Spaß haben kann.
- Dass er an einem schlechten Tag oder in einer schlechten Lage nie hilft.
- Zu viel ist niemals gut.
- Dass er nichts Gutes bewirkt.
- Was ein Kater ist und wie elend man sich dabei fühlen kann.
- Dass er süchtig macht. Richtig süchtig.
- Dass er auf jeden Menschen anders wirkt.
- Dass er dazu führen kann, dass man merkwürdige Entscheidungen trifft und Dinge tut, die man später vielleicht bereut.

- Dass man auch dann ein Alkoholproblem haben kann, wenn man nicht schon morgens trinken muss.
- Dass durch Alkohol nichts besser, sondern nur anders wird und dass man auf Partys und Hochzeiten auch ohne Alkohol Spaß hat.

Einige dieser Aspekte könnten Sie behutsam ansprechen, wenn Ihre Kinder sich nach Alkohol erkundigen. Zu diesem ehrlichen Ansatz rät auch Alcohol Change UK; die Organisation hat festgestellt, dass ein offenes Gespräch mit jüngeren Kindern den Grundstein dafür legt, dass sie mit dem Thema offen umgehen, wenn sie älter sind – und das ist erwiesenermaßen einer der wichtigsten Faktoren für die Entwicklung gesunder Trinkgewohnheiten. Reden Sie mit Teenagern darüber, wohin sie gehen, was sie so machen und mit wem sie befreundet sind. So können Sie Probleme erkennen und Ihren Kindern helfen, diese zu lösen.

Allerdings lernen Kinder mehr aus dem, was sie sehen, als aus dem, was man ihnen sagt, deshalb lautet mein bester Ratschlag, in ihrem Beisein nur bei besonderen Anlässen Alkohol zu trinken. Sorgen Sie dafür, dass Alkohol in ihren Erinnerungen an den Alltag keine Rolle spielt und dass Ihre Kinder nicht sehen, dass Sie allein trinken, denn sonst halten sie das für normal. Leben Sie verantwortungsbewussten Umgang mit Alkohol vor, dann wird Ihr Nachwuchs dieses Verhalten hoffentlich übernehmen.

## So helfen Sie Ihren Kindern, ein gesundes Verhältnis zu Alkohol zu entwickeln

Vor dem Teenageralter denken viele Eltern vermutlich kaum darüber nach, welche Rolle Alkohol für ihre Kinder spielt. Kinder dagegen machen sich darüber schon erstaunlich früh Gedanken. Und es zeigt sich, dass wir als Eltern einiges tun können, um ihnen zu helfen, ein gesundes, unbeschwertes Verhältnis zum Alkohol zu entwickeln.

Alcohol Change UK rät: »Wenn Ihre Kinder sehen, dass Sie offenbar Alkohol brauchen, um Kontakte zu knüpfen, sich zu entspannen oder Stress abzubauen, könnten Sie damit Botschaften aussenden, die Sie nicht vermitteln wollen. Das bedeutet nicht, dass Sie abstinent leben müssen, aber ein guter Anhaltspunkt besteht darin, dass Sie sich so verhalten, dass es als Vorbild für die Kinder taugt.«

Das kann natürlich bedeuten, dass Sie sich kritisch mit Ihrem eigenen Alkoholkonsum auseinandersetzen müssen. Was sollten Sie also tun, wenn Sie meinen, dass Sie zu viel trinken?

Nach den von Google veröffentlichten Daten stieg die Anzahl der Suchanfragen zu »Bin ich alkoholkrank?« oder ähnlichen Formulierungen im Jahr 2020 um 1700 Prozent.

Was für eine Statistik! Allen Menschen, die sich in dieser Situation befinden, und auch den betroffenen Kindern gilt mein Mitgefühl. Wir mögen es nicht gerne hören, doch Alcohol Change UK sagt: »Auch wenn Kinder noch sehr jung sind, merken sie oft, wenn ihre Eltern häufig oder viel trinken. Das kann ihnen Angst machen und bedeuten, dass ihre praktischen oder emotionalen Bedürfnisse nicht befriedigt werden.«

Natürlich gibt es dabei viele Abstufungen. Es versteht sich von selbst, dass ich dafür plädiere, nüchtern zu bleiben. Nichts ist schöner, als mit klarem Kopf aufzuwachen und sich deutlich an jeden Moment des Vortags erinnern zu können. Ich weiß aber auch, dass das nicht für alle in Frage kommt oder dass es seine Zeit dauern kann, um das zu schaffen.

Allerdings tun Sie sowohl sich selbst als auch Ihren Kindern auch damit etwas Gutes, wenn Sie Ihren Alkoholkonsum einschränken. Alcohol Change UK nennt dazu einige einfache Ansätze, zum Beispiel:

- Halten Sie fest, wie viel Sie trinken. Eine App kann dabei helfen.
- Setzen Sie sich Ziele, um Ihren Konsum zu reduzieren, zum Beispiel mehrere alkoholfreie Tage pro Woche, oder trinken Sie nur eine bestimmte Menge.
- Überlegen Sie, wie viel Alkohol Sie im Haus haben – wenn er im Keller oder im Kühlschrank steht, wird er allzu leicht getrunken.
- Nehmen Sie bei Bedarf Hilfe in Anspruch. Wenden Sie sich an Ihren Hausarzt oder die örtliche Alkoholberatungsstelle, um geeignete Hilfsangebote zu finden.

Wie also können wir unseren Kindern helfen, ein gesundes Verhältnis zum Alkohol zu entwickeln? Das ist die große Preisfrage. Es gibt keine Patentlösung, aber die Forschung legt nahe, dass Eltern zweierlei tun können, um diesem Ziel näherzukommen: offen und ehrlich sein und klare, feste und faire Grenzen in Bezug auf Alkoholkonsum setzen.

Übrigens gibt es die Volksweisheit, man sollte Kindern von klein auf geringe Mengen Alkohol geben, damit sie lernen, damit vernünftig umzugehen. Obwohl ich das schon häufig gehört habe, erscheint mir das vollkommen abwegig, während ich das hier niederschreibe. Gleiches gilt für das historische englische Gesetz, nach dem ein Kind ab fünf Jahren zu Hause oder in einem Privathaushalt Alkohol trinken darf. Unfassbar!

Alcohol Change UK betont eindringlich, dass es keine Anhaltspunkte dafür gibt, dass dieser Ansatz funktioniert. Im Gegenteil: »Die Forschung zeigt, dass das Risiko für spätere Alkoholprobleme umso größer ist, je jünger ein Mensch ist, wenn er sich zum ersten Mal betrinkt.« Führende Mediziner im Vereinigten Königreich raten dazu, dass Kinder mindestens bis zum 15. Geburtstag überhaupt nicht trinken sollten, und auch danach nur sehr geringe Mengen und nicht häufiger als einmal pro Woche. Körper und Gehirn junger Menschen sind noch nicht ausgereift, sodass Alkohol schwere und nachhaltige Schäden verursachen kann, einschließlich Gedächtnisstörungen und Lernschwierigkeiten.

Und als wäre das nicht Grund genug, scheint Alkoholkonsum bei Minderjährigen zu oft von den Eltern und nicht von den Kindern auszugehen. Immer mehr junge Menschen trinken wenig oder gar keinen Alkohol. Wenn sich dieser Trend fortsetzt, könnte es sein, dass sich künftig immer mehr Eltern vor ihren Kindern für ihr Trinkverhalten rechtfertigen müssen!

Beachten Sie, dass Sie für Ihre Kinder auch im Teenageralter noch wichtig sind. Eltern unterschätzen oft, wie viel Einfluss sie auf ältere Kinder haben, vor allem, wenn es um Alkohol geht – was Sie sagen und tun, kann viel bewirken. Ob junge Menschen ein gesundes Verhältnis zum Alkohol entwickeln, hat oft gar nicht so sehr mit dem Alkohol an sich zu tun. Das Wichtigste sind Selbstvertrauen und Selbstwertgefühl, und dazu trägt vieles bei, was Sie vermutlich ohnehin tun: gemeinsam Zeit verbringen, ein offenes Ohr haben, klare Regeln aufstellen und diese Regeln einhalten.

Puuuhh! Ich kann mir gar nicht vorstellen, wie meine Kinder als Teenager sein werden! Zwar hoffe ich, dass ich mir dann nicht mehr so viele Gedanken darüber mache, wie viel Pesto sie essen, und sie nicht mehr überreden muss, sich Schuhe anzuziehen, doch dann wartet eine ganz neue Welt mit fremden, unbekannten Gewässern. Im Prinzip hat es keinen Sinn, sich darüber jetzt schon den Kopf zu zerbrechen, doch es ist auf jeden Fall von Vorteil, so früh wie möglich den Grundstein für klare Kommunikation zu legen – auch bei scheinbar »erwachsenen« Themen. Sprechen Sie schon mit jungen Kindern über Alkohol, aber raten Sie keinesfalls zum Konsum, ehe sie deutlich älter sind.

Ich hatte gehofft, die Fragen in diesem Kapitel neutral beantworten zu können, obwohl ich zum Thema Alkoholkonsum eine eindeutige Meinung habe. Doch während meiner Recherchen erreichte mich eine E-Mail, die wirklich an einen Nerv rührte.

Die Nachricht kam von Dr. Eleanor Ryan-Saha, die ehrenamtlich für die NACOA (National Association for Children of Alcoholics – Nationale Vereinigung für Kinder Alkoholkranker) forscht. Sie hat für »Mother of All Lists« einen eindringlichen Artikel[38] über das Leben als Kind einer Alkoholikerin geschrieben. Hier ein Auszug daraus:

- Ich glaube, das Schlimmste an einem alkoholkranken Elternteil sind die Lügen. Man wird dazu erzogen, den Eltern bedingungslos zu vertrauen. Über diesen Verrat kommt man nie hinweg.
- Der Alkoholismus meiner Mutter hat unsere Familie in einer Art Zeitlupen-Crash zerstört, aber niemand konnte richtig eingreifen und helfen. Davon abgesehen waren wir eine ganz normale britische Familie. Ich habe erkannt, wie allgegenwärtig Alkoholismus heutzutage im Vereinigten Königreich ist.
- Ein Alkoholikerkind kann unmöglich ein unbeschwertes Verhältnis zum Trinken entwickeln. Wir haben selten Alkohol im Haus, weil ich Alkohol, vor allem Hochprozentiges, im häuslichen Umfeld sehr beunruhigend finde. Ich möchte meinen Kindern ein unkompliziertes, verantwortungsbewusstes Verhältnis zum Alkohol vorleben, wenn sie älter sind, deshalb trinke ich ein Glas Wein, wenn sie dabei sind, aber nicht mehr. Es fällt mir schwer zu erreichen, dass sowohl sie als auch ich mich dabei wohl fühle.
- Hinsichtlich des Alkoholkonsums von Eltern gibt es im Vereinigten Königreich noch ungeheuer viel zu tun. Ich bin fest davon überzeugt, dass »Wine Moms« und »Day Drinking« bei Müttern äußerst schädliche Phänomene sind, die im Ausgrenzungsdiskurs jedoch kaum erwähnt werden. Alkohol er-

füllt die unterschiedlichsten Zwecke, aber Selbstfürsorge bedeutet er nie. Allerdings habe ich den Eindruck, das könnte eine der unpopulärsten Positionen sein, die man in diesem Land vertreten kann. Immer wieder stelle ich fest, dass man übers Wetter spricht, wenn man Smalltalk führen will, aber über Alkohol scherzt, wenn man Freunde finden möchte. Wer Trinkgeschichten negativ sieht, gilt als Spielverderber.

- Hinter jedem alkoholkranken Elternteil steckt ein Alkoholikerkind. Ich sage immer, dass ich eine Sucht erklären, aber niemals entschuldigen kann. Ich liebe meine Mutter, und es ist nicht ihre Schuld. Aber es gibt keine Entschuldigung dafür, Kinder in die Welt zu setzen, nur um sie dem Alkoholismus auszusetzen. Wäre es denn so schwer für Eltern, einmal gründlich über ihr Verhältnis zum Alkohol nachzudenken? Oder über die Art und Weise, wie sie mit anderen Erwachsenen und mit Kindern über Alkohol sprechen? Ist man wirklich eine »Spaßbremse«, wenn man sich wünscht, dass Alkohol nicht mehr attraktiv dargestellt oder Alkoholismus nicht mehr heiter gesehen wird?

Das sind unangenehme Fragen zum Abschluss, aber sie sind es wert, dass man sich damit auseinandersetzt – vor allem in Hinblick auf das Verhältnis zum Alkohol, das wir der nächsten Generation vermitteln wollen.

## ABER WARUM MUSS ICH MICH ENTSCHULDIGEN?

Instinktive Antwort: Weil ich dich darum gebeten habe! (Und zwar ganz besonders dann, wenn Ihr Kind einem anderen Kind etwas Schlimmes angetan hat.) Wenn man genauer überlegt, ist »Entschuldigung« jedoch sehr vielschichtig.

In einem Artikel für die Zeitschrift *Psychology Today*[39] erläutert Dr. Fredric Neuman, warum es besser sein könnte, keine Entschuldigung zu verlangen. Er sagt, man solle sich niemals entschuldigen, nur um die Wogen zu glätten oder wenn man keine echte Reue verspürt. Demgegenüber ist es natürlich anständig, sich zu entschuldigen, wenn man etwas falsch gemacht hat oder wenn man nicht »brav« war, denn damit gesteht man ein, dass die eigenen Entscheidungen negative Folgen für andere hatten.

Die Therapeutin und Autorin Esther Perel sagte kürzlich im TED-Podcast »WorkLife«[40]: »Das Eingeständnis umfasst ein Element der Reue oder des Bedauerns – manchmal bezieht sich das nicht unbedingt auf das eigene Handeln, sondern auf die Konsequenzen, die es für andere Menschen hatte.«

Wenn man dagegen mit »Entschuldigungen« nur so um sich wirft, kann das problematisch sein.

In einem Artikel für die *New York Times*[41] erklärt der Sozialwissenschaftler Adam Grant, dass sich Kinder bereits im Alter von fünf oder sechs Jahren spontan entschuldigen, wenn sie Gleichaltrigen und manchmal sogar ihren Geschwistern wehgetan haben. Es ist gut, wenn wir Eltern ihnen diesen Reflex eingeimpft haben, aber es ist schlecht, wenn sie nicht verstehen, was dahintersteckt. Neuman meint, die Bereitschaft, sich zu entschuldigen, sei eigentlich eine Bereitschaft, Verantwortung zu übernehmen. Man kann einem Kind raten, sich zu entschuldigen, noch wichtiger ist jedoch, ihm zu verdeutlichen, dass es »etwas wiedergutmachen« sollte. Der Wert einer Entschuldigung liegt in den Gefühlen, die damit zusammenhängen.

In der Kinderberatung (insbesondere in der Traumaberatung) werden Kinder nicht dazu gezwungen, sich zu entschuldigen, sondern es geht in erster Linie darum, dass sie »Möglichkeiten zur Wiedergutmachung finden«. Demnach würden Sie Hannah nicht auffordern, sich bei Holly dafür zu entschuldigen, dass sie ihren Turm umgeworfen hat, sondern sie dazu anhalten, das Problem zu erkennen, zum Beispiel: »Die arme Holly, sie hat sich so viel Mühe mit dem Turm gegeben und ist jetzt sicher sehr verärgert«, gefolgt von »Was könnten wir nur machen, damit sie sich besser fühlt?«.

Dahinter steckt der Gedanke, dass die Wiedergutmachung durch eine gezielte, sinnvolle Handlung erfolgt und nicht durch ein unter Zwang geäußertes Wort.

Überlegen Sie auch einmal, wann wir uns als Erwachsene unnötigerweise entschuldigen. Man muss sich nicht entschuldigen, wenn man etwas ablehnt, das man nicht erledigen kann oder will. Das ist nicht falsch. Es ist einfach so. Sagen Sie also nicht »Tut mir leid« statt »Nein, das geht nicht«.

Streichen Sie unnötige Entschuldigungen aus beruflichen E-Mails. Es tut Ihnen nicht leid, dass Sie den Termin um 18:30 Uhr nicht wahrnehmen können, weil Sie Ihr Kind betreuen müssen. Sie haben nichts Falsches getan und niemandem geschadet (dann wäre der Definition nach eine Entschuldigung angemessen). Erklären Sie stattdessen einfach: »Ich kann den Termin um 18:30 Uhr nicht wahrnehmen.«

Entschuldigen Sie sich nicht für eine (potenziell) berechtigte Frage. Es gibt keine dummen Fragen. In einer Gruppe fragen sich oft viele Leute das Gleiche und sind froh, dass Sie es laut ausgesprochen haben.

Entschuldigen Sie sich nicht, weil Sie meinen, dass man das erwartet. Oder weil man Sie dazu gedrängt hat. Ein unaufrichtiges »Tut mir leid« ist schlimmer, als wenn man gar nichts sagt. Noch schlimmer ist eine performative Entschuldigung.

Achten Sie auf Tonfall und Blickkontakt. Wenn jemand Ihre Entschuldigung verdient, ist es das Mindeste, dass Sie diese richtig übermitteln, auch wenn das unangenehm ist.

Sagen Sie durchaus, dass es Ihnen leidtut, wenn jemand etwas Schlimmes erlebt hat (einen Todesfall, eine Krankheit oder eine Trennung). Aber unterdrücken Sie den Drang, Ihr Mitgefühl zu entwerten. Sagen Sie nicht: »Vielleicht ist es besser so«, »Das wird schon wieder« oder »Sicher findest du bald einen neuen Job«. Das macht die unbehagliche Situation für Sie selbst leichter, lässt Ihre Anteilnahme jedoch weniger aufrichtig und ungekünstelt wirken.

Ich habe meinen Kindern auch beigebracht, dass auf ein »Entschuldigung« ein »Alles in Ordnung?« oder »Willst du darüber reden?« oder »Kann ich dir irgendwie helfen?« folgen sollte.

Meiner Erfahrung nach ist es ratsam, genau zu überlegen, wann eine Entschuldigung angebracht ist. Werfen Sie nicht achtlos damit um sich, sodass sie wertlos wird. Wenn Sie mit Entschuldigungen sparsam umgehen, sind sie wirklich wertvoll und zeigen unter Umständen große Wirkung. Gehen Sie Ihren Kindern mit gutem Beispiel voran, dann werden sie ihnen ganz selbstverständlich nacheifern.

## DENKANSTOSS:

### Hören Sie auf sich selbst

*Nichts hat einen stärkeren psychischen Einfluss auf die Kinder als das ungelebte Leben der Eltern.*

Carl Gustav Jung

In letzter Zeit – während ich an diesem Buch schrieb und die Kinder großzog – ist mir immer wieder aufgefallen, dass ich zwar versuche, ihnen etwas beizubringen, im Grunde aber von ihnen lerne.

Ein Tag war dabei, an dem ich ungläubig über Greta lachen musste. Innerhalb kürzester Zeit zeigte sie mir mehrfach, dass sie schon so war, wie ich gerne sein wollte. Als Musik von Spotify ertönte, tauchte sie wie aus dem Nichts auf, nackt bis auf Flügel und eine Hose ihres Bruders, und rief: »Komm, Mama, tanz mit mir!« Und wir tanzten.

Kurz vorher hatte sie sich an der Tischecke den Kopf gestoßen. Ein normaler Kleinkind-Unfall. Sie war in Tränen ausgebrochen und hatte gefordert: »Ihr müsst mich in den Arm nehmen.« Natürlich haben wir das alle getan.

Und als Ben die drei später ins Auto packte, um zu seiner Mutter zu fahren, gab Greta mir einen Kuss und sagte: »Tschüss, Mama, du wirst mich sehr vermissen.« Damit lag sie goldrichtig: Ich habe sie vermisst. Die Kleine ist selbstbewusst und kann ihre Bedürfnisse unumwunden zum Ausdruck bringen. Man könnte sagen: Sie ist mit sich im Reinen.

Wie kann ich also dafür sorgen, dass sie so bleibt? Wieder einmal lautet die Antwort: Indem ich es vorlebe, indem ich mit mir selbst im Reinen bin.

Als die drei an jenem Tag im Auto davonfuhren (während ich zu Hause blieb, um an diesem Buch zu arbeiten), wurde ich von Gewissensbissen überwältigt. Ich fühlte mich schlecht, weil ich sie ein paar Tage lang nicht sehen würde, aber in Wirklichkeit fühlte ich mich schlecht, weil ich allein sein wollte.

Ich musste mir das richtig ausreden.

Wenn Greta weiter so selbstsicher bleiben soll wie jetzt, wenn sie in der Lage sein soll, ihre Bedürfnisse zu äußern, dann muss ich das auch selbst tun. Ich sollte nicht das Gefühl haben, dass ich mich dafür entschuldigen muss, dass ich Zeit für mich brauche, niemals, aber ganz besonders nicht nach dem Lockdown, in dem wir im wahrsten Sinne des Wortes monatelang ununterbrochen zusammen waren.

Glennon Doyles Buch *Ungezähmt*[42] hat mich umgehauen, denn es liefert auf jeder Seite wichtige Erkenntnisse und ermutigt dazu, das eigene Leben selbstbewusst in die Hand zu nehmen. Wenn Glennon uns auffordert, ungezähmt zu sein, dann fordert sie uns auf, so zu sein, wie wir wirklich sind. Das zu tun, was wir wollen. Wenn Sie sich selbst Freiheit schenken, machen Sie damit Ihren Kindern ein Geschenk.

Ich habe oft eine feste Vorstellung davon, was eine gute Mutter, Ehefrau, Tochter, Freundin, Schwester oder Arbeitskollegin ausmacht. Aber ich frage mich kaum – beziehungsweise erst neuerdings –, wie ich der Mensch sein kann, der ich wirklich sein möchte.

Hören Sie auf sich selbst! Schalten Sie elterliche Schuldgefühle ab und geben Sie sich Freiraum, um »sich selbst zu erkennen«.

Vielleicht sagen Sie spontan: »Ich weiß, wer ich bin«. Und wenn das stimmt, umso besser.

Ich selbst habe diesbezüglich andere Erfahrungen gemacht: Zum einen habe ich das Gefühl, dass sich mein Ich ständig verändert. Andererseits habe ich mich selbst verloren, als ich Mutter wurde – durch eine Mischung aus Selbstverzicht und der Tatsache, dass ein Baby nicht nur den Körper verändert, sondern auch Finanzen, Beruf, Beziehungen, Freundschaften, Freiheit, Unabhängigkeit, Ruhe und Vergnügen.

Während man versucht, mit all dem zurechtzukommen, ist es oft nicht so leicht, sich daran zu erinnern oder zu entdecken, wer man eigentlich ist. Gerade war ich noch 30 Jahre alt und schwanger; einen Wimpernschlag später gehe auf die 39 zu, und manchmal fühle ich mich mehr wie die Mama von Bertie, Woody und Greta als wie Clemmie. Das soll nicht heißen, dass ich ihnen nicht alles geben will, was sie brauchen, sondern dass ich auch mein »Ich« stärken muss, um das zu schaffen.

Hier kommen noch weitere Aspekte ins Spiel, nämlich andere Stimmen, die sich einmischen, und das Streben nach Bestätigung durch andere. Beides wird durch die sozialen Medien noch verstärkt.

Glennon sagt, dass wir uns nur treu sei können, wenn wir unsere eigene innere Stimme wiederfinden und uns von ihr leiten lassen.

## Ein Hoch auf die Intuition

Das Wort Intuition stammt vom lateinischen *intueri* und bedeutet »genau auf etwas hinsehen, geistig betrachten«. Die Intuition verspricht, dass wir durch den Blick in unser Inneres in Tiefen vordringen, die in der äußeren Welt der konkreten Fakten und Zahlen nicht zugänglich sind. Das ist kein neumodischer Gedanke – schon Albert Einstein sagte: »Intuition, nicht Intellekt, ist das Sesam-öffne-dich des Ich.«

Intuition bedeutet wirklich Macht. Das beweist eine Studie, mit der der Kognitionspsychologe Gary Klein untersuchte, wie Feuerwehrleute am Arbeitsplatz Entscheidungen treffen. Zu seinem Erstaunen stellte er fest, dass die Männer behaupteten, sie würden überhaupt keine »Entscheidungen treffen«, da sie nicht aktiv aus mehreren Alternativen auswählten. Sie agierten und reagierten auf der Grundlage ihrer früheren Erfahrungen, ohne andere Handlungsmöglichkeiten in Betracht zu ziehen.

Genauso geht es uns als Eltern. Wir lernen schnell, ob ein krankes Kind nur unpässlich ist oder ob wir uns Sorgen machen müssen. Schönheitsguru Caroline Hirons behauptet, sie konnte riechen, wenn ihre vier Kinder nicht auf dem Damm waren. Das klingt seltsam, aber ich kann nachvollziehen, was sie meint.

Wenn Ihnen etwas komisch vorkommt, dann ist das höchstwahrscheinlich berechtigt. Bauchgefühle sind echte Gefühle.

Doch wir lassen uns nur zu schnell von unseren Instinkten abbringen und suchen die Antworten anderswo. Das gilt nicht nur für Frauen, doch sie neigen ganz besonders dazu. In *Unge-*

*zähmt* erzählt Glennon Doyle, wie sie eine Gruppe von Kindern (mit denen ihre Tochter befreundet war) fragte, ob sie hungrig seien und etwas essen wollten. Die Jungen sagten ohne Zögern Ja. Die Mädchen sahen sich an, dann antwortete eine für alle: »Nein, wir möchten nichts.«

Glauben Sie mir, ich weiß nur zu gut, wie paradox das klingt – schließlich habe ich für dieses Buch die Meinung unzähliger anderer Menschen eingeholt, um Fragen zu beantworten. Und dazu stehe ich, denn ich möchte mir vor Augen führen, welche Erfahrungen andere gemacht haben.

Es ist jedoch ein Unterschied, ob man nach Erkenntnissen sucht, um sich besser zu informieren (das ist gut), oder ob man sich an der Meinung Außenstehender orientiert, weil man sich nicht auf die eigene Intuition verlässt.

## Wie können wir uns besser auf unsere Intuition einlassen?

Manchmal setze ich voll auf Intuition oder mein Bauchgefühl. Es kommt sogar vor, dass ich irgendwo nicht hingehe, nur weil es mir nicht »richtig« erscheint. Oder kennen Sie das, wenn man jemandem eine Textnachricht schickt, weil man das Gefühl hat, man sollte sich mal wieder melden, und dann eine dankbare Antwort bekommt? Es klingt verrückt, aber nehmen Sie in solchen Momenten zur Kenntnis, dass Ihre Intuition richtig war. Um die Kraft des Bauchgefühls richtig zu nutzen, muss man es zuallererst bewusst wahrnehmen.

Damit wir auf unseren inneren Sinn hören können, müssen

wir außerdem äußere Stimmen so gut wie möglich ausblenden (deshalb der Rat, »Ruhe zu finden«).

Wenn man sich nicht ganz sicher ist, heißt das nicht, dass man falschliegt. Wenn wir unsicher sind, ob wir unseren Überzeugungen trauen können, liegt das zum Teil daran, dass wir schlichtweg aus der Übung sind. Versuchen Sie, sich nicht auf Google oder die Ratschläge anderer Leute zu verlassen. Genau wie ein Muskel wird die Intuition stärker, je mehr wir sie beanspruchen.

Die Unsicherheit entsteht auch dadurch, dass wir Verantwortung übernehmen, wenn wir auf uns selbst hören und unserer inneren Stimme folgen.

Ich begegne diesem Gefühl mit dem Bewusstsein, dass man sich beim nächsten Mal anders entscheiden kann, wenn man mit dem Ergebnis nicht zufrieden ist.

In jeder Situation gibt es zahllose Alternativen, die Folgen für Sie selbst und Ihre Mitmenschen haben, aber wenn ein Fehler auf das eigene Bauchgefühl zurückgeht, kann man damit tausendmal besser leben, als wenn er quasi aufgedrängt wurde, weil man auf eine fremde Version der Wahrheit gehört hat. Anders ausgedrückt: Eine Entscheidung, die Ihrem Bauchgefühl widerspricht, ist ein Fehler. Eine Entscheidung, die ihm entspricht, kann nicht grundsätzlich falsch sein, sondern ist eine Chance zum Lernen.

## Wie hängt das mit den Fragen Ihrer Kinder zusammen?

Ihre intuitive Antwort auf eine Frage hat großen Einfluss. Natürlich sollten Sie diese Antwort mit Fakten untermauern, mit fundierten Informationen und wissenschaftlichen Erkenntnissen, und vielleicht auch mit einigen der Aspekte, die in diesem Buch erläutert sind.

Aber die spontane Eingebung (die übrigens etwas ganz anderes ist als der reflexhafte Impuls, die Kinder zum Schweigen zu bringen, damit sie schnell einschlafen) ist eine Intuition, auf die Sie hören sollten. Sie beruht darauf, dass Sie Ihr Kind so kennen, wie es nur Eltern können, und die Frage durch die Linse Ihrer eigenen Erfahrungen betrachten.

Seien wir ehrlich, es gibt keine feste Marschroute. Niemand sonst hat Ihr Kind mit all seinen individuellen Bedürfnissen und Erfahrungen erlebt. Jedes Leben ist ein Experiment.

Wir können unseren Kindern nichts beibringen, wenn wir unsererseits nicht lernen wollen – aber Kinder erwarten auch nicht, dass wir fehlerlos und allwissend sind. Und sie werden uns eher vertrauen, wenn wir uns selbst vertrauen.

Wir wollen, dass ein Kind Fragen stellt – und beantwortet. Dass es sich selbst treu ist (oder vielmehr so wunderbar bleibt, wie es jetzt gerade ist – als Mensch, der von äußeren Einflüssen noch weitgehend unberührt ist). Dann müssen wir uns nach Kräften bemühen, selbst genauso zu sein.

**Als Kind hätte ich gerne gewusst, dass …**
mein Leben perfekt war; es gab keine Sorgen und keinen Stress, und morgens beim Aufwachen dachte ich immer nur an den Tag, der vor mir lag. Viel zu viele Menschen opfern ein Leben lang die Gesundheit, um Geld zu verdienen, und würden am Ende ihrer Tage jeden Cent zurückgeben, um wieder gesund zu werden, ein einfaches Leben zu führen, die Welt zu sehen und dabei viele Menschen zum Lächeln zu bringen.

**Ben Tansley** @tano_hg

# 7

# DIE GROSSEN FRAGEN

Da wären wir. Endspurt. Ich hoffe, dass ich auf dieser Reise der Selbstentdeckung (bei der ich alles in Frage gestellt habe, was ich zu wissen glaubte) gelernt habe, wie ich mit Fragen umgehen sollte, unabhängig vom Thema. Und vor allen Dingen hoffe ich, dass ich Ihnen etwas davon vermitteln konnte.

In diesem Sinne wäre es schön, wenn das letzte Kapitel ein Spaziergang würde. Leider ist das nicht der Fall. Ich habe beschlossen, mich mit einem Paukenschlag zu verabschieden. Mit einem rasanten Endspurt – einer Reihe von überwältigenden Fragen, die ich ehrlich gesagt am liebsten ganz umgehen würde. Leider sind sie so groß und bedeutsam, dass man sie nicht einfach unter den Teppich kehren kann … also gehen wir sie an.

## ABER WIE KOMMEN DIE BABYS IN MAMAS BAUCH?

Die Sex-Frage. Die Sex-Frage. Die Sex-Frage. Wie eine Alarmsirene in meinem Kopf. Nur stimmt das gar nicht. In Panik versetzt mich nur, dass das leider so verdammt schwer zu erklären ist, oder?

Ein kurzer Blick in diverse Erziehungsforen verrät, dass es auf diese Frage offenbar eine Vielzahl von Antworten gibt. Einige davon finde ich ehrlich gesagt ziemlich seltsam. Ich las, dass »wie bei einem Kuchen Zutaten vermischt werden, die dann im Backofen Bauch heranwachsen«. Normalerweise liebe ich Lebensmittelanalogien jeder Art, aber das fand ich schlichtweg widerlich. Kuchen und Sperma sollten nichts miteinander zu tun haben. Nicht einmal metaphorisch.

Ich las auch von »Feenstaub« und »Babytanz« oder von einer »besonderen Umarmung«. Ehrlich gesagt löst bei mir auch der Begriff »besondere Umarmung« einen Würgereiz aus, zumal es sich in Wirklichkeit meist um einen raschen, gut getimten Stoß handelt.

Andere Antworten lauteten: »Babys entstehen durch ein Glitzern in Papas Augen.« Schwachsinn. »Papa hat den hellsten Stern vom Himmel gepflückt, und Mama hat ihn gegessen.« Jetzt reicht es aber mit Papa! Eine Frau schrieb mir, dass Mama nur deshalb ein Baby im Bauch hatte, weil »Papa es nicht schnell genug herausgezogen hat«! Typisch Papa.

Erstaunlicherweise sagen manche Leute ihren Kindern offenbar, dass Jesus dabei im Spiel sei. Ich möchte jedem seine religiösen Überzeugungen lassen, aber ich bin mir ziemlich sicher, dass das so nicht in der Bibel steht. Wollen wir der nächsten Generation wirklich weismachen, dass Jesus Christus jede Frau auf der Erde schwängert (dann hätte er mehr zu tun als der Weihnachtsmann!)? Nochmals, ich maße mir darüber kein Urteil an. Aber ich persönlich will meinen Kindern zwar viel Raum für Entdeckungen und Erkundungen lassen, halte es aber für meine Pflicht, ihnen die Wahrheit, also die biologischen Fakten, zu vermitteln.

Der häufigste Weg zur Empfängnis ist folgender: Der Vater steckt seinen Penis in die Vagina der Mutter, Sperma kommt heraus und gelangt zu dem Ei in der Gebärmutter der Mutter. Das ist nicht der Magen, sondern unterhalb des Magens. Wenn sich Ei und Sperma treffen, kommt es zur »Befruchtung«.

Dies ist sachlich und biologisch korrekt. Sprechen Sie von »Gebärmutter«, nicht von »Bauch«. Verwenden Sie auch das Wort »Sex« oder »Geschlechtsverkehr« (aber rechnen Sie mit weiteren Fragen).

## Überlegung 1) Nicht alle Babys kommen auf diesem Weg in die Gebärmutter

In meinen Gesprächen mit Eltern, die Erfahrungen mit künstlicher Befruchtung, Leihmutterschaft und Samenspende gemacht haben, gab es unterschiedliche Meinungen dazu, ob man darauf hinweisen sollte, dass eine Empfängnis nicht immer auf natürlichem Wege stattfindet.

Liv Throne hat ihren Sohn Herb durch einen Samenspender bekommen. Der Kleine ist erst zwei Jahre alt, sodass sie die Frage nach dem Baby im Bauch noch nicht beantworten musste, aber sie klingt ein wenig entmutigt, wenn sie davon spricht, wie zwiespältig die Gesellschaft darüber denkt. Sie selbst ist der festen Überzeugung, dass niemand sich ein Urteil über die Entscheidungen anderer Menschen erlauben darf. Im Endeffekt geht es um ihr Kind, und sie will ehrlich zu ihm sein: »Ich werde ihm die Fakten sagen und mich so ausdrücken, wie es seinem Alter entspricht. Meine Nichte und mein Neffe sind adoptiert, und wir waren sehr ehrlich zu ihnen – keine Verniedlichung oder kindliche Sprache. Ich könnte mir vorstellen, zum Beispiel zu sagen: ›Dazu braucht es ein Ei und einen Samen. Ich hatte ein Ei, brauchte aber einen Samen. Ein Mann hat seinen Samen gespendet, und ein Arzt hat ihn mir in den Bauch gesteckt, damit daraus ein Baby wird.‹ Und zwar ER. Entscheidend ist, dass er weiß, dass ein Arzt beteiligt war, dass es in einer Klinik stattfand.«

### Überlegung 2) Manchmal klappt es, manchmal nicht

Wenn Sie mit Ihrem Kind über die Empfängnis sprechen, sollten Sie sich überlegen, ob Sie darauf eingehen wollen, dass es manchmal »einfach nicht klappt«, dass ein Baby entsteht.

Laut Clearblue (das Unternehmen, das Schwangerschaftstests herstellt) kommt es nur bei einem Drittel der Paare im ersten Monat zur Empfängnis. Wenn man unter 35 ist, dauert es normalerweise bis zu einem Jahr, und in 67 Prozent der Fälle wird die Frau innerhalb von zwei Jahren schwanger. Ich will nicht dazu raten, Ihr Kind mit diesen Daten zu bombardieren, aber es könnte sinnvoll sein, ihm deutlich zu machen, dass eine Empfängnis oft Zeit braucht.

### Überlegung 3) Wie grenzt man körperliche von emotionalen Aspekten ab?

In Bezug auf die Empfängnis mag es oft richtig erscheinen, einen wissenschaftlichen Ansatz zu wählen, aber überlegen Sie sich, wie Sie die emotionale Seite ansprechen wollen. Vielleicht möchten Sie erwähnen, dass es ein Akt der Liebe ist, wenn ein Baby gezeugt wird: In vielen Fällen geht es um die Liebe zwischen den Eltern, aber wenn Sie über künstliche Befruchtung/Leihmutterschaft sprechen, kann noch mehr im Spiel sein.

Selbst klinische Abläufe sind zwischenmenschlicher Kontakt. Das ist Liv sehr wichtig. Sie möchte Herb vermitteln: »Das hat sich Mama so gewünscht: Sie hat sich *dich* gewünscht, deshalb hat der Arzt Mama geholfen« und »Der Arzt und der Mann haben Mama den Samen gegeben, um Mama zu helfen, weil sie dich liebhaben wollte«.

## Ebenfalls erwähnenswert

- Es gibt auch Mamas mit Mamas und Papas mit Papas.
- Manche Menschen beschließen, selbst ein Kind zu bekommen.
- Manche Babys wachsen in einem anderen Bauch heran und werden später von den Papas oder Mamas adoptiert.
- Nicht jeder kann ein Kind bekommen.
- Nicht jeder möchte Kinder haben.

Mit anderen Worten: Bei dieser Frage lässt sich nicht nur darüber sprechen, wie eine Frau schwanger wird, sondern auch deutlich machen, dass andere Familienformen ganz normal sind.

## Wie lässt sich das vermitteln?

Darüber machte ich mir große Gedanken, aber interessanterweise fanden die Kinder einen ganz eigenen Zugang.

Mit sieben Jahren stellte Bertie viel mehr Fragen (etwa, ob es wehtut, wenn der Pimmel in die Vagina gesteckt wird!), während der fünfjährige Woody kurz Interesse an den allgemeinen

Zusammenhängen zeigte, sich dann aber sehr bald wieder seinem Spiel widmete.

Die Sexualtherapeutin Cath Hakanson sagt, das sei normal: »Wenn sie nicht verstehen, was man ihnen gesagt hat, vergessen sie es schnell wieder. Sie müssen nicht befürchten, dass Sie zu viel sagen! Zum Glück haben Kinder einen eingebauten Sicherheitsschalter und vergessen sofort alles, was sie nicht verstehen. Wir als Eltern müssen also nicht die Sorge haben, wir könnten Interesse an Dingen wecken, für die sie noch nicht bereit sind!« Ein guter Rat!

Sobald ich mich damit angefreundet hatte, mit meinen Kindern über dieses Thema zu sprechen, ging es ihnen in erster Linie um die unglaubliche Tatsache, dass sie tatsächlich einmal in mir steckten. Ich erzählte, wie ich spüren konnte, dass sie sich drehten und Schluckauf hatten, dass es anstrengend war, aber dass ich es toll fand. Ich habe ihre Ultraschallbilder an der Schlafzimmerwand und fand es schön, sie gemeinsam anzuschauen.

Eingangs hatte ich gesagt, das sei die Sex-Frage, aber das stimmt nicht ganz. Es ist die Empfängnis-Frage!

## Ein paar Worte zur Sexualerziehung

Cath Hakanson wies mich darauf hin, dass sich Kinder ungefähr mit drei oder vier Jahren erstmals für Schwangerschaft und Babys interessieren. Aus Neugier stellen sie dann Fragen über

Babys – sie wollen verstehen, warum sie hier sind, warum sie existieren. Je früher man mit seinen Kindern über diese Themen spricht, desto einfacher müssen die Antworten sein und desto besser ist man gerüstet, wenn es später um die wirklich »heiklen« Sex-Themen geht.

Hakanson sprach auch einen sehr wichtigen Punkt an, der auf einen Großteil dieses Buches zutrifft. »Ihre Kinder sollten Informationen hauptsächlich von Ihnen bekommen. Und wenn Sie Fragen wie ›Woher kommen Babys?‹ beantworten, vermittelt das den Kindern, dass es für Sie in Ordnung ist, über solche Dinge zu sprechen. Wenn Ihr Kind älter wird, haben Sie keine Kontrolle mehr darüber, welche Informationen es zu sexuellen Themen bekommt. Deshalb sollte Ihr Kind wissen, dass es sich an *Sie* wenden kann, wenn es etwas hört, das es nicht versteht. Nicht an seine Freunde und schon gar nicht an Google. So können Sie dafür sorgen, dass Ihr Kind die richtigen Informationen erhält, und falsche Informationen, die es mitbekommen hat, richtigstellen.«

Daher rät sie dazu, sachlich zu bleiben. Reagieren Sie so, als sei die Frage genauso unverfänglich wie die Frage, wie Müsli in die Schüssel kommt.

Sinnvoll ist auch, wenn man die Kinder fragt, was *sie* meinen. So können Sie herausfinden, was sie bereits wissen und was sie eigentlich wissen wollen. Achten Sie darauf, dass Sie ihnen genügend Informationen geben, damit sie keine falschen Schlüsse ziehen. Und zum Glück wollen Kinder in der Regel immer nur einen Bruchteil der Informationen auf einmal. So möchten Dreijährige vielleicht wissen, woher Babys kommen, aber in der Regel nicht, wie das Baby hineingekommen ist. Derartige Informationen übersteigen meist ihr Verständnis. Und bedenken Sie, dass jedes Kind anders ist. Manche Kinder erkundigen sich vielleicht erst mit vier oder fünf Jahren oder sogar noch später, woher Babys kommen. Manche Kinder fragen nie!

Wann Sie was mit Ihren Kindern besprechen können, hat Hakanson in einem tollen Leitfaden zusammengestellt, den ich mit ihrer Erlaubnis hier wiedergebe:

## Frühe Kindheit (zwei bis fünf Jahre)

*Unser Körper*

- Vermitteln Sie Kindern die richtigen Namen für Körperteile und ihre Funktionen.
- Jungen und Mädchen sind unterschiedlich, aber auch gleich – Mädchen haben in der Regel eine Vulva, Jungen haben in der Regel einen Penis, aber wir alle haben Brustwarzen/Popo/Nasen/Hände und so weiter.
- Unsere Körper sind unterschiedlich, und das ist in Ordnung.

*Privatsphäre*

- Einige Körperteile sind privat – die soll nicht jeder sehen.
- Es gibt private und öffentliche Orte und Zeiten – für Kinder ist das nicht so leicht zu verstehen, weil sich das oft ändert. So ist es vielleicht in Ordnung, dass Ihr Kind zu Hause nackt herumläuft, wenn Oma zu Besuch ist, aber nicht, wenn der Klempner da ist!
- Sie müssen lernen, die Privatsphäre anderer Menschen zu

respektieren. Wenn beispielsweise die Badezimmertür geschlossen ist, sollten sie anklopfen und fragen, ob sie hereinkommen dürfen.

- Auch sie selbst haben ein Recht auf Privatsphäre, wenn sie das möchten – etwa wenn sie auf die Toilette gehen, baden oder sich anziehen.

*Sich selbst anfassen*

- Es ist in Ordnung, wenn Kinder ihren Penis oder ihre Vulva anfassen. Erklären Sie, dass es sich gut anfühlt, die eigenen Genitalien anzufassen, aber dass man das an einem privaten Ort tun sollte, zum Beispiel seinem eigenen Zimmer!
- Wenn Ihr Kind in der Öffentlichkeit an seine Genitalien fasst, erinnern Sie es sanft daran, dass es seine Hände aus der Hose lassen muss. Machen Sie in diesem Fall nicht viel Aufhebens darum, um ihm Sicherheit zu geben. Keine Sorge, das wird sich auswachsen! (Hoffe ich zumindest!)

*Babys*

- Erklären Sie, dass sich alle Lebewesen fortpflanzen – Bäume werfen Samen ab, Hunde bekommen Welpen, und Menschen bekommen Babys. Zeigen Sie behutsam Beispiele für die Fortpflanzung auf, wenn Sie darauf stoßen.
- Wie ein Baby entsteht – dass man einen Teil von einem Mann (Zelle oder Sperma) und einen Teil von einer Frau (Zelle oder Ei) braucht, damit ein Baby zustande kommt.
- Ein Baby wächst in der Gebärmutter einer Frau.
- Wenn sie wissen wollen, wie das Baby herauskommt, erklä-

ren Sie einfach, dass es aus dem Bauch der Frau oder durch die Vagina herauskommt.
- Babys zu machen ist nur für Erwachsene, nicht für Kinder. (Das sollten Sie regelmäßig betonen, vielleicht sogar jedes Mal, wenn Sie darüber sprechen.)

*Körperliche Selbstbestimmung und Anfassen*
- Kinder dürfen über ihren Körper selbst bestimmen und entscheiden, wer ihn anfassen darf (das gilt auch für die Eltern).
- Es ist nicht in Ordnung, jemanden zu umarmen oder zu berühren, wenn dieser Mensch das nicht möchte.
- Manchmal gibt es einen guten Grund, wieso ein Erwachsener den Körper des Kindes anschaut oder berührt, etwa ein Arzt oder eine Krankenschwester.
- Wir haben keine Geheimnisse, die den Körper betreffen. Die Kinder können Ihnen jederzeit alles sagen, das ihnen unangenehm oder komisch vorkommt.

## Mittlere Kindheit (fünf bis acht Jahre) 

*Unser Körper*
- Verwenden Sie angemessene Begriffe, wenn Sie über Körperteile sprechen (sowohl bei Jungen als auch bei Mädchen) – Penis, Hoden, Hodensack, Anus, Vulva, Schamlippen, Vagina, Klitoris, Gebärmutter und Eierstöcke.
- Vermitteln Sie eine grobe Vorstellung von den inneren Fortpflanzungs- und benachbarten Organen – Gebärmutter, Eierstöcke, Eileiter, Harnröhre, Blase, Darm.

- Körper können die verschiedensten Formen, Größen und Farben haben.
- Bringen Sie Ihrem Kind bei, wie es seinen Körper pflegt, also Geschlechtsteile, Haar, Zähne, Haut und so weiter.
- Vermitteln Sie ihm, wie man »Nein« sagt – »Lass das, ich mag das nicht.«

*Geschlechtsverkehr*

- Ein Baby kann entstehen, wenn sich die Spermien eines Mannes mit den Eizellen einer Frau verbinden, was in der Regel durch Geschlechtsverkehr geschieht (eine andere Möglichkeit ist künstliche Befruchtung).
- Ein Baby entsteht, wenn die Spermien durch den Penis aus dem Mann herauskommen und in die Vagina der Frau gelangen. Sie kommen dann an die Stelle, an der sich die Eizelle befindet. Die Eizelle und das Spermium verbinden sich und wachsen zu einem Baby heran.
- Erwachsene haben Sex; das ist ein natürlicher, normaler und gesunder Teil des Lebens.
- Sex ist etwas für Erwachsene und nicht für Kinder.
- Erwachsene können entscheiden, ob sie ein Baby bekommen wollen oder nicht.

*Sexuelles Verhalten*

- Selbstbefriedigung – manche Kinder tun es, manche nicht.
- Alle sexuellen Handlungen sind privat, also Selbstbefriedigung und Geschlechtsverkehr.
- Es kann sich schön anfühlen, wenn der Körper berührt wird.

- Manche Menschen sehen sich im Internet Bilder von Nackten an oder wie Menschen Sex haben, und das ist nichts für Kinder. Sie müssen auch mit Ihrem Kind besprechen, was es tun soll, wenn (nicht falls) es auf solche Bilder stößt.
- Erklären Sie, dass es verschiedene sexuelle Orientierungen wie heterosexuell, homosexuell und bisexuell gibt.

## Spätere Kindheit (acht bis dreizehn Jahre)

*Pubertät*

- Vermitteln Sie alles oben Genannte, aber viel ausführlicher.
- Weisen Sie erneut darauf hin, welche körperlichen, sozialen und emotionalen Veränderungen mit der Pubertät einhergehen (bei beiden Geschlechtern).
- Mädchen müssen wissen, dass sie mit ihrer ersten Periode rechnen sollten.
- Jungen müssen über Ejakulation und feuchte Träume Bescheid wissen.
- Die Fruchtbarkeit beginnt, wenn Mädchen ihre Periode bekommen und Jungen Samen produzieren.
- Sowohl Jungen als auch Mädchen können ab der Pubertät Kinder zeugen.

*Sexuelles Verhalten*

- Manche Kinder sind neugierig auf Sex, manche nicht. Beides ist normal. Im Laufe der Pubertät werden sie sich allmählich vorstellen können, vielleicht selbst irgendwann einmal Sex zu haben. Wenn Sie das Thema Sex mit Ihrem Kind ansprechen, zeigen Sie ihm, dass es in Ordnung ist, wenn es mit seinen Fragen zu Ihnen kommt.

- Liefern Sie nach und nach mehr Informationen über Geschlechtsverkehr und andere sexuelle Verhaltensweisen.
- Vermitteln Sie grundlegende Informationen über sexuell übertragbare Krankheiten, da Ihr Kind vielleicht davon hört – manchmal kann man sich beim Geschlechtsverkehr anstecken, aber man kann dafür sorgen, dass das Risiko sinkt.
- Vermitteln Sie grundlegende Informationen über Verhütung, dass man eine Schwangerschaft vermeiden kann.
- Wecken Sie ein Bewusstsein für die sexuellen Werte und Überzeugungen der Eltern – Liebe, Dates, Verhütung, ab wann sexuelle Aktivität in Ordnung ist und so weiter.
- Mit Beginn der Pubertät wird Ihr Kind allmählich sexuelle Empfindungen und romantische Gefühle für Gleichaltrige entwickeln.
- In der Pubertät ist es nicht ungewöhnlich, sich zu Gleichgeschlechtlichen hingezogen zu fühlen oder entsprechende Fantasien zu haben; das ist nicht unbedingt ein Zeichen für die sexuelle Orientierung.
- In pornografischen Darstellungen wird die Sexualität übertrieben.
- Vermitteln Sie den richtigen Umgang mit dem Internet und wie man das Handy sicher benutzt.
- Vermitteln Sie, was eine respektvolle Beziehung ausmacht.

Für dieses Kapitel habe ich auch die klinische Sexualwissenschaftlerin Georgia Rose konsultiert, die für »Mother of All Lists« in einem großartigen Artikel[43] erläutert hat, wie man mit seinen Kindern über Sex spricht. Sie spricht darüber, dass in den Schulen kein guter Sexualkundeunterricht stattfindet und dass die meisten Kinder ihr Wissen über Sex aus Gesprächen mit Freunden (oft ungenau), aus Sexdarstellungen in den Medien (unrealistisch) und, was besonders schlimm ist, aus Pornos haben (warum das katastrophal ist, muss ich sicher nicht erklären). Damit müssen wir Eltern also die Bürde stemmen. Georgia Rose betont, dass das Internet – auch wenn es seine eigenen Probleme mit sich bringt – auch sehr nützliche Informationen liefern kann. Und sie weist darauf hin, dass man bei diesem Thema niemals auslernt – das gilt für unsere Kinder genauso wie für uns.

»Wir wachsen, wir ändern uns und lernen uns mit zunehmendem Alter immer besser kennen«, sagt sie, »deshalb haben wir es verdient, dass wir uns Zeit und Energie für unsere sexuelle Weiterbildung und unser sexuelles Wohlbefinden nehmen. Das ist besonders deshalb wichtig, weil die Sexualerziehung in der Schule bei so vielen von uns so jämmerlich war – es gibt noch viele Löcher zu stopfen und reichlich Nachholbedarf!«

**Als Kind hätte ich gerne gewusst, dass …**
Sexualerziehung mehr ist als Kondome, Bananen und Chlamydien. Dass sexuelle Gewalt und Frauenfeindlichkeit totgeschwiegen wurden, hat mich und meine Altersgenossinnen als junge Frauen noch verletzlicher gemacht.

**Erin Smithers** @noandroblog

## ABER WARUM IST DEIN BAUCH SO WABBELIG, MAMA?

Als Pendant zur Frage »Warum hat sie so einen dicken Bauch?«, die Kinder oft beim Anblick von Schwangeren stellen, gibt es eine Reihe von »Klassikern«, die uns Müttern gelten und vielen sehr vertraut sein dürften, vor allem nach einer Entbindung:

»Bist du schwanger, Mama?« (Ich habe vor sechs Jahren entbunden.) »Guck mal, was Mama für einen dicken Wabbel-Bauch hat« oder »Dein Bauch sieht aus wie Spielknete!«. Oder, genauso charmant: »Warum hängt dein Bauch so runter?«

Kurze Antwort: Ist das so? Vielen Dank! Damit du es beim Kuscheln gemütlicher hast.

Lange Antwort: Gehen wir mit der Frage so um, wie sie gemeint war: ein Zeichen von Neugier. Und am besten holen wir erst einmal tief Luft. Ich habe mal gehört, dass die erste Reaktion zeigt, was uns beigebracht wurde, und die zweite, was wir gelernt haben. Ich habe kein Problem mit solchen Fragen, aber ich muss sie kurz verdauen.

Dabei führe ich mir die folgenden – vielleicht offensichtlichen – Fakten vor Augen. Ein Bauch ist einfach ein Bauch, genauso wie eine Hand einfach eine Hand ist. Dass derartige Bemerkungen uns so treffen, liegt nur an dem Wert, den wir ihnen beimessen. Die Medien machen uns weis, wir könnten stählerne

Bauchmuskeln bekommen, wenn wir genug Abführtee trinken oder die »In-sechs-Wochen-zum-Sixpack-Challenge« absolvieren. Das klingt so einfach, aber die Sache hat einen Haken: All das ist so konzipiert, dass man unter Garantie scheitert. Ganz schön fies, oder?

Ich erinnere mich an ein besonders aufschlussreiches Gespräch im London Centre for Intuitive Eating, das sich auf Ernährung ohne Diäten spezialisiert hat.

Es lief in etwa so ab:

Ich: Ich würde gerne mal für einen Tag ein Sixpack haben.
Beraterin: Warum? Was würden Sie damit machen?
Ich: Äh, äh … Ich würde mein Oberteil oft ausziehen. Und ich würde nur bauchfreie Tops tragen.
Beraterin: Und dann? Abgesehen von den Crop Tops, wie würde der flache Bauch Ihr Leben sonst noch verbessern?
Ich: Äh …

Ich war sprachlos. Die Wahrheit lautet, dass ein Sixpack rein gar nichts ändern würde. Es würde mich nicht erfolgreicher machen. Es würde mich nicht beliebter machen. Es würde mich nicht zu einem besseren oder netteren Menschen machen. Und doch war ich ein Leben lang darauf fixiert gewesen! Stundenlang habe ich mich selbst kasteit, um dieses Ziel zu erreichen. Wie dämlich.

Die Antwort stand mir buchstäblich ins Gesicht geschrieben.

Mein schlaffer Bauch war die Folge meiner größten Leistung: Darin waren meine drei Lieblingsmenschen gewachsen.

Es klingt kitschig, ist aber wahr. Meine Kinder sind allemal besser als ein Waschbrettbauch. Aber selbst wenn der Bauch kein Bauch wäre und darin keine Menschen wachsen würden (sparen Sie sich Ihren Kommentar, wie bereits erwähnt weiß ich, dass Babys in der Gebärmutter heranwachsen), selbst wenn es etwas Unbedeutendes wäre wie ein Ohrläppchen oder ein Philtrum oder der dritte Zeh am linken Fuß – der menschliche Körper ist ein Wunder.

Wenn Sie demnächst einmal eine Bemerkung über Ihren Körper hören, die Sie als negativ empfinden könnten: Halten Sie inne (reagieren Sie also nicht spontan aus dem Bauch heraus). Führen Sie ein kurzes Gespräch mit sich selbst, nach dem Vorbild weiter oben: Wie würde die »ideale« Version des betreffenden Körperteils Ihr Leben verändern? Dann sehen Sie sich dieses Körperteil an einem Kind an. Bewundern Sie, wie perfekt es ist. Und Ihre Version davon – sei es Oberarm, Oberschenkel, linke Brust oder irgendetwas anderes – ist wirklich genauso wunderbar.

Sixpacks haben zwar durchaus einen gewissen Reiz, doch angesichts der Tatsache, dass mein Körper einmal seine Organe neu angeordnet hat, um ein weiteres Leben auf die Welt zu bringen, ist dieser wabbelige Bauch irgendwie fantastisch.

**Als Kind hätte ich gerne gewusst, dass …**
das, was Oma mir über das Gewicht erzählt hat, in Wirklichkeit völliger Unsinn war und nur ihre eigene Realität widergespiegelt hat … und dass es völlig in Ordnung war, schwul und ein bisschen komisch zu sein.

**Jules Von Hep** @julesvonhep

# ABER WARUM STERBEN MENSCHEN, UND SCHLAFEN SIE DANN NUR?

Leider gewann dieses Kapitel eine besondere Bedeutung, als ich daran schrieb – sowohl aus persönlichen Gründen, weil meine geliebte Oma kurz zuvor im Alter von 100 Jahren verstorben war, aber auch, weil Covid-19 die Sterblichkeitsrate in einem Ausmaß ansteigen ließ, wie wir es noch nie erlebt hatten.

Omas Tod war zwar unendlich traurig, doch ich hatte das große Glück, in dieser schwierigen Zeit mit Anna Lyons und Louise Winter zu sprechen und von ihren Erkenntnissen zu profitieren. Anna ist Sterbebegleiterin und unterstützt Menschen, die mit einer lebensverkürzenden Krankheit leben, sowie deren Angehörige und Freunde. Sie möchte den Betroffenen die Möglichkeit geben, ihr Leben bis zum Ende so gut wie möglich zu gestalten. Louise Winter ist Bestattungsunternehmerin und glaubt, dass eine gute Beerdigung uns dabei helfen kann, den Tod eines Menschen richtig zu erfassen und zu akzeptieren. Gemeinsam sind sie das Team hinter lifedeathwhatever.com.

Anna hat für »Mother of All Lists« einen wunderbaren Artikel[44] zum Thema Tod und Trauer geschrieben, den ich mir immer wieder anschaue. Er ist zu lang, um ihn vollständig wiederzugeben (obwohl ich dringend dazu rate, ihn zu lesen), deshalb hier die wichtigsten Punkte:

- Eine der wichtigsten Erkenntnisse lautet, dass wir über den Tod sprechen müssen.
- Wir müssen dafür Vorkehrungen treffen.
- Wir müssen mit unseren Kindern offen und ehrlich darüber sprechen.
- Wir müssen das Ende des Lebens genauso annehmen wie seinen Anfang.
- Der Tod ist schlichtweg unvermeidlich. Nichts auf dieser Welt ist gewisser als die Sterblichkeit.
- Ein Gespräch über Tod und Sterben ist weder morbide noch unheimlich. Wenn man es richtig angeht, ist es lebensbejahend und tröstlich.
- Man ist kein Grufti, nur weil man sich die Sterblichkeit vor Augen führt.
- Kinder haben keine Angst vor Tod und Sterben, wenn man ihnen hilft, es zu verstehen.
- Es hilft ihnen nicht, wenn sie glauben, dass der tote Hund auf einem Bauernhof lebt. Projizieren Sie Ihre eigenen Ängste nicht auf Ihre Kinder. Lassen Sie sie Fragen stellen und antworten Sie ehrlich.
- Verwenden Sie keine Beschönigungen: Nein, Großvater sitzt nicht in den Wolken und spielt nicht Tennis mit Abraham Lincoln und Großtante Marjorie. Solche Umschreibungen verhindern ein echtes Verständnis. Seien Sie direkt. Seien Sie ehrlich. Seien Sie einfühlsam.
- Die Themen Tod und Sterben müssen zur Erziehung dazugehören. Und zwar ab dem Zeitpunkt, zu dem die Kinder die Begriffe verstehen können.

- Wir können den Tod nicht heilen. Wir können aber dafür sorgen, dass Menschen so glücklich wie möglich leben – bis zum Ende.
- Wir müssen denen helfen, die wir zurücklassen. Wir müssen dazu beitragen, dass der Tod etwas ist, mit dem wir alle gut leben können.
- Es gibt keine fünf Phasen der Trauer. Trauer ist ein chaotisches Durcheinander von Schmerz und Leid und immer ganz individuell.
- Urteilen Sie niemals darüber, wie ein anderer Mensch mit seiner Trauer umgeht. Gehen Sie nicht davon aus, dass jemand nicht trauert, nur weil er nicht das tut oder sagt, was Sie erwarten würden.
- Verurteilen Sie einen Menschen nicht, wenn er schneller wieder »zum Alltag übergeht«, als Sie es erwarten würden. Das sagt nichts über das Ausmaß der Liebe zu der verstorbenen Person aus.
- Das Vermächtnis eines geliebten Menschen währt ein Leben lang. Stellen Sie sich darauf ein, ihn für immer im Kopf und im Herzen zu behalten.
- Sagen Sie einem anderen Menschen niemals, er solle jetzt »darüber hinweg sein«. Niemals.
- Geben Sie ruhig zu, dass Sie nicht wissen, was Sie sagen oder tun sollen, wenn jemand aus Ihrem Bekanntenkreis trauert. Das erwartet niemand von Ihnen.
- Der englische Fachbegriff »disenfranchised grief« bezeichnet sozial nicht anerkannte Trauer. Deshalb ist sie nicht weniger schmerzhaft oder schwierig. Ein Zuhause, ein Haustier, ein

Prominenter – Trauer ist nicht unerheblich, nur weil sie kein Familienmitglied betrifft.

- »Vorweggenommene Trauer« ist die Trauer, die wir empfinden, wenn wir wissen, dass jemand sterben wird. Sie kann auch die Angst sein, etwas oder jemanden zu verlieren – selbst dann, wenn diese Gefühle nicht begründet sind. Wir trauern nicht nur um das Leben. Wir trauern um eine verlorene Liebe, verlorene Freundschaften, den Verlust unserer Jugend. Trauer berührt viel mehr Bereiche unseres Lebens, als uns manchmal bewusst ist.
- Über den Tod eines geliebten Menschen kommt man nicht »hinweg«. Man lernt vielleicht, mit dem Verlust und ohne seine körperliche Anwesenheit zu leben, aber man wird nie darüber hinwegkommen.
- Sprechen Sie die Namen der Verstorbenen aus.
- Tränen sind kein Zeichen von Schwäche. Es ist in Ordnung, wenn man weint, und es gibt kein Limit für die Menge an Tränen, die man vergießen darf.
- Es ist in Ordnung, wenn jemand weint, wenn man mit ihm spricht. Sie haben nichts falsch gemacht.
- Sagen Sie nie, dass Sie verstehen, was jemand durchmacht. Selbst wenn Sie eine Situation erlebt haben, die Ihrer Einschätzung nach ähnlich war. Das war sie nicht. Trauer ist immer anders. Vergleichen Sie nicht.
- Kommen Sie zu Besuch, wenn die Blumen von der Beerdigung verwelkt sind. Merken Sie sich Geburtstage, Jahrestage und wichtige Termine. Ihr Leben wird schnell wieder in normalen Bahnen verlaufen, aber die Hinterbliebenen müs-

sen sich ein neues Leben aufbauen. Seien Sie langfristig für sie da.

- Kochen Sie. Leckeres und gesundes Essen, das man einfrieren kann.
- Berichten Sie, was Ihnen der geliebte Mensch bedeutet hat. Es ist schön zu wissen, dass jemand, den man geliebt hat, auch anderen wichtig war.
- Wenn jemand stirbt, bleibt das, was uns verbunden hat, bestehen. Eine Mutter bleibt eine Mutter, auch wenn ihr Kind gestorben ist.
- Dass man sich an einen verstorbenen Menschen erinnert und an ihn denkt, hindert nicht daran, dass man weiterlebt. Es kann heilsam sein.
- »Um die Trauer herum wachsen« ist ein schönes Modell, das leider nicht bekannt genug ist. Dr. Lois Tonkin vertritt die Ansicht, dass die Trauer um einen geliebten Menschen nie kleiner wird und auch nicht nachlässt, sondern dass das Leben, das wir weiterführen, um die Trauer herum wächst und uns Mut macht und tröstet.
- Ganz gleich, wie schwer etwas zu bewältigen sein mag, auch am nächsten Tag wird wieder die Sonne aufgehen. Das Leben geht weiter.
- Trauer ist tatsächlich ein Auf und Ab. Mal ruhige See, dann wieder riesige Wellen, in denen man zu ertrinken droht. Wenn Sie das erleben, versuchen Sie sich daran zu erinnern, dass die Verzweiflung in diesen Sekunden wieder verschwinden wird. Sie wird ganz bestimmt wiederkommen, aber auch das wird vergehen.

- Trauer lässt sich nicht überstürzen. Geben Sie sich die Zeit, die Sie brauchen, und versuchen Sie nicht, einen willkürlichen Zeitplan einzuhalten. Treffen Sie nach dem Tod eines Menschen, der Ihnen viel bedeutet hat, nicht unüberlegt lebensverändernde Entscheidungen.
- Leckereien helfen. Schöne Dinge helfen. Nette Menschen helfen.
- Scheuen Sie sich nicht, um Hilfe zu bitten. Scheuen Sie sich nicht, um Gesellschaft zu bitten.
- Ein Hinweis an Freunde: Drängen Sie sich auf, sanft, rücksichtsvoll und voller Liebe – lassen Sie nicht locker. Es ist überhaupt nicht aufdringlich, für jemanden da zu sein, der trauert. Auch wenn dieser Mensch gerade nicht »gesellig« ist, lassen Sie ihn an Ihrem Leben teilhaben. Wenn er die 999. Einladung ausgeschlagen hat, laden Sie zum 1000. Mal ein. Halten Sie seine Hand. Begleiten Sie ihn. Helfen Sie ihm, seinen neuen Weg zu finden.

Anna beschließt ihren Artikel mit den schönen Worten: »Letztlich zählt nur, dass man liebt und geliebt wird. Was wollen wir am Ende? Wir wollen umarmen, wir wollen umarmt werden. Noch nie hat mich jemand gebeten, sein teures Auto oder seine Rolex zu holen, damit er sie ein letztes Mal sehen kann. Noch nie bat mich jemand um ›eine letzte E-Mail an den CEO, um sicherzustellen, dass XY wirklich die Aktien verkauft hat‹.

Allerdings hat man mich gebeten zu ermöglichen, noch ein letztes Mal den Sonnenuntergang zu sehen, ein letztes Mal im Meer zu schwimmen, in den Armen eines geliebten Menschen einzuschlafen, den Hund zu holen, damit er auf dem Bett sitzen kann.

Es geht immer nur um Liebe. Um die echte menschliche Liebe und die Verbindungen, die wir zu anderen eingehen. Die Spuren, die wir hinterlassen, finden sich in den Herzen und Seelen der Menschen, die wir bedingungslos lieben. Das, was letzten Endes wirklich zählt, ist die Liebe.«

Diese Liste hat mir eine ganz neue Perspektive eröffnet; sie ist ein hervorragender Ausgangspunkt für Gedanken und Gespräche über den Tod.

Kommen wir zurück auf die Frage: »Aber warum sterben Menschen, und schlafen sie dann nur?«

Kurze Antwort: Jeder wird sterben, das ist Teil des Lebens. Tote schlafen nicht, sie sind tot.

Längere Antwort: Jeder wird sterben, das ist Teil des Lebens. Tote schlafen nicht, sie sind tot. Sprechen wir darüber.

Natürlich machen die Themen Tod, Sterben und Trauer Angst, weil sie mit dem Verlust eines geliebten Menschen verbunden sind, und das ist furchtbar. Dennoch hat es viele Vorteile, wenn man offen darüber spricht.

Im Laufe der Geschichte haben sich viele Gruppen, von den Buddhisten bis zu den Stoikern, aktiv mit dem Tod auseinandergesetzt, um sich die Vergänglichkeit des Lebens vor Augen zu führen.

Die lateinische Wendung *memento mori* bedeutet, »bedenke, dass du sterblich bist«. Das soll nicht deprimierend klingen, sondern für die richtige Perspektive sorgen.

## Wie also können wir »über den Tod sprechen«?

Erstens: Keine Beschönigungen. Das war ausnahmslos allen Fachleuten, die ich konsultiert habe, ganz wichtig.

Auch wenn »den Löffel abgeben«, »in den Himmel kommen« oder »von uns gehen« kurzfristig einfacher wirken mögen, stiften diese Ausdrücke nur Verwirrung. Wenn Sie einem kleinen Kind sagen, Oma sei »von uns gegangen«, könnte es glauben, sie sei irgendwo anders, und sich sehr darüber wundern, dass niemand nach ihr sucht, sagen Anna und Louise.

Kindern gegenüber wird das Sterben sehr häufig mit Einschlafen gleichgesetzt. Aber Kinder müssen verstehen, dass jemand gestorben ist und nie wieder in seiner körperlichen Form zurückkommen wird. Wenn man ihnen sagt, dass jemand Verstorbenes nur schläft, könnten sie a) erwarten, dass dieser Mensch aufwacht und zurückkommt, und b) befürchten, dass sie ebenfalls sterben, wenn sie schlafen gehen.

Vor diesen Realitäten werden Kinder langfristig nicht verschont bleiben, und je ehrlicher man mit der Situation umgeht, desto besser kommen sie auf lange Sicht damit zurecht.

Klingt vollkommen einleuchtend. Damit stellt sich die Frage: Was sagen wir ihnen wann?

Dazu habe ich Dr. Martha Deiros Collado, eine auf Kinder spezialisierte klinische Psychologin, und den Kinderbuchautor Mark Lemon konsultiert, der sich als Trauerbotschafter bezeichnet.

Als Mark zwölf Jahre alt war, wurde sein Vater ermordet, und nun, als Erwachsener, widmet er sich der Unterstützung von

Kindern, Jugendlichen und Erwachsenen, die mit Trauer und psychischen Beschwerden zu kämpfen haben.

Es versteht sich von selbst, dass der Tod ein gewaltiges und sehr persönliches Thema ist, aber ich habe einige Aspekte ermittelt, die immer wieder zutage kamen.

**Reden, reden und nochmals reden. Wenn wir nicht reden,** neigen Kinder dazu, sich selbst etwas zusammenzureimen, und oft nicht das Richtige. »Sie sind sehr aufmerksam und können sehr kreativ sein. Sie können Gespräche belauschen oder Kommentare in den sozialen Medien lesen und daraus Schlüsse ziehen«, sagt Winston's Wish, eine Organisation, die Trauerberatung für Kinder und Jugendliche anbietet. »Besser ist es, wenn ihnen die Fakten über den Tod so vermittelt werden, dass sie ihn richtig verdauen können.«

Mark Lemon teilt diese Ansicht: »Ich glaube, es ist wichtig, einem Kind ehrlich zu sagen, was mit einem geliebten Menschen geschehen ist. Andernfalls kann das Kind sich außen vor fühlen und eigene Vermutungen über das Geschehen anstellen. Wenn jemand Besonderes stirbt, meint das Umfeld oft, es sei das Beste für das Kind, wenn man einfach gar nichts sagt. Meiner Erfahrung nach möchte ein Kind Unterstützung, Liebe und Trost. Wenn man einem Kind oder einem jungen Menschen, der mit seiner Trauer zu kämpfen hat, einfach anbietet, darüber zu reden, oder ihm einen Arm um die Schulter legt, kann das in dieser schwierigen Zeit unendlich viel bedeuten.«

Machen Sie deutlich, dass es in Ordnung ist, über die verstorbene Person zu sprechen. Ermutigen Sie das Kind zu Gesprächen, indem Sie sich erkundigen, ob es etwas wissen möchte oder ob ihm etwas unklar ist. Verwenden Sie eine altersgerechte Sprache und seien Sie konkret, rät Dr. Deiros Collado, denn erst zwischen dem siebten und neunten Geburtstag können Kinder erfassen, dass der Tod unvermeidlich und unumkehrbar ist.

Mithilfe von Dr. Deiros Collado habe ich ein paar einfache Anhaltspunkte zusammengestellt, die als Orientierung dienen sollen:

**Bis zum dritten Geburtstag** erleben Kinder den Tod als Trennung. Ihr Sprachvermögen ist noch nicht so weit entwickelt, dass sie das Wort oder seine Bedeutung erfassen können.

**Zwischen drei und sechs Jahren** begreifen Kinder nicht, dass der Tod unvermeidlich und unumkehrbar ist, sondern sehen darin etwas »Besonderes«, das passieren kann. In dieser Phase der Gehirnentwicklung neigen sie zu »magischem Denken« – der Vorstellung, dass etwas auf magische Weise oder als Strafe geschieht. Manche geben sich selbst die Schuld oder fürchten, dass sie »etwas Schlimmes« getan haben, das den Tod verursacht hat. Sie verstehen nicht, dass der Tod unumkehrbar ist, wünschen sich vielleicht einen Besuch im Himmel oder fragen, wann der verstorbene Mensch zurückkommt.

**Im Alter zwischen sieben und neun Jahren** verstehen Kinder allmählich, dass der Tod endgültig und unausweichlich ist, begreifen aber immer noch nicht, dass er jeden treffen wird, auch sie selbst (das geschieht erst in der Pubertät). Diese neue Erkenntnis kann dazu führen, dass sie viele Fragen zum Thema Tod und Sterben stellen und fürchten, ihre Eltern oder andere nahestehende Menschen zu verlieren.

**Ab dem zehnten Lebensjahr** wird das Verständnis der Kinder für den Tod sehr viel realer, sodass sie sich allmählich genauer mit den biologischen Fakten rund um Tod und Sterben beschäftigen. Winston's Wish hat auch beobachtet, dass ältere Kinder »unter Umständen Fragen dazu haben, was der Tod für ihre Zukunft bedeuten wird«.

Tod und Trauer sind selbst für Erwachsene schwer zu verarbeiten. Trauern ist komplex und verläuft selten linear. Allerdings gibt es ein paar Dinge, die helfen können.

Dazu gehört unter anderem die Sensibilisierung für Gefühle. »Die Gefühle, die mit der Trauer einhergehen, sind für ein Kind oft überwältigend, und wie es darauf reagiert, hängt von vielen Faktoren ab. Um ihm zu helfen, kann es sinnvoll sein, seine Gefühle zu benennen, ihm zu vermitteln, dass es in Ordnung ist, diese Gefühle zu empfinden, und es dabei zu unterstützen, einen Weg zum Umgang mit den schwierigen Gefühlen zu finden. Kinder lernen oft von den Erwachsenen in ihrem Umfeld und orientieren sich möglicherweise an deren Verhalten.« In diesem Zusammenhang könnte das Kapitel »Komplexe Gefühle« weiterhelfen; darin geht es um Gefühle und wie man lernt, sich nicht vor seinen Emotionen zu fürchten. Manchen Kindern fällt es vielleicht schwer, überhaupt auszudrücken, was sie empfinden.

Es könnte auch sinnvoll sein zu bedenken, welche Bedeutung die Verarbeitung durch Spielen haben kann. Dr. Deiros Collado erklärt, dass Kinder dabei oft ihre Gefühle ausdrücken und dem Geschehen einen Sinn geben können. In diesem Zusammenhang habe ich mit meinen Kindern beim Basteln einige sehr aufschlussreiche Momente erlebt. Mir brach das Herz, wenn sie Karten mit Liebesherzen gestalteten, um sich daran zu erinnern, wie sehr sie ihre »singende Oma« liebten, aber es war eine gute Gelegenheit, über unsere Gefühle und Erinnerungen zu sprechen.

Versuchen Sie, sich auf schwierige Situationen einzustellen, auch abseits der offensichtlichen wie Weihnachten und Geburtstage. Kurzfristig ist es oft tröstlich, wenn die täglichen Abläufe (Mahlzeiten, Schlafen und Spielen) gleich bleiben und ein vertrauter Mensch, den die Kinder mögen, für körperliche Zuwendung und Zuneigung sorgt. Auf einer persönlichen Ebene ist es sehr wertvoll, sich an die Normalität zu klammern, wenn man das Gefühl hat, dass alles um einen herum zusammenbricht. Zudem hat der Tod zur Folge, dass man das Alltägliche mehr schätzt als je zuvor.

Dann ist da noch die Beerdigung. Ich war mir sehr unsicher, ob wir unsere Kinder zur Beerdigung meiner Oma mitnehmen sollten. Anfangs war ich dagegen, weil ich meinte, das sei irgendwie unpassend, aber ich bin so froh, dass sie letztlich doch mit dabei waren. Es war nicht nur eine angemessene Würdigung, sondern sie benahmen sich auch tadellos. Die Beerdigung tat ihnen gut. Sie hörten, wie wir alle über Oma sprachen. Und dann sahen sie den Sarg. Das gab uns allen ein Gefühl der Endgültigkeit. Der Tod ist traurig, aber man muss ihn nicht fürchten und ihn nicht meiden. Und es war für sie in Ordnung, dass sie mich weinen sahen.

Ob Sie das für Ihr Kind für richtig halten, hängt natürlich von den Umständen des Todesfalls ab. Aber es ist in Ordnung, wenn es Erwachsene weinen sieht und dann erlebt, dass es bei der Trauerfeier allen wieder (einigermaßen) gut geht. Sie könnten über den Begriff »traurig-froh« sprechen (siehe Seite 164). Wichtig ist, dass man die Trauerfeier nicht als »Party« bezeichnet, da die Kinder sonst erwarten könnten, dass der verstorbene Mensch dabei sein wird.

Wenn Ihr Kind kürzlich einen Trauerfall erlebt hat, sollten Sie überlegen, wie Sie die Rückkehr in die Schule gestalten. Mark Lemon erzählte mir, dass es ihm sehr schwerfiel, nach dem Tod seines Vaters wieder zur Schule zu gehen. Er erinnert sich, dass er nicht wusste, wie er Freunden und Lehrern vermitteln sollte, wie es ihm ging. Er rät Kindern: »Mit den Lehrern kannst du gut kommunizieren, indem du die unterschiedlichen Gefühle und Emotionen, die du täglich empfindest, auf Klebezettel schreibst. Wenn du morgens traurig bist, gibst du dem Lehrer den Zettel mit den traurigen Gefühlen, damit darauf Rücksicht genommen wird. Wenn sich deine Stimmung im Laufe des Vormittags ändert, bekommt der Lehrer später einen neuen Zettel.«

Wir alle (auch Kinder) trauern auf unsere eigene Weise und in unserem eigenen Tempo, und das ist in Ordnung. Es gibt keine allgemeingültige Methode zum Umgang mit Tod und Trauma. Für das Kind ist es das Beste, wenn es die Möglichkeit bekommt, alle Fragen zu stellen und zu äußern, wie es sich fühlt – und zwar dann, wenn es das von sich aus möchte.

## Wann professionelle Hilfe ratsam ist

In den ersten Monaten nach dem Todesfall ist es normal, dass sich das Verhalten ändert. Möglich sind unter anderem:

- Schwierigkeiten im Umgang mit Gefühlen
- risikofreudiges Verhalten
- Einkoten, Bettnässen, Albträume
- soziale Isolation/Rückzug von anderen
- Fehlzeiten/Nachlassen der schulischen Leistungen

Wichtig ist dabei, dass diese Verhaltensweisen nicht ausschließlich auf Trauer zurückzuführen sind. Wenn sie jedoch über längere Zeit andauern, kann es ratsam sein, professionelle Unterstützung in Anspruch zu nehmen.

## Die wichtigsten Erkenntnisse

- Verwenden Sie niemals beschönigende Umschreibungen, um den Schicksalsschlag zu verharmlosen.
- Der Tod ist unvermeidlich, deshalb verstecken Sie ihn nicht vor den Kindern.
- Rechnen Sie mit Wiederholungen. Louise und Anna haben berichtet, dass man kleinen Kindern unter Umständen mehrmals sagen muss, dass jemand gestorben ist, bevor sie es wirklich verstehen. Ich kann das aus erster Hand bestätigen, denn in den Tagen und Wochen nach dem Tod meiner Oma

sagten meine Kinder häufig: »Die singende Oma ist tot. Sie kommt nicht mehr zurück, oder? Ist sie für immer tot?« Anfangs war das zwar sehr schwer, aber manchmal kam es so überzeugend, dass ich geradezu lachen musste. Die Kinder brachten damit nur die Fassungslosigkeit zum Ausdruck, die ich selbst in mir spürte. Die qualvolle Unmöglichkeit, dass jemand für immer gegangen ist.

- Antworten Sie konkret und konsequent. Auch wenn Sie etwas schon viele Male gesagt haben – die Kinder versuchen, es zu begreifen.
- Gehen Sie entsprechend vor, wenn Haustiere sterben, denn das ist für Kinder oft die erste Erfahrung mit dem Tod.
- Lassen Sie Kinder teilhaben, aber zwingen Sie sie nicht dazu.
- Seien Sie ehrlich und eindeutig, aber nicht zu drastisch.

## Umgang mit Trauer

All das ist gut und schön. Aber der Tod ist traurig. Er ist das Schlimmste überhaupt. Er ist endgültig. Und diese Endgültigkeit ist unbegreiflich. Ich versuche zwar, Ihnen geeignete Antworten zu geben, möchte jedoch nicht verleugnen, dass der Tod eines geliebten Menschen eine Tragödie ist.

Deshalb möchte ich einen kleinen Einblick in die Trauer geben. Im Gespräch mit der Comedienne Cariad Lloyd, das ich für meinen Podcast führte, erfuhr ich eine Menge darüber. Cariads Vater starb an Bauchspeicheldrüsenkrebs, als sie fünfzehn Jahre alt war. Sie hat das Ziel, das Tabu um die Trauer zu brechen, und dazu den preisgekrönten Podcast »Griefcast« entwickelt. Letztlich, so sagt sie, »muss man sich damit auseinandersetzen. Man hat keine andere Wahl.«

Sie betont: »Traurigkeit mögen wir nicht, wir versuchen, sie um jeden Preis zu vermeiden. Unsere ganze Welt ist darauf konditioniert, glücklich zu sein, positiv zu sein, das Gute zu sehen.« Dies ist aus vielen Gründen problematisch – wie wir im Kapitel über komplexe Gefühle erfahren haben –, nicht zuletzt in diesem Fall. Im Angesicht der Trauer halten Freude und Optimismus nicht stand. »Jemand ist tot«, sagt Cariad. »Das ist natürlich scheiße.« Wir können die Trauer für die Betroffenen nicht wegzaubern, aber wir können dafür sorgen, dass sich niemand damit allein fühlt, ob Kinder oder Erwachsene. Bei den Recherchen für ihr eigenes Buch hat Cariad herausgefunden, dass Trauer die gleichen Gehirnregionen aktiviert wie Depressionen. Und obwohl Trauer natürlich nicht dasselbe ist wie eine psychische Erkrankung, fühlt sie sich dennoch oft ähnlich an. »Sie bewirkt, dass man im wahrsten Sinne des Wortes meint, nichts habe einen Sinn – niemand versteht mich, ich bin ganz allein, niemand interessiert sich für mich«, erklärt Cariad.

Wir können uns bemühen, dem entgegenzuwirken, indem wir uns mitteilen und Kontakt halten. Auf meinen Instagram-Post zu diesem Thema erhielt ich Hunderte von Ratschlägen. Die Folgenden tauchten immer wieder auf:

- Trauer kann das Wesen eines Menschen verändern.
- Sie ist körperlich anstrengend.
- Die Traurigkeit wirkt sich auf alles aus, was man tut.

- Trauer hat auf das Gehirn ähnliche Folgen wie eine Entbindung.
- Wer trauert, macht seltsame, untypische Dinge, deshalb sollte man in der Trauer keine wichtigen Entscheidungen treffen.
- Trauer kann sowohl zum Lachen als auch zum Weinen bringen.
- Der Trauerprozess dauert Jahre.
- Die Trauer verläuft nicht linear, sie dauert lang und ist ein Auf und Ab.
- Manchmal fühlt man sich, als müsse man das Leben neu lernen.
- Trauer nimmt kein Ende.
- Jeder Verlust ist einzigartig.
- Man kann nicht sagen, dass irgendwann genug Zeit vergangen ist.
- Vorweggenommene Trauer gibt es wirklich.
- Wenn ein Mensch stirbt, verschwindet er nicht aus Ihrem Leben.
- Eines Tages wird das Leben wieder freundlicher wirken.
- Es wird gute und schlechte Tage geben. Und man sollte kein schlechtes Gewissen haben, dass man das Leben genießt, wenn man dazu in der Lage ist.

## Wie also können wir Trauernden helfen?

- Sprechen Sie den Namen des verstorbenen Menschen aus.
- Spielen Sie die Gefühle der Trauernden nicht herunter. Bestätigen Sie, wie beschissen das ist.

- Fragen Sie nicht, wie Sie helfen können. Die Trauernden sind nicht in der Lage, darüber nachzudenken. Tun Sie es einfach.
- Schicken Sie eine Textnachricht oder einen Brief, rufen Sie an. Selbst ein »Ich denke an dich« kann unendlich viel bedeuten, und Freundlichkeit ist nie zu viel.
- Sagen Sie nie: »Alles hat einen Sinn.«
- Für die Hinterbliebenen ist es selten besser, wenn jemand nicht mehr da ist.
- Der Verlust tut auch dann weh, wenn ein Mensch schon sehr alt war.
- Seien Sie einfach normal. Zu viele Menschen meiden Trauernde.
- Machen Sie sich keine Gedanken darüber, wie Sie es richtig machen. Seien Sie einfach da.
- Lassen Sie die Trauernden erzählen. Schildern Sie auch Ihre Geschichte.
- Versuchen Sie nicht, das Problem zu lösen.
- Vergleichen Sie die Trauer nicht.
- Nur weil ein Jahr (oder mehr) vergangen ist, heißt das nicht, dass es den Betroffenen wieder gut geht.

Zum Abschluss möchte ich noch die »Ball in the Box«-Theorie vorstellen, die Lauren Herschel auf Twitter bekannt gemacht hat.

Dahinter steckt der Gedanke, dass Trauer wie ein Ball in einem Kasten ist. Innerhalb des Kastens befindet sich ein eine Art Schmerzknopf. Anfangs ist der Trauerball so groß, dass er fast den ganzen Kasten ausfüllt und den Schmerzknopf ständig berührt.

Bei den meisten Menschen verschwindet der Trauerball niemals ganz, aber er schrumpft. Das bedeutet, dass er den Schmerzknopf im Alltag nicht mehr aktiviert, doch wenn er ihn trifft, ist der Schmerz so groß wie eh und je. Noch dazu kommt er unverhofft, und das ist besonders schwierig.

Diese Vorstellung macht diese komplexe Angelegenheit nicht nur sehr anschaulich, sondern ist auch für Kinder nachvollziehbar. Man kann die Trauer nicht verschwinden lassen, deshalb muss man darüber reden. Wenn Sie nicht wissen, was Sie sagen sollen, ist es ein guter Ausgangspunkt, dass Sie bestätigen, wie schwer es ist, darüber zu reden.

Niemand erwartet von uns, dass wir Trauerexperten sind. Selbst diejenigen, die mich mit ihrem Wissen zu diesem Thema unterstützt haben, versuchen nur, das Unfassbare fassbar zu machen.

So seltsam es klingen mag, aber niemand weiß, wie es ist, wenn man stirbt, und dieses »Nichtwissen« spielt bei der Antwort auf Fragen ebenfalls eine große Rolle. Der Tod ist tatsächlich die letzte »offene Frage« am Ende eines jeden Lebens.

Auch wenn wir nicht wissen, wie der Tod ist, können wir dafür sorgen, dass er kein »Tabu« bleibt. Wir können über den Tod sprechen, unsere Erfahrungen teilen, geliebten Menschen das sagen, was wir ihnen sagen wollen. Und lassen Sie sich auch von dem trösten, was Alain de Botton im Podcast »How to Fail« von Elizabeth Day geäußert hat. Er sagte, dass man die Verstorbenen bemitleidet, wir uns aber bewusst machen sollten, dass es den Toten gut geht. Denn sie sind bereits tot. Ich empfinde das als tröstlich. Tote schlafen nicht. Aber es geht ihnen gut.

## ABER WARUM GLAUBEN MENSCHEN AN GOTT?

Hmmmmm. Ob ich an Gott glaube? Ich weiß es wirklich nicht. Ich bin in einem christlichen Elternhaus aufgewachsen. Unsere Dorfkirche spielte in meiner Kindheit eine wichtige Rolle, und dort haben Ben und ich auch geheiratet.

Ehrlich gesagt bin ich mir nicht sicher, ob wir das wegen Gott getan haben oder wegen meiner tiefen Verbundenheit zu diesem Gebäude: Gottesdienste am Weihnachtsmorgen, bei denen ich es kaum erwarten konnte, endlich zu Hause die Geschenke auszupacken. Die Hochzeit meiner Tante, bei der ich Brautjungfer war. Die Trauerfeier für meine Oma und dann auch für meinen Opa, bei denen ich in der ersten Bank saß. Schulausflüge, bei denen die alten Grabsteine begutachtet wurden, und heimische Schauermärchen, nach denen ein böser Geist über das ganze Dorf herfällt, wenn man einen bestimmten Stein von einem bestimmten Grabmal hebt. (Sie können sich vorstellen, wie furchteinflößend/faszinierend das für Achtjährige auf einem Schulausflug klingt.)

Ja, ich fühle mich der Holy Trinity Church in Drayton Parslow sehr verbunden. Und vielleicht geht es genau darum, um dieses Gefühl der Verbundenheit – mit früheren Generationen, meiner eigenen Herkunft sowie mit der dortigen Gemeinde?

Je älter ich wurde, desto weniger konnte mich die Vorstellung von Gott ansprechen. Zwar hätte ich gerne einen unerschütterlichen Glauben wie meine Großeltern, doch es fällt mir immer schwerer, den Glauben an das Göttliche damit zu vereinbaren, dass Freunde mit Mitte dreißig an Krebs sterben oder nach dem Verlust eines Babys unfruchtbar sind.

Stattdessen kann mich das abstrakte Konzept des »Universums« trösten. Der Gedanke, dass ich ein winziges Teilchen eines viel größeren Ganzen bin. Dass es ganz wichtig ist, danach zu streben, ein gutes, freundliches, rücksichtsvolles Mitglied der Gemeinschaft und der Gesellschaft zu sein.

## Wie könnte man Gott beschreiben?

Bei meinen Recherchen sagten 53 Prozent der 5000 Befragten, dass sie an Gott glauben. Allerdings gehörten nur 45 Prozent einer Religion an.

Einige sagten, Gott sei »unerklärlich«. Wer sich an einer Beschreibung versuchte, sah Gott so: »ein Schöpfer, Retter und Begleiter«; »allwissend, allsehend«; »tröstend, fürsorglich, leitend«; »meine Quelle des Friedens«; »eine höhere Macht«; »eine größere Energie«.

Weitere Antworten lauteten: »ständiges Bewusstsein«; »ein Glaube an etwas«; »ein ewiger Geist außerhalb unserer Energie«; »allgegenwärtig«; »etwas, das größer ist als wir/ich«; »Behüter«; »Karma«. (Das denke ich manchmal auch ganz gerne, doch andererseits passieren auch schlechten Menschen gute Dinge und umgekehrt.)

Viele Leute erwähnten auch die Natur/die Vorstellung von Mutter Natur, was mich anspricht, denn wenn ich das Meer oder die Berge betrachte, spüre ich die größte Verbundenheit mit meinem Platz auf der Welt. Oder die wechselnden Jahreszeiten.

Es gab auch extreme Antworten: »Gott ist mein Grund für alles, das Wichtigste in meinem Leben.« Und erschreckende Antworten: »Gott beobachtet, was wir Menschen tun, wenn wir uns selbst überlassen sind.«

»Liebe« war ebenfalls eine ungeheuer beliebte Antwort. Eine Person berichtete, sie verspüre Sehnsucht, wenn sie an Gott denke. Sie fühlte sich nicht zu einer Religion hingezogen, wünschte sich jedoch das Gefühl der Gemeinschaft, das damit einhergeht.

»Ich glaube an die Wissenschaft«, sagte jemand. »Aber ich glaube nicht, dass alles vorbei ist, wenn wir sterben.«

## Was gibt Ihnen Ihr Glaube?

Auf diese Frage kamen unterschiedliche Antworten. »Wertschätzung, Konzentration, Akzeptanz«; »eine moralische Richtschnur und Orientierung«; »eine Perspektive«; »Beruhigung«; »Hoffnung«; »Zuversicht und Vertrauen«; »Glaube an mich selbst«; »Verbundenheit mit allen Lebewesen und dem Planeten«; »einen Rahmen, um große Fragen zu verarbeiten«; »Erlösung«; »Er gibt mir Erdung und macht mich demütig«; »die Zuversicht, dass sich das Leben entfalten wird und wir es nicht mit aller Macht steuern müssen«; »die Fähigkeit, loszulassen und mich selbst demütig zu betrachten«; »Hoffnung in einer Welt, die manchmal hoffnungslos erscheint«; »friedliche Antworten auf beängstigende Gedanken«; »bedingungslose Gemeinschaft«; »Kraft in schweren Zeiten«; »Gemeinschaft und die Möglichkeit, die Meilensteine des Lebens zu feiern«; »Erinnerung daran, dass alles einen Sinn hat«.

Es gab auch negative Antworten. »Er gibt mir nicht viel«; »Glaube an eine Ursächlichkeit im Gegensatz zum Glauben an Überlegenheit«; »Er macht mir ein schlechtes Gewissen und vermittelt eine Moral, der ich nicht immer zustimmen kann«.

Gott wurde oft mit dem Tod in Verbindung gebracht. Mit der Hoffnung, dass das Ende nicht das Ende ist. Dass man die Gegenwart eines geliebten Menschen noch spüren kann, wenn er nicht mehr da ist.

## So lässt sich die Frage »Aber warum glaubst du an Gott?« beantworten

Auf die Frage, was sie einem Kind antworten würden, sagten die Teilnehmer meiner Umfrage unter anderem:

- Ich würde erklären, dass ich nicht an Gott glaube, aber dass es wichtig ist, alle Glaubensrichtungen kennenzulernen und zu respektieren.
- Ich glaube nicht an Gott. Aber es gibt viele verschiedene Götter, und wenn du erwachsen bist, kannst du dir einen aussuchen.

- Ich glaube an Gott, aber nicht immer, und es ist in Ordnung, wenn man seine Meinung ändert.
- Ich glaube nicht an Gott, aber sollen wir uns darüber informieren? Eröffnen Sie ein Gespräch.
- Ich glaube nicht, ich bin Humanist. Wir haben nur ein Leben, und das sollten wir so gut wie möglich leben.
- Ich weiß es nicht. Ich bin immer noch unschlüssig. Und du?
- Ich würde über Glauben und Überzeugungen sprechen und was diese bedeuten.

Mehrfach wurde betont, dass Religion etwas zutiefst Persönliches ist, dass man niemandem seine Überzeugungen aufdrängen und sich auch keinen Glauben aufdrängen lassen sollte. Mehrere Befragte sahen es negativ, dass man ihnen in der Kindheit eine Religion aufgezwungen hatte.

Bei meinen Recherchen zu diesem Thema war ich kurzzeitig versucht, auf den Himmel einzugehen, beziehungsweise auf die Frage, ob es ihn wirklich gibt. Kleiner Tipp: Damit denkt man sich einen Knoten ins Gehirn. Aber so bin ich auf den verstorbenen Astronomen Carl Sagan und seine Frau Ann Druyan gestoßen, die sich mit dem Spannungsfeld zwischen Religion und Wissenschaft befassten.

Sagan meinte, wir sollten uns als Sternenstoff aus Atomen betrachten, die in den feurigen Herzen ferner Sonnen geschmiedet wurden; als »Organismen aus zehn Milliarden Milliarden Milliarden Atomen, die über die Evolution der Atome grübeln, suchen wir den langen Weg zurückzuverfolgen, auf dem, zumindest auf unserer Erde, Bewusstsein entstand«.[45] Für ihn war die Wissenschaft in gewisser Weise eine Art »wohlunterrichtete Anbetung«.

Ann Druyan spricht von einer Ebene der Spiritualität, die sich auf die Tatsache gründet, dass wir das Produkt von 13 Milliarden Jahren kosmischer Evolution sind. Und dass die Gemeinschaft und Verbundenheit, die nötig waren, damit wir uns entwickeln konnten, für sie eine nahezu religiöse Vorstellung ist.

Immer noch verwirrt? Ich auch. Aber mir gefällt der Gedanke, dass in der Wissenschaft auch Magie steckt.

Wie also lautet die Schlussfolgerung? Es ist sehr kompliziert. All die oben genannten Antworten sind wunderbar, aber auch sehr abstrakt. Je mehr ich mich damit befasst habe, desto mehr bin ich zu der Überzeugung gelangt, dass jeder für sich einen eigenen Glauben finden muss.

In solchen Momenten kann es praktisch sein, einige Fakten anzuführen: Eine Religion ist eine Gruppe von Menschen, die gemeinsam bestimmte Überzeugungen vertreten.

Diese Überzeugungen werden dann mit einem übernatürlichen Wesen oder Gott in Verbindung gebracht. Die größten Religionen sind Christentum, Islam, Hinduismus, Buddhismus, Taoismus, Sikhismus und Judentum. Es gibt noch viele andere Religionen.

Darüber hinaus könnte man noch erklären, dass man Menschen, die nicht an Götter glauben, als Atheisten bezeichnet, während Menschen, die sich nicht sicher sind, ob sie glauben oder nicht, Agnostiker genannt werden.

Wenn Sie noch weiter ins Detail gehen wollen – möglichst ohne zu viel Verwirrung zu stiften –, könnten Sie Humanisten erwähnen, die die Idee eines übernatürlichen Gottes ablehnen; sie setzen auf ein »nicht-religiöses Glaubenssystem« mit der Vorstellung, dass es nur das eine Leben und die eine Welt gibt, in der das Wohlergehen der Menschen im Mittelpunkt steht.

Und dann gibt es noch den weiter gefassten Bereich der »Spiritualität«, die oft ohne feste Götter oder Regeln auskommt. Manche könnten einwenden, dass sie nicht in dieses Kapitel gehört. Der Unterschied zur Religion besteht darin, dass Religionen auf bestimmten vorgefassten Glaubensvorstellungen und Praktiken beruhen, während die Spiritualität eher ein persönliches Glaubenssystem ist.

Bei diesem umfassenden, faszinierenden Thema gibt es vieles zu bedenken, doch ich habe die folgenden wichtigen Erkenntnisse mitgenommen:

- Erkunden Sie viele Religionen. Von den Überzeugungen anderer können wir viel lernen.
- Reden Sie darüber, welchen Platz die Wissenschaft dabei einnimmt. Wie sich herausstellt, kann sie ein Wunder sein.
- Man kann seine Überzeugungen leidenschaftlich vertreten, aber das sollte nicht bedeuten, dass man andere überzeugen will.
- Der Glaube ist nicht in Stein gemeißelt. Er kann sich ebenso ändern wie wir selbst.
- Glauben ist von Natur aus weder schlecht noch gut. Es kommt darauf an, was er für einen Menschen bedeutet.
- Seien Sie in Bezug auf Ihren eigenen Glauben ehrlich (oder sagen Sie ehrlich, dass Sie sich nicht sicher sind).

- Fragen Sie Ihre Kinder, was sie selbst meinen. Meine wissen bereits ziemlich viel über andere Religionen und reden liebend gerne darüber, wer oder was Gott ist! (Ein Kinderhirn ist einfach cool, oder?!)

Wenn alle Stricke reißen, denken Sie an das folgende Zitat von Yoko Ono: »Meine Religion besteht darin, an mich selbst zu glauben.« Oder an die weisen Worte einer Neunjährigen, die mir sagte: »Religion ist, wenn Menschen Antworten auf Fragen suchen, die sie nicht beantworten können.« Klingt ziemlich richtig und scheint mir ein treffendes Schlusswort zu sein.

## ABER WARUM GIBT ES LIEBE?

Unter dieser Frage verstehe ich »Was ist Liebe?« – und dabei fallen mir auf Anhieb unzählige Songs ein, die sich um genau diese Frage drehen. Eine kindgerechte Antwort liefern sie allerdings nicht.

Nachdem ich mich etwas in das Thema eingelesen hatte, kristallisierten sich einige Grundgedanken heraus, die man Kindern vermitteln kann. Der erste lautet, dass Liebe unendlich ist; es ist also genug für alle da.

Liefern Sie dann konkrete Beispiele für Menschen und Dinge, die ihre Kinder lieben. Dabei könnten Sie sich auf die Skalen zum »Mögen« und »Lieben« von Zick Rubin stützen, die 1970 als bahnbrechende Forschungsleistung galten (obwohl sie geradezu selbstverständlich wirken, wenn man sie sich anschaut). Laut Rubin bedeutet es Wertschätzung oder Bewunderung, wenn man jemanden »mag«, doch wenn man »liebt«, sind einem die Bedürfnisse der anderen Person genauso wichtig wie die eigenen. Das ist für mich sehr einleuchtend und ein guter Gradmesser für die besonderen Menschen in meinem Leben, für die ich definitiv mehr empfinde als nur »Mögen«.

Von da an wird es deutlich abstrakter – so sehr, dass ich mir bei der Antwort von Leuten helfen lassen musste, die sich mit dem Thema offenbar gut auskennen.

Der Musiker Nick Cave beschreibt Liebe als »jemanden sehen«. Alles zu erkennen, was dieser Mensch ist. Das geht auf die Vorstellung der Ganzheit zurück. Liebe bedeutet, dass wir jemanden so akzeptieren, wie er ist, auch mit den Facetten, die ihm selbst als nicht liebenswert erscheinen mögen.

Die Psychotherapeutin Esther Perel (meine erste Anlaufstelle für alles, was mit der Ehe zu tun hat) spricht darüber, dass uns eine verherrlichte Vorstellung verkauft wird, die Liebe als aufregend darstellt, während sie bestenfalls Sicherheit und gelegentlich Langeweile bedeutet. Sie beschreibt, dass wir zwischen dem Bedürfnis nach Sicherheit und dem Wunsch nach Freiheit hin und her gerissen sind und versuchen müssen, einen Mittelweg zu finden: Uns von ganzem Herzen hinzugeben, aber dennoch die Eigenständigkeit zu bewahren.

Die Beratungsorganisation The School of Life weist darauf hin, dass die erste Liebe, mit der wir zu tun haben, diejenige ist, die wir in der Kindheit erleben, normalerweise von unseren Eltern. Sie ist hoffentlich (aber leider nicht immer) bedingungslos, einfach und einseitig und erfüllt all unsere Bedürfnisse. In dieser Hinsicht bewirkt Liebe, dass wir uns geborgen fühlen. Liebe gibt uns das Gefühl der Ganzheit.

Laut Pauline und Geoffrey Walker (@geoffreywalk) – dem auf Instagram so beliebten Seniorenpaar, das seit siebzig Jahren verheiratet ist – bedeutet Liebe das Gefühl, dass man es nicht erwarten kann, den anderen Menschen wiederzusehen.

Das ist nur die Spitze des Eisbergs. Hier eine Auswahl von Definitionen für Liebe, die mir auf Instagram übermittelt wurden, als ich bat, den Satz »Liebe ist …« zu ergänzen:

- kompliziert.
- nicht so, wie man erwartet.
- mächtig.
- eine unsichtbare Verbindung zwischen zwei Menschen.
- Kompromiss.
- Ruhe.
- als würde man nach Hause kommen.
- wenn das Glück eines anderen wichtiger ist als das eigene.
- unerklärlich.
- oft unerwartet.
- das Bemühen, sich für einen anderen Menschen zu bessern.
- das Gefühl, akzeptiert zu werden.
- anstrengend, aber lohnend.
- etwas, für das man sich engagieren muss.
- eine Quälerei.
- Vertrauen.
- absoluter Frieden und Chaos.
- ein wunderbarer Kampf.
- Respekt, Dankbarkeit, Partnerschaft, Zuhören, Lernen.
- dass man einem anderen Menschen seinen letzten Bissen gibt.
- jemanden so zu akzeptieren, wie er ist, wahrgenommen zu werden.
- eine Fülle von Widersprüchen, allumfassend (und das ist nicht immer gut).
- nicht immer leicht, sollte jedoch nicht so schwer sein, dass es wehtut. Manchmal ist sie nicht genug.

Das ist ein Schatz an Weisheiten, aber eine Antwort kam immer wieder: *Liebe ist kein Märchentraum.* Ja, ja und nochmals ja.

Bei der Frage »Was ist Liebe?« denkt man nur zu leicht an das Bild, das Hollywood vermittelt – ein sensationelles Feuerwerk der Gefühle mit Bergen von roten Rosen, herrlichen Sonnenuntergängen, knallenden Champagnerkorken. Wenn man sich tief in die Augen schaut, steht die ganze Welt still.

Die Realität sieht (bei den meisten) ganz anders aus. Sicher, es knistert und ist aufregend. Kurzfristig kann sich eine chemische Wirkung einstellen, selbst bei einer platonischen Freundschaft. Dieser Vibe, wenn man einen neuen Freund findet oder mit einem Arbeitskollegen ein wenig scherzt – das kann elektrisierend und aufregend sein.

Ich will niemandem in die Suppe spucken. Liebe ist wunderbar. Wer würde sich für seine Kinder nicht die Art von Liebe wünschen, an der man am liebsten alle Welt teilhaben lassen möchte? Doch sie sollte sich nicht nur wunderbar anfühlen, sondern auch sanft und leicht und unkompliziert sein. Aufregend, aber nicht unsicher. Fröhlich, aber nicht unkontrolliert. Liebe sollte sich nicht wie ein Bedürfnis anfühlen.

Was also sollten wir unseren Kindern noch mit auf den Weg geben? Hier ein paar weitere Weisheiten, die ich bei meiner Befragung zusammengetragen habe.

**Das sollen meine Kinder über die Liebe lernen:**

- Lass dich darauf ein, ohne dich selbst zu verlieren.
- Dass man sich gegenseitig liebt, ist genauso wichtig, wie geliebt zu werden.

- Du kannst lieben, wen du willst, solange du respektiert wirst. Was sich nicht richtig anfühlt, ist keine Liebe.
- Liebe kostet Arbeit.
- Begrüße die Liebe, wenn sie kommt, und sorge dafür, dass sie bleibt.
- Liebe ist nicht dasselbe wie Sex.
- Dass ihre Eltern sie bedingungslos lieben, was auch passiert.
- Dass es in der Liebe Höhen und Tiefen gibt.
- Dass »Beinahe-Liebe« nicht genug ist.
- Liebe gibt es in allen Arten von Beziehungen.
- Liebe ist etwas anderes als Verliebtsein.
- Man kann Liebe nicht erzwingen.
- Nicht-romantische Liebe ist genauso wertvoll wie romantische Liebe.
- Glaube niemals, dass du jemanden lieben musst.
- Es ist auch wichtig, allein glücklich zu sein.

Aber die Liebe ist nicht immer eitel Sonnenschein, oder? Die Frage, ob die Liebe auch ihre Schattenseiten hat, wurde von 91 Prozent der Befragten bejaht (wobei ich mich wundere, wer die restlichen 9 Prozent sind!). Hier sind ein paar Gedanken meiner Befragten zu diesen Schattenseiten:

- Jeder bekommt irgendwann einmal Liebeskummer.
- Wenn man jemanden liebt, macht man sich dessen Sorgen, Hoffnungen und Bedenken zu eigen.
- Liebe kann unser Urteilsvermögen trüben und die lähmende

Angst wecken, den anderen zu verlieren. Trauer ist der Preis, den wir für die Liebe zahlen.

- Elterliche Liebe bedeutet, das Herz außerhalb des Körpers zu haben.

Liebeskummer ist also ganz fürchterlich – aber lohnt es sich, ihn für die Liebe in Kauf zu nehmen? Manchmal schon. Jede Liebe hat mich geprägt, auch wenn sie zu Ende ging. Ich bin an ihr gewachsen.

## Die Bedeutung der Selbstliebe

Ich habe schon erwähnt, dass der »disneyfizierte« Mythos von der Liebe zerstört werden muss. Dazu gehört, dass kein Märchenprinz und keine Prinzessin zur Rettung eilen wird. Auf dem weißen Ross kann nur die Selbstliebe angaloppieren (nein, stimmt, diese Analogie passt überhaupt nicht, aber was soll's).

In meiner Jugend waren Selbstliebe oder Selbstfürsorge kein Thema. Heutzutage ist dieser Begriff ein wenig zu allgegenwärtig. Wenn ich von Selbstfürsorge spreche, meine ich weder Schaumbäder noch Gesichtsmasken, auch wenn diese zweifellos ihren Reiz haben; ich meine, auf die eigenen Bedürfnisse zu achten und dafür Verantwortung zu übernehmen.

In ihrem TED-Vortrag[46] ruft die Autorin Chidera Eggerue dazu auf, sich von der Vorstellung zu lösen, dass a) Romantik und Ehe die ultimativen Errungenschaften sind und b) (als Gegenpol) Einsamkeit zum Fürchten ist.

Sie liegt goldrichtig! Noch bewundernswerter ist es, wenn man lernt, das Alleinsein zu genießen. Wir sollten nicht nach Gesellschaft oder einem Menschen suchen, der uns »liebt« oder glücklich macht, sondern dafür sorgen, dass wir das für uns selbst tun. Wer uns gesagt hat, wir seien nicht der Mittelpunkt der Welt, hat sich geirrt. Damit plädiere ich nicht für Egoismus, aber es ist nicht von der Hand zu weisen, dass Sie selbst Ihre einzige wahre Konstante im Leben sind; es liegt in Ihrer Verantwortung, optimal für sich zu sorgen.

Das Beste daran ist, dass Sie damit einen Kreislauf anstoßen. Selbstliebe kommt auch anderen zugute – je besser Sie verstehen und schätzen, was Sie ausmacht, desto besser gelingt Ihnen das auch bei anderen.

Nun gut – wenn Selbstliebe also bedeutet, die eigenen Bedürfnisse zu erfüllen oder sogar zu übertreffen, wie können wir unseren Kindern dann vermitteln, wie man Liebe zeigt? Hier einige der Antworten, die ich auf diese Frage bekommen habe:

- Vergebung und Akzeptanz.
- Ehrlich sein.
- Freundlichkeit, ohne Gegenleistung zu erwarten.
- Zuhören.
- Selbstlosigkeit. (Darüber bin ich gestolpert – ich bin mir nicht sicher, ob ich dem zustimme. Was meinen Sie?)
- Händchen halten und umarmen.
- Kleine Gesten, zum Beispiel morgens Tee kochen.
- Ehrlichkeit (ja!).
- Da sein und verlässlich sein – immer und immer wieder.

Auffällig – und vielleicht überraschend – ist dabei, dass nie davon die Rede war, dass sich Liebe durch Blumen oder tolle Reisen zeigt. So etwas ist nur das Tüpfelchen auf dem »i«.

Liebe zeigt sich nicht so oberflächlich; was zählt, ist die Absicht hinter der Handlung. Wenn Sie jemandem ein Geschenk aussuchen, kommt es nicht darauf an, ob es 5 oder 50 Euro kostet. Es geht um die Gedanken, die Sie sich machen, damit Sie etwas finden, das der beschenkten Person hoffentlich gefällt.

Ich möchte noch einen weiteren Punkt auf diese Liste setzen: Liebe bedeutet, einem anderen Menschen zu helfen, sich so gut wie möglich zu entfalten und ein erfülltes, zufriedenes Leben zu führen. Liebe bedeutet, dass ein anderer Mensch uns so wichtig ist, dass wir das Beste für ihn wollen, und manchmal bedeutet das, schwierige Entscheidungen zu treffen. Das kann eine Reihe von weniger schönen und netten, aber dennoch wertvollen Dingen umfassen: dass man sich zur Rechenschaft zieht, schwierige Gespräche führt, akzeptiert, dass der andere Mensch allein sein will, dass man Fehler macht und sich dafür entschuldigt. All diese Aspekte sieht man nicht im Film, aber ich bin überzeugt davon, dass nur damit eine erfüllte Beziehung möglich ist. Liebe ist für mich untrennbar mit Ehrlichkeit verknüpft.

Und zu guter Letzt zeigt man einem Menschen am besten, dass man ihn liebt, indem man ihm das sagt.

Ich hoffe, dass meine Kinder Liebe in vielen Formen erleben. Es ist wunderbar, einen Seelenverwandten zu finden. Aber ich glaube nicht, dass es das A und O sein sollte. Was ist mit der Liebe zu Freunden? Zu Haustieren? Zu den Nachbarn? Zu Ihrem Zuhause? Zu Geschwistern? Jede Art von Liebe ist wunderbar und wertvoll. Nehmen Sie die Liebe eines Menschen nie als selbstverständlich hin. Es ist ein Geschenk, jemanden zu haben, von dem man in irgendeiner Weise geliebt wird. Deshalb habe ich es mir zur Gewohnheit gemacht, anderen zu sagen, dass ich sie liebe. Erst nur meinem Mann und meinen Kindern, später auch Freunden und Geschwistern. Wenn Sie wissen, dass Sie einen Menschen lieben, sagen Sie es ihm! Es ist besser, zu viel geliebt zu haben, als nicht genug.

Ich sage damit: »Ich bin da.« Liebe fordert die innere Angst vor der Einsamkeit heraus. Bei meinen Kindern lässt sich das durch einen einfachen Trick sehr wirkungsvoll erreichen. Wenn sie aufgebracht sind, und vor allem, wenn dabei Scham oder ein schlechtes Gewissen eine Rolle spielen, nehme ich sie ganz fest in den Arm und sage: »Ich bin da und ich liebe dich.« Dieses »Ich bin da« bewirkt irgendwie, dass sie sich sofort beruhigen.

Genauso liebe ich es, wenn mir jemand textet: »Bin für dich da.« So einfach und doch fundamental. Vermutlich bestätigen uns diese Worte, dass wir Liebe wert sind – selbst dann, wenn wir uns ungeliebt fühlen. Genau genommen sogar besonders dann. Was auch immer das Problem ist, wir sind nicht allein.

Was für eine Frage zum Abschluss. Die meisten Menschen denken bei Liebe an die romantische Liebe. Aber während ich schreibe, werde ich von elterlicher Liebe verzehrt. Diese Liebe ist mit keiner anderen zu vergleichen. Sie hat mich und meine Welt völlig auf den Kopf gestellt und auf links gekehrt. Sie hat mir im wahrsten Sinne des Wortes gezeigt, dass der härteste Job der Welt auch der beste sein kann.

Das ist das Schöne daran. Die Liebe gibt Antworten auf Fragen, von denen man nicht wusste, dass man sie beantworten muss. Sie ist ungewiss und undefinierbar.

Ich könnte dem Thema Liebe ein ganzes Buch widmen, aber a) bin ich mir nur zu bewusst, dass die besten Schriftsteller der Geschichte das bereits versucht haben und es nicht überzeugend oder prägnant in Worte fassen konnten, und b) würde ich der Antwort damit trotzdem nicht näherkommen. Das ist ein schöner Übergang zu meiner letzten Überlegung … zur Macht des Nichtwissens.

## DENKANSTOSS:

### Die Bedeutung des Nichtwissens

*Verletzlichkeit bedeutet, nicht nur Sieg oder Niederlage zu kennen. Verletzlichkeit zuzulassen bedeutet, die Notwendigkeit beider zu verstehen, und es geht vor allem darum, sich für eine Sache, die es wert ist, zu engagieren, sich rückhaltlos einzusetzen.*[47]

Brené Brown

Ich bin ein großer Fan von Brené Brown – okay, das ist noch untertrieben. Ihre Auffassung, dass Verletzlichkeit eine Superkraft ist und dass man Mut zeigt, wenn man seine Schwäche annimmt, war für mich eine wegweisende Erkenntnis.

Brenés Forschungsarbeit zur Verletzlichkeit hat mir bestätigt, dass es in Ordnung ist, wenn mich etwas verunsichert; vermutlich ist es sogar ein gutes Zeichen, denn genau das ermöglicht Wachstum und große Veränderungen.

Ihre Theorien lassen sich auch auf die Beantwortung schwieriger Kinderfragen übertragen. Manchmal muss man dabei zugeben, dass man etwas nicht weiß. Vielleicht finden Sie das peinlich oder schämen sich dafür. Aber das ist unbegründet! Sie zeigen damit nur, dass Sie ein Mensch sind.

Das erwähnte auch Alain de Botton, als ich mit ihm über »emotionales Wohlbefinden« sprach. Besonders einprägsam fand ich seine Aussage, dass in den meisten Eltern die Angst verwurzelt ist, sie könnten mit ihren Kindern etwas falsch machen. Unsere eigentliche Aufgabe besteht jedoch nicht darin, perfekt oder unzugänglich zu sein, sondern ihnen liebevoll und behutsam die Realität des Erwachsenenlebens zu vermitteln. Je eher wir ihnen deutlich machen können, dass wir nicht vollkommen sind, desto eher lernen sie, dass auch sie nicht vollkommen sind und dass das gut so ist. Menschsein bedeutet, dass man von Grund auf fehlerhaft ist, und deshalb ist es so toll. Es bedeutet, dass es immer etwas zu lernen gibt.

Ich neige dazu, alles kontrollieren zu wollen. Ich plane gerne im Voraus, ich recherchiere gerne, ich habe eine Schwäche für Zeitpläne, Systeme und feste Abläufe. So weiß man schließlich, woran man ist, oder? In vielerlei Hinsicht stimmt das. Aber wir müssen auch Flexibilität zulassen. In der meditativen Praxis gibt es das Bild, dass man einen Vogel in der Hand hält – man muss herausfinden, wie man ihn sicher festhält, ohne ihn zu zerquetschen. Es geht darum, Systeme zu haben, aber keine starren Vorgaben, von denen man nicht abweichen darf. Wie soll man wachsen, wenn man nicht zur Flexibilität bereit ist?

Wenn Gewissheit herrscht, gibt es keinen Platz für Zwischentöne. Nichtwissen hat nichts mit Ignoranz zu tun. Es bedeutet, dass man so klug ist, dass man weiß, wenn man etwas nicht weiß. So selbstbewusst, dass man Unsicherheit eingesteht.

Es ist besser, wenn man keine Meinung hat und bereit ist, ein Thema zu erkunden, als wenn man sich auf eine Antwort versteift, die man nicht sorgfältig überdacht hat. Marc Aurel sagte: »Es steht bei dir, über dies und das dir keine Meinung zu bilden.«

Als ich mit dem Basketballprofi Ovie Soko sprach, der das Buch *You Are Dope*[48] geschrieben hat, sagte er etwas, das mich sehr beeindruckte. In jeder Situation (in diesem Fall bei der Beantwortung von Kinderfragen) sollte man sich bewusst sein, dass es auf dem eigenen Weg keine richtigen Antworten gibt, denn diesen Weg geht nur man selbst. Man kann aus den Wegen anderer Menschen lernen, aber Ihr Weg ist Ihr eigner.

Mittlerweile ist mir klar, dass es beim Elternsein darum geht, meine Kinder auf ungewisse Erfahrungen vorzubereiten, die ich selbst nicht gemacht habe.

Außerdem sollten Sie bedenken, dass es so etwas wie »Allwissenheit« nicht gibt – und wenn, würden Sie das überhaupt wollen? War es nicht so, dass Sie in der Schulzeit die »Klugscheißer« nicht leiden konnten? Was im Grunde etwas gemein ist, denn vermutlich waren diese Kinder eigentlich ganz nett. Na ja, vielleicht. Aber auch Klugscheißer brauchen eine Realitätsprüfung. Selbstgerechtigkeit verhindert ein Gespräch. Die Überzeugung, man sei im Recht, ist das Gegenteil der Realität; niemand hat immer recht. Denn in den meisten Fällen gibt es kein »richtig«, sondern mehrere Versionen von »richtig« und mehrere Versionen von »falsch«. Und sogar, was besonders verwirrend ist, mehrere Versionen von »unentschieden«. Und all das hat seinen Wert.

Es zeugt von großer Demut, wenn man »Ich weiß es nicht« sagt. Haben Sie den Mut, es zu ertragen, dass Sie keine Ahnung haben. Zeigen Sie die Bereitschaft einzugestehen: »Das wusste ich nicht, danke, dass Sie es mir gesagt haben.« Zeigen Sie Großmut, indem Sie sagen: »Ich weiß es noch nicht, aber ich werde es herausfinden.«

Im Zen-Buddhismus gibt es den Begriff *Shoshin,* der sich mit »Anfänger-Geist« übersetzen lässt. Damit ist eine offene, wissbegierige, vorurteilsfreie Haltung gemeint, mit der man an ein Thema herangeht; trotz aller Kenntnisse bewahrt man sich die Herangehensweise eines Anfängers.

Als Kind stellte ich mir vor, dass ich ab einem bestimmten Alter alles verstanden haben würde: Als Teenager werde ich das »kapieren«, wenn ich studiere, werde ich das durchschauen, oder wenn ich Mutter bin, werde ich das im Griff haben.

Mittlerweile weiß ich, dass ich das auch als Oma noch sagen werde. Es gibt immer etwas zu lernen. Es gibt immer unbeantwortete Fragen. Die Welt verändert sich. Man selbst verändert sich. Immer, wenn man denkt, dass man alles verstanden hat, ändert es sich wieder (ähnlich wie bei der Kindererziehung).

Wenn mir demnächst eines meiner drei Kinder eine wirklich knifflige Frage stellt, werde ich erfreut und stolz verkünden: »Ich weiß es nicht. Weißt du es? Sollen wir versuchen, es gemeinsam herauszufinden?«

Das ist, als würde man sich an die Hand nehmen und gemeinsam auf ein Abenteuer einlassen. Und natürlich ist es immer möglich, dass die Kinder die Antwort haben, nicht wir!

**Als Kind hätte ich gerne gewusst, dass …**
sich Liebe, Hochzeit und dann Babys nicht unbedingt in dieser Reihenfolge ergeben.

**Natalie Duvall** @dopeblackmums

## »WAS HÄTTE ICH ALS KIND GERNE GEWUSST?«

Auf diese Frage kamen so tolle Antworten, dass ich mir angewöhnt habe, sie wirklich jedem zu stellen (das mag sehr extrem klingen, aber bedenken Sie, dass ich dieses Buch während einer Pandemie schrieb und daher mehrere Monate nur meine Familie und Leute aus der unmittelbaren Nachbarschaft traf).

Hier jedoch einige der besten Antworten:

*»Ich wünschte, ich hätte gewusst, dass ich sein kann, wer ich will, machen kann, was ich will, und leben kann, wo ich will, und dass das nicht schwer ist. Dass die Hierarchie in der Schule in der realen Welt nicht gilt«; »dass man keine Locken bekommt, wenn man Krusten isst«; »dass Nickerchen cool sind«; »dass die Liebe kein Märchen ist«; »dass ich meine handbemalten Doc Martens behalten sollte, weil sie wieder in Mode kommen werden. Dass meine Eltern mich nicht machen ließen, was ich wollte, weil sie mich liebten«; »dass Glück von innen kommt«; »dass es toll ist, wenn man etwas komisch ist. Ich wünschte, ich hätte weniger gewusst«; »dass Scheitern nicht das Ende ist, sondern der Anfang sein kann«; »dass man mehr Ja als Nein sagen sollte. Dass man nicht aufessen muss, wenn man satt ist«; »dass das Leben hart ist, aber dass das dazugehört«; »dass man sich nicht erwachsen fühlt, wenn man erwachsen wird«; »dass die Kindheit kurz ist«;*

*»dass Zähneputzen wichtig ist«; »dass es in Ordnung ist, sensibel zu sein«; »dass man nicht unbedingt heiraten muss«; »und dass selbstbewusste Menschen nicht zwangsläufig mehr wissen. Ich wünschte, ich hätte gewusst, dass man sich auf sich selbst verlassen kann«; »dass ein Job und eine Karriere nicht dasselbe sind«; »dass es im Leben um Liebe geht«; »dass Eltern nicht alles wissen«; »dass es nie eine gute Idee ist, sich den Pony selbst zu schneiden«.*

Was wäre meine Antwort? Darf ich einfach alles klauen, was da oben steht? Ich würde sagen, dass ich mich nicht bemühen muss, alles zu wissen (und allzu erwachsen zu sein), sondern dass ich mich damit zufriedengeben sollte, nach Antworten zu suchen. Und das ist vermutlich auch der richtige Ratschlag für mein erwachsenes Ich.

# SCHLUSSFOLGERUNG

Was wollte ich mit diesem Buch erreichen?

Kurze Antwort: Antworten auf knifflige Fragen finden.

Längere Antwort oder »erhofftes Resultat« (wenn es etwas vornehmer klingen soll): Mich mit meinen Kindern in einer Art und Weise auseinandersetzen, die ihre Neugier weckt, Aufgeschlossenheit fördert und Wissen vermittelt, während sie gleichzeitig ihre Unschuld behalten, ohne dass sie naiv werden. Dabei wiederum habe ich gelernt, dass ich ebenfalls neugierig sein und lernen muss.

Aufrichtige Antwort/Realität: Darf ich fluchen?! Ha! Fuuuuuuck.

Ich hatte oft das Gefühl, dass ich mir viel zu viel zugemutet hatte – nicht nur, was die Erziehung von drei Kindern angeht, sondern auch mit diesem Buch.

Und nicht nur das: Aus »Mother of All Lists«, aus stundenlangen Gesprächen mit Fachleuten für meine Podcasts »Honestly« und »But Why«? und durch jahrelange Social-Media-Chats mit Menschen mit den verschiedensten Lebensentwürfen kannte ich Hunderte von Geschichten – wie sollte ich diesen auch nur ansatzweise gerecht werden? Und wie konnte ich mit meiner Arbeit angemessen würdigen, dass man mich an diesem reichen Schatz an menschlicher Erfahrung und Erkenntnis teilhaben ließ?

Die gute Nachricht (zum ersten Aspekt, der die Kinder betrifft) lautet, dass es nicht nur mir so geht: Wie bereits in der Einleitung erwähnt, fürchten 87 Prozent der 2000 von mir befragten Personen, dass sie solche Fragen »falsch« beantworten. Dass sie nicht die richtigen Worte finden, ein Thema nicht angemessen ansprechen, nicht genug wissen oder zu voreingenommen sind.

Die zweite gute Nachricht: Ich habe ein paar praktische Ansatzpunkte gefunden, die meine Panik lindern können, wenn wieder ein »Aber warum?« ertönt. Hier drei davon:

## 1) Denken Sie daran zurück, wie Sie als Kind waren

Das Jahr 2020 hat mir – wie allen anderen auch – reichlich Zeit zum Nachdenken gebracht. Besonders intensiv war für mich die Phase, als wir nach dem Tod meiner Oma ihren Haushalt auflösten. Sie hatte so viele Bilder und Briefe aufbewahrt, die ich als Kind für sie gezeichnet hatte und die jetzt starke Erinnerungen daran weckten, wie ich als Kind gewesen war. Darunter fand ich diesen Zettel, der an meinen jüngeren Bruder und meine jüngere Schwester gerichtet war:

*Liebe Susie und lieber Charlie,*
*setzt ihr euch beim Frühstück bitte neben mich?*
*Alles Liebe*
*Clemmie*

Das Papier war zerknittert und die Schrift krakelig. Und mir brach das Herz. Zum Teil, weil Oma diesen Zettel über dreißig Jahre lang aufbewahrt hatte – aber auch, weil ich mich fragte, warum ich nicht alleine sitzen wollte.

Vielleicht gab es etwas Bestimmtes, über das ich mit den beiden reden wollte? Leider erinnere ich mich nicht mehr an die Vorgeschichte, also versuchte ich mir vorzustellen, was mir durch den Kopf gegangen sein mochte, als ich das schrieb: Was brauchte die siebenjährige Clemmie? Und ich meine nicht in Bezug auf dieses Frühstück im Jahr 1989 – was brauchte sie »theoretisch«, wenn sie ihrer Familie Fragen stellte?

- Dass man sie hörte.
- Dass sie ungehemmt fragen konnte.
- Dass ihre Eltern so handelten, dass es zu ihren Worten passte.
- Dass sie ehrliche Antworten bekam – und wenn es einfach »Ich weiß es nicht« war.
- Dass man sie ermutigte, weiter zu lernen.

Können Sie sich erinnern, dass Sie als Kind im Freizeitpark unbedingt alle Attraktionen ausprobieren wollten? Und die Eltern sich nicht dafür begeistern konnten? Zumindest war es bei meinen so. Ich konnte es buchstäblich nicht begreifen. Wie konnte man sich den Spaß entgehen lassen?

Dann wurde ich erwachsen, und jetzt hasse ich Freizeitparks. Aber wenn ich diese Fragen beantworte, versuche ich, meine logischen, erwachsenen, vernünftigen Schlussfolgerungen zu unterdrücken und Antworten zu geben, die zu der aufgeregten

Sehnsucht nach der Welt passen, die sich mein jüngeres Ich gewünscht hätte. Sagen Sie den Kindern, was Sache ist, aber geben Sie dem Zynismus keinen Raum.

## 2) Arbeiten Sie an Ihrer Antworttaktik

Zwischen den Fragen, in den »Denkanstößen«, bin ich auf einige Möglichkeiten eingegangen, mit denen man seine Antworten auf die großen Fragen optimieren kann. Ich fasse sie hier noch einmal kurz zusammen:

- Eine Phase der Stille wie bei Erling Kagge – und wenn das absurd ehrgeizig erscheint, versuchen Sie einfach, zwischen all der Arbeit etwas Ruhe und Besinnung einzuplanen.
- Die Bedeutung von Gesprächen und Zuhören. Bei der Beantwortung von Fragen geht es nicht darum, dass man Google spielt – nutzen Sie die Gelegenheit, sich wirklich auf Ihre Kinder einzulassen, mit ihnen ins Gespräch zu kommen. Manchmal wollen sie einfach nur Ihre ungeteilte Aufmerksamkeit (schluck!). Das vergisst man leicht, aber sie interessieren sich für das, was Sie denken, und wollen, dass Sie sich auch für ihre Gedanken interessieren.
- Urteilen Sie über sich selbst, nicht über andere. Energie, die man für Gedanken über das Verhalten anderer oder gar für Tratsch opfert, lohnt sich nicht. Ich würde das sogar als Zeitverschwendung bezeichnen, nicht zuletzt, weil niemand von uns weiß, was ein anderer Mensch durchmacht. Verwenden

Sie Ihre Energie stattdessen darauf, selbst besser informiert zu sein.

- Denken Sie über das Denken nach. Manchmal ist das ein unangenehmer Prozess, aber das heißt nicht, dass er falsch ist.
- Seien Sie (fast) immer ehrlich. Zu sich selbst und zu ihren Kindern.
- Verlassen Sie sich auf die Kraft Ihrer Intuition und zeigen Sie allgemein, dass Sie nach Ihren Überzeugungen leben.
- Und schließlich – das ist das Wichtigste – ist es entscheidend, dass man manches nicht weiß! Das ist kein Versagen, sondern eine Superkraft.

### 3) Führen Sie ein ehrliches Gespräch mit sich selbst

Immer wieder entsteht bei mir der Eindruck, dass wir alle den gleichen Wunsch haben, aber an dem gleichen Problem scheitern, nämlich: Jeder will Antworten, aber niemand ist bereit zu lernen. Der erste Schritt in diese Richtung ist also ein ehrliches Gespräch mit sich selbst.

Wenn Sie etwas beantworten, fragen Sie sich:

- Woher habe ich diese Antwort?
- Denke ich das wirklich, oder habe ich das Wissen übernommen?
- Ist das die beste Version der Antwort, die ich geben kann?

- Wird sie möglicherweise von einer Voreingenommenheit beeinflusst?
- Könnte die Antwort falsch sein?
- Wie sieht die entgegengesetzte Meinung aus, und hat sie eine Berechtigung?
- Wenn ich keine Antwort habe, liegt das daran, weil ich mich nicht auf die Konfrontation oder ein unangenehmes Gespräch einlassen will?
- Bin ich bereit, mir die Mühe zu machen, eine Antwort zu finden?

Das ist eine ganze Menge. Und ich bin (sehr) realistisch. Eines meiner Kinder stellte mir eine Reihe von wichtigen Fragen, während ich versuchte, im Zelt eine Luftmatratze aufzublasen. Es waren 35 Grad im Schatten, ich war verschwitzt und hungrig und hatte Menstruationsbeschwerden. In diesem Moment konnte er beim besten Willen keine durchdachte Antwort bekommen.

Diese Checkliste ist nicht als, nun ja, Checkliste gedacht – tja! Sie ist vielmehr ein Beispiel dafür, wie wichtig es ist, seine Gedanken wirklich zu hinterfragen.

Was noch? Ist es ein bisschen zu drastisch, den Tod des »Middle Talk« zu fordern? Vielleicht. Ich mache es trotzdem. Was ist »Middle Talk«, werden Sie sich fragen? Das ist kein Smalltalk – denn der kann lustig und aufschlussreich sein. Aus der Frage nach dem Lieblingsgeruch kann beispielsweise ein sehr gutes Gespräch entstehen (meiner ist der Geruch von Kleidung, die in der Sonne getrocknet ist).

Und es ist auch kein großes, ernstes Gespräch (wie Sie sehen können, liebe ich solche Gespräche).

Middle Talk ist ein Zwischending: »Hattest du ein schönes Wochenende?«, »Furchtbares Wetter heute, oder?«, »Hast du was Schönes vor?« Dahingeworfene Gesprächsfetzen, die ausnahmslos oberflächlich sind und ein Minimum an Verbindung zwischen den Beteiligten schaffen. Wenn wir schon reden, dann bitte richtig! Ein Gespräch mit einem anderen Menschen ist eine großartige Gelegenheit zum Lernen.

Und da ich gerade so haarsträubende Forderungen stelle, können wir uns dann auch darauf einigen, dass es mit etwas weniger Technik geht? Antworten im Handumdrehen, lautes Geplärre in sozialen Medien, Bildschirme, die unsere Mahlzeiten beherrschen. Schieben wir dem einen Riegel vor. Viel verlangt, ich weiß! Aber ich habe das Gefühl, dass wir in einer Zeit leben, in der wir gezielte Maßnahmen ergreifen müssen, deshalb möchte ich mit einem Hinweis auf das große Ganze schließen.

Außerdem: 2020. Das Jahr der Jahre. Die Achterbahnfahrt, die uns zeigte, dass alles, was wir für sicher und wahr hielten, nicht mehr galt. Wann kommt der nächste Urlaub? Wie sieht unser Arbeitsalltag aus? Wie verhalte ich mich jetzt am besten? Wo kann ich Rat finden? Keine verlässlichen Antworten.

Ich bin mir nicht sicher, ob es ein Segen oder ein Fluch war, dass das Exposé für dieses Buch bereits stand, als der Lockdown kam. Ich frage mich oft, ob es anders geworden wäre, wenn ich nicht weitgehend in Isolation geschrieben hätte.

Außerdem kann ich nicht sagen, ob meine langwierige existenzielle Krise an dem Buch lag oder an der Zeit, in der wir leben. Vermutlich ein bisschen von beidem. Aber eines weiß ich mit Sicherheit: Wenn eine Nation, ja die gesamte Menschheit etwas durchmacht, das es noch nie zuvor gegeben hat, dann gilt: Es gibt keine bequemen Antworten.

Wer auf Instagram postet, hat keine Antworten. Wer auf WhatsApp einen Artikel weiterleitet, hat keine Antworten. Die Frau des Vetters zweiten Grades der Nachbarin hat keine Antwort. Manchmal wurde deutlich, dass die Regierenden auch keine Antworten haben! Das ist unangenehm und beunruhigend. Aber es ist, wie es ist.

Covid-19 war eine schreckliche Erfahrung, vor allen Dingen wegen der unzähligen Todesfälle und der verheerenden Auswirkungen auf die Wirtschaft, aber auch, weil uns die Pandemie in ein globales Gefühl der Unsicherheit gestürzt hat.

Und wir sind das Nichtwissen nicht mehr gewöhnt. Deshalb ist es in solchen Fällen sinnvoll, a) die Dinge so zu akzeptieren, wie sie sind, oder b) an anderen Stellen nach Antworten zu suchen.

Bedenken Sie, dass es selten nur eine allgemeingültige Lösung gibt und mehrere Wege zur Antwort führen. Nicht zuletzt deshalb, weil es drei verschiedene Arten von Wissen gibt – vermitteltes, intellektuelles und Erfahrungswissen. Selbst wenn Sie eines davon im Überfluss haben, kann es sein, dass Ihnen das andere fehlt. Das ist in Ordnung. Das Unbehagen, das durch Nichtwissen entsteht, ist der Katalysator für das Lernen.

Leichter gesagt als getan. Ich hatte nicht nur das Gefühl, das Leben nicht mehr unter Kontrolle zu haben (typisch 2020!), sondern auch die Befürchtung, dass ich bei Weitem nicht qualifiziert genug war, um dieses Buch zu schreiben. Doch in rationalen Momenten und gestärkt durch die Erkenntnisse aus stundenlangen Recherchen wurde mir allmählich klar, dass selbst Fachleute nur für einen Teil des großen Ganzen qualifiziert sind: Ein Sexualwissenschaftler weiß etwa Erstaunliches, wenn es um Erektionen geht, ist bei Umweltfragen jedoch ratlos.

Dr. Liz O'Riordan, die im Kapitel über Krebs erwähnte Brustchirurgin, schrieb in einem wunderbaren Artikel, sie habe gemeint zu wissen, wie Brustkrebs ist, weil sie viele Betroffene operiert hatte. Sie meinte zu wissen, wie eine Mastektomie ist, weil sie viele andere Frauen beraten hatte. Doch all das, was sie zu wissen glaubte, wurde zunichtegemacht, als bei ihr selbst Brustkrebs diagnostiziert wurde. Auch eine Expertin ist letztlich ein Mensch.

Es gibt keine Hierarchie. Niemand hat die Antworten. Aber wir alle haben die Fähigkeit, immer wieder Fragen zu stellen. Ohne über uns selbst zu urteilen.

Es mag etwas widersprüchlich klingen, aber ich würde sagen: Wenn der Eindruck entsteht, dass das Leben mehr Fragen aufwirft als beantwortet, dann sind Sie auf dem richtigen Weg. Wenn Sie unsicher sind, sich unbehaglich fühlen und vor allem, wenn das Nichtwissen Sie dazu veranlasst, weiterzulernen statt abzuschalten, dann tun Sie das Richtige.

Wie heißt es so schön? Achte auf deine Gedanken, denn sie werden Worte. Achte auf deine Worte, denn sie werden Handlungen. Achte auf deine Handlungen, denn sie werden Gewohnheiten. Achte auf deine Gewohnheiten, denn sie werden dein Charakter. Achte auf deinen Charakter, denn er wird dein Schicksal. In diesem Buch ging es nie um die Antworten; es ging um die Gelegenheit, Fragen zu stellen – an uns selbst als Eltern, an unsere Kinder und an die Welt um uns herum. Als Ausgangspunkt für eine Entdeckungsreise. Es ging nie um das »Aber warum?«, sondern vielmehr um »Aber warum nicht?«

# DANK

Wie seltsam, diesen Teil zu schreiben! Ein dickes Dankeschön geht an: meine Buchagentin Jane, an Lindsey, Kate, Lindsay, Alara, Ellie und den Rest der Crew von Headline Home und die ganze Familie bei der Tape Agency. Es ist ein großes Glück, dass ich euch alle an meiner Seite habe; mit euch kommt mir alles viel leichter vor, selbst wenn die Welt um uns herum implodiert.

Emma – ich bin voller Ehrfurcht vor deinem Talent und deiner Geduld als Designerin und deinem rundum vollkommenen Wesen. Anna Mathur, danke, dass du das Vorwort geschrieben hast; dass wir diese Reise/Irrfahrt gemeinsam unternommen haben, war mir eine Ehre und eine große Stütze.

An die Menschen, die mir immer den Rücken stärken: Jane, Niran, Ali, Charlie, Gemma, Tash, Ria, Hollie D-C, Zoe S, Glorious Bitches, Wolf Sisters, Ski Ergggg – ihr seid die Besten.

Team TYP (insbesondere Gareth, Kelly und Charlie) – habe ich eigentlich schon erwähnt, dass ich ein Buch geschrieben habe? Ich habe mir immer vorgestellt, dass Bücher in einem Häuschen auf dem Land entstehen, aber mit einem Lagerhaus in Peckham war ich auch sehr glücklich. Danke, dass ihr mich fit und gesund haltet und durch das ständige Gefrotzel dafür sorgt, dass ich auf dem Boden bleibe.

Zade – Achtung, Kompliment im Anflug –, ohne dich wäre dieses Buch ein anderes geworden. Ich weiß nicht, ob du ahntest, worauf du dich einließt, aber ich bin dir ewig dankbar, dass du es getan hast.

Die Hexen: Laura, Rowan, Polly – wer hätte gedacht, dass man sich nach zwanzig Jahren noch mehr in seine besten Freundinnen verlieben kann? Mit niemandem würde ich lieber zusammen alt werden. Wenn ich eine Wahl hätte, würde ich mir immer euch drei aussuchen.

An meine Familie – die überaus komplex ist, mich unendlich unterstützt und mir beigebracht hat, über alles nachzudenken (idealerweise bei einem guten Essen). Ich frage mich, wie viele von euch sich tatsächlich die Mühe machen werden, das hier zu lesen. Ja, das ist ein Test!

Ben – wow, du hast es wirklich wieder hinbekommen. Danke, dass du mir die Möglichkeit gegeben hast, einen meiner Träume zu verwirklichen. Ich liebe dich und weiß sehr zu schätzen, was du für unsere Familie tust. Auch wenn ich es nicht oft genug sage.

Meine geliebte Oma – ich stelle mir oft vor, dass ich dir sagen könnte, dass ich tatsächlich ein Buch veröffentlicht habe. Ich hoffe, du wärst sehr stolz. Du bist mein Sonnenschein und mein Leitstern.

Bertie, Woody und Greta – auch wenn ihr mir unverblümt gesagt habt, das »klingt wie ein sehr langweiliges Buch«. Ihr seid auf immer meine größte Leistung. Wenn ich nach Antworten suche, liefert ihr drei sie mir in Hülle und Fülle. Ich liebe euch so sehr, dass es wehtut.

# DANK

An alle, die das, was ich im Internet veröffentliche, gekauft, gelikt, angehört, kommentiert oder um ihre Beiträge bereichert haben – es ist ein Privileg und eine Ehre, wenn andere sich anhören, was man zu sagen hat, und für mich ist das niemals selbstverständlich.

2020 – das Jahr der Jahre. Du bist gekommen. Du hast mein Leben auf den Kopf gestellt, aber irgendwie ist es dir zu verdanken, dass dabei ein Buch herausgekommen ist.

# SACHVERZEICHNIS

# ENDNOTEN


1 Huie, Jessica: *Purpose: Find Your Truth and Embrace Your Calling*, Hay House, 2018.

2 Perry, Philippa: *Das Buch, von dem du dir wünschst, deine Eltern hätten es gelesen (und deine Kinder werden froh sein, wenn du es gelesen hast)*, Ullstein, 2021.

3 Jeffers, Oliver: *Hier sind wir: Anleitung zum Leben auf der Erde*, NordSüd Verlag, 2018.

4 https://metro.co.uk/2020/07/27/dope-black-mums-how-talk-children-about-racism-13042492/.

5 Tatum, Beverly Daniel: *Can We Talk About Race? And Other Conversations in an Era of School Resegregation*, Beacon Press, 2008.

6 Common Destiny Alliance (CODA), www.tolerance.org/print/66643.

7 https://motherofalllists.com/2018/05/21/how-finally-learned-to-be-kind-to-myself/.

8 https://motherofalllists.com/2018/06/25/dwarfism-and-what-it-means-to-be-different/.

9 Hill, Maisie: *Superpower Periode*, VAK Verlag, 2020.

10 https://kids.britannica.com.

11 www.voicesofyouth.org/blog/masculinity-and-femininity.

12 www.ted.com/talks/susannah_temko_what_it_means_to_be_intersex?.

13 www.plannedparenthood.org/learn/parents/preschool/how-do-i-talk-with-my-preschooler-about-identity.

14 www.nationalgeographic.com/magazine/2017/01/how-science-helps-us-understand-gender-identity.

15 Sandstrom, Gillian und Dunn, Elizabeth: »Social Interactions and Well-Being: The Surprising Power of Weak Ties«, *Personality and Social Psychology Bulletin*, 1. Juli 2014.

16 The School of Life und Stewart, Lizzy: *Happy, Healthy Minds: A Children's Guide to Emotional Wellbeing*, The School of Life Press, 2020.

17 Whitehouse, Anna und Farquharson, Matt: *Where's My Happy Ending? Happily Ever After and How the Heck to Get There*, Bluebird, 2020.

18 Ransom, Amy: *The Soul-Soaring Virtues of Separation*, Hay House UK, 2021.

19 https://motherofalllists.com/2018/02/12/life-after-divorce/.

20 https://motherofalllists.com/2017/10/27/guest-list-surviving-divorce/.

21 Mathur, Anna: *Wir sind stärker als die Angst: Das Anti-Sorgen-Grübel-Panik-Buch für Mütter*, Beltz, 2022.

22 https://motherofalllists.com/2019/01/18/quit-the-comparison/.

23 Stixrud, Dr. William und Johnson, Ned: *The Thriving Child: The Science Behind Reducing Stress and Nurturing Independence*, Penguin Life, 2018.

24 Syed, Matthew: »How to Raise a Happy Child – What Every Parent Needs to Know«, *The Times*, 4. September 2020.

25 Maddox, Lucy: *Blueprint. How Our Childhood Makes Us Who We Are*, Robinson, 2018.

26 https://motherofalllists.com/2020/05/15/how-our-childhood-makes-us-who-we-are/.

27 www.ted.com/talks/lucinda_beaman_what_does_it_ take_to_change_a_mind.

28 *The Youth Economy Report*, im Auftrag von GoHenry, 2019.

29 Akwisombe, Sarah: *The Money Is Coming: Your Guide to Manifesting More Money*, Piatkus, 2020.

30 Seal, Clare: *Real Life Money: An Honest Guide to Taking Control of Your Finances* und *The Real Life Money Journal*, beide Headline Home, 2020.

31 Holder, Alex: *Open Up: The Power of Talking About Money*, Serpent's Tail, 2019.

32 www.vogue.com/article/parents-explain-to-kids-why-they-work.

33 www.facebook.com/DrJoshuaWolrich/videos/fact-the-poorest-10-of-uk-households-would-need-to-spend-74-of-their-disposable-/780450326061765/.

34 Thomas, Laura: *Just Eat It: How Intuitive Eating Can Help You Get Your Shit Together Around Food*, Bluebird, 2019.

35 Greenhalgh, Professor Trisha, und O'Riordan, Dr. Liz: *The Complete Guide to Breast Cancer: How to Feel Empowered and Take Control*, Vermilion, 2018.

36 https://motherofalllists.com/2017/09/25/guest-list-what-i-learned-from-breast-cancer/.

37 Pooley, Clare: *Chianti zum Frühstück: Eine Frau hört auf zu trinken und fängt an zu leben*, Beltz, 2018.

38 https://motherofalllists.com/2021/01/08/my-experience-as-the-child-of-an-alcoholic/.

39 www.psychologytoday.com/intl/blog/fighting-fear/201402/demanding-apology?amp.

40 www.ted.com/talks/worklife_with_adam_grant_bonus_relationships_at_work_with_esther_perel?language=en&referrer=playlist-worklife_with_adam_grant_season_3.

41 www.nytimes.com/2020/05/08/smarter-living/how-not-to-apologize-in-quarantine.html.

42 Doyle, Glennon: *Ungezähmt*, Rowohlt, 2020.

43 https://motherofalllists.com/2020/02/10/tips-on-how-to-talk-to-your-kids-about-sex/.

44 https://motherofalllists.com/2018/04/20/what-death-has-taught-me/.

45 Sagan, Carl: *Unser Kosmos: Eine Reise durch das Weltall*, Knaur, 1989.

46 www.ted.com/talks/chidera_eggeure_what_a_time_to_be_alone_releasing_the_fear_of_being_alone.

47 Brown, Brené: *Verletzlichkeit macht stark*, Goldmann, 2017.

48 Soko, Ovie, *You Are Dope: Let the Power of Positive Energy into Your Life*, Quadrille, 2020.